小宮 京

昭和天皇の敗北

日本国憲法第一条をめぐる闘い

中公選書

はじめに——戦後の終わりから始まりへ

平成二十八（二〇一六）年八月八日、平成の天皇がメディアを通じて「象徴としてのお務めについて」おことばを発した。それまで平成の天皇は「象徴」を突き詰めて考え、行動してきたと評価されてきた。その天皇が自ら譲位を求めるなど、誰もが予想しない、きわめて異例な出来事であった。譲位が現行制度に存在しないのだから、おことばは、新たな立法や皇室典範の改正などを求める行為に他ならない。天皇は政治的行為をしていないという誰もが漠然と信じていた空気のようなものが崩れた。

政治的権能を何一つ有さないはずの天皇が政治を動かす。

唐突に時間の流れが断ち切られ、あたかも戦後の終わりが告げられたかのようであった。

戦後の始まりの物語

戦後の始まりはいかなるものであったか。

敗戦の後、大日本帝国憲法が改正され、日本国憲法が成立する。それから七十年余り、憲法が再び改正されたことはない。

憲法は、当時日本を占領していた連合国最高司令官総司令部（General Headquarters, the Supreme Commander for the Allied Powers、以下「ＧＨＱ」）の圧倒的な権力のもとで、改正された。

ＧＨＱのトップであるマッカーサー（Douglas MacArthur）は昭和二十一（一九四六）年二月三日、「マッカーサー・ノート」（「マッカーサー三原則」とも）の第一項目で天皇の扱いに言及した。マッカーサー・ノートの外務省訳の一部を引用する。[1]

一　天皇は、国家の元首の地位にある。〔中略〕天皇の義務および権能は、憲法に基き行使され、憲法の定めるところにより、人民の基本的意思に対し責任を負う。

二　国家の主権的権利としての戦争を廃棄する。〔以下略〕

その後、二月十三日に日本政府の担当者に突き付けられたＧＨＱ草案第一条にはsymbolの文言があった。それが日本国憲法第一条の「天皇は、日本国の象徴であり日本国民統合の象徴であつて、この地位は、主権の存する日本国民の総意に基く」に結実する。第二項目は第九条の戦争放棄に結実した。

日本政府はＧＨＱ草案を踏まえ、三月六日に憲法改正草案要綱を、四月十七日に憲法改正草案を公表した。枢密院や貴衆両院における憲法改正案の審議を経て、十一月三日に日本国憲法が公布された。施行は昭和二十二年五月三日である。

この間、大日本帝国の統治権の総攬者《そうらんしゃ》であった昭和天皇は、積極的に意思を表明することはなく、表舞台から静かに退場したことになっている。

昭和天皇は幣原喜重郎《しではらきじゅうろう》首相の奏上に対し、GHQ草案にあるsymbolを承諾し、自らが統治権の総攬者を降りることを了解した。幣原内閣の外務大臣であった吉田茂《よしだしげる》は、その様子を次のように記している。

日本国憲法を裁可し、署名する昭和天皇（1946年10月29日、毎日新聞社提供）

これ〔象徴という表現〕をめぐって、閣僚間に議論百出の有様であったが、〔中略〕陛下親《みずか》ら「象徴でいいではないか」と仰せられたということで、この報に勇気づけられ、閣僚一同この象徴という字句を諒承することとなった。故に、これは全く聖断によって、決ったといってもよいことである。（『回想十年　上』[2]）

これが日本国憲法成立過程における聖断である。昭和天皇の意向を踏まえ、日本政府もGHQ草案の受け入れを決めた。日本国憲法が成立する過程で、昭和天皇の聖断が大きな意味を持ったことは間違いない。そして昭和二十一年十月二十九日、大日本帝国憲法の改正の裁可という最後の政治的行為を行ったのち、昭和天皇は象徴として政治と距離を置く。こうして戦後が始まった。

これが、誰もが疑わない、戦後の始まりの物語である。

「第三の聖断」

いわゆる聖断については、ポツダム宣言受諾時の二回が有名である。昭和二十年八月九日と十四日の御前会議の席上、鈴木貫太郎《すずきかんたろう》首相に求められ、閣僚らの前で、昭和天皇が自らの意思を示した。これにより大日本帝国は敗戦を受け入れた。それから、前述した昭和天皇がGHQ草案を受け入れたことを「第三の聖断」と呼ぶこともある。[3]

これら過去の事例を踏まえるならば、「国家の命運がかかる時にあって、国論が二分されている場合、昭和天皇が自らの意思を示して、国家の方向性を決める」というのが聖断の定義となろうか。さらに言うと、過去の例では、昭和天皇は判断を求めた総理大臣の方針（ポツダム宣言の受諾）を尊重する決断を下している。[4]

戦後の始まりの物語は、第三の聖断のうえに築かれた。

誰も、幣原首相が語る聖断を疑わなかった。皆が注目したのは、第九条の発案者に関する幣原の発言であった。[5] こうしてマッカーサー・ノートの第一項目に挙げられた天皇の処遇、日本側がこだわった国体護持、第一条は人々の視野から見事に消え去ってしまう。まるで手品のように。日本国憲法史の研究者[6]も、昭和天皇の研究者[7]も、幣原喜重郎の研究者[8]も、占領期の研究者[9]も、聖断を所与のものとする。

この第三の聖断は事実なのだろうか。

ポツダム宣言受諾時の聖断が御前会議という大勢がいる場で披露されたのに対して、第三の聖断は密室で行われた。密室のなかの会話を証言できるのは幣原首相と松本烝治《まつもとじょうじ》国務大臣のみである。一体そこで昭和天皇は何を話したのか。昭和天皇は自身の処遇について、本心ではどのように考えていたのか。統治権の総攬者の地位を降り、政治の表舞台から退場することは〝敗北〟ではなかったのか。

わずかながら聖断に言及しない研究もある[10]。しかし聖断が存在しないとして、そこで何が起きたのか、答えたものは誰もいない。こうして、物語の土台である聖断は、今なお生き続ける神話の如き様相を呈する。

確固たる歴史が描けないことには理由がある。ＧＨＱという権力のもとで屈辱に甘んじた、吉田茂や佐藤栄作《さとうえいさく》、白洲次郎《しらすじろう》、宮澤喜一《みやざわきいち》といった人々は、みな口をつぐんだ。彼らの沈黙の理由は推測まじりにならざるをえない。ＧＨＱの資料は存在するが、それは一面的な見方にすぎず、それだけでは日本側の動向は分からない[11]。こうした占領期特有の資料的限界は、今後も克服することは難しいだろう。

また、占領期の昭和天皇についても、資料が断片的に残されているだけで、その全体像を描くことはきわめて困難な状況にある。

しかしながら、新資料『憲政資料』（参議院事務局所蔵）の活用や日本側資料の再検討により、これまで見えてこなかったものが浮かび上がるはずである。

本書は、憲法改正過程を、事実を踏まえて再構成する。一連の経緯を通して、昭和天皇が改正される憲法における自らの地位をどのように考えていたか、その考えを伝えられた政治家たちがどのように行動したのかを論じる。実現しなかった歴史を掘り起こす過程で、早々に退場したはずの昭和天皇がいかに行動したのかが明らかになろう。

それは同時に、戦後の始まりとして信じられてきた〝事実〟が、所詮《しょせん》は物語にすぎなかったことを明らかにすることでもある。

昭和天皇の敗北

目次

はじめに――戦後の終わりから始まりへ　iii
戦後の始まりの物語　「第三の聖断」

第一章　「第三の聖断」は存在したか？……3
日本国憲法成立までの経緯　国体・主権・元首　「第三の聖断」は存在したか？　聖断の日付　幣原証言の信頼性　聖断の条件　幣原による憲法草案の修正　前文の修正　幣原首相に伝えられた昭和天皇の意向　第九条（戦争放棄）の場合　二月二十二日の昭和天皇と幣原首相の会談　二月二十六日の昭和天皇と幣原首相の会談　「聖断神話」の実態

第二章　日本型立憲君主制の模索――内大臣府案の政治的意義……45
内大臣府案に対する評価　作成の経緯　佐々木の君民共治論　高木八尺の活躍　幣原の虚偽答弁と御下命問題　昭和天皇の構想　なぜ松本国務相は内大臣府案を無視したのか？

第三章　天皇と国民主権の調和――東京帝国大学憲法研究委員会……70
公職追放の脅威　宮沢俊義の転向　東京帝国大学憲法研究委員会　宮沢がＧＨＱ草案を知ったのはいつか？　宮沢証言は信用できるか？　二月一日の『毎日新聞』のスクープと宮沢との関わり　国民主権と国体護持の関係

第四章　「第三の聖断」と異なる「希望」発言――枢密院での審議と貴族院を中心とした非公式会合……91
貴族院を中心とした非公式会合　枢密院での議論と国民主権に関する政府の見解　貴族院有志研究会　天皇の問題　両議院有志懇談会（両院有志憲法懇談会）「昭和天皇の希望」発言　King in Parliament の意味　なぜ馬場恒吾だったのか？　帝国議会開催前の時点における昭和天皇の希望　「松村回顧」の再検討　貴族院調査会憲法草案研究委員会　金森徳次郎の非公式会合評価　高木八尺の論説の変化

第五章　国民主権の明示――衆議院における「自由な審議」……129
金森徳次郎の意図　第一次吉田茂内閣の弱さ　GHQの権力とその基本方針　「生存権」と社会党代議士・鈴木義男　第一回両議院有志懇談会での鈴木発言　鈴木発言が意味すること　第一条と国民主権　樋貝詮三議長の辞職と社会党の役割　公職追放を全面擁護した鈴木　公開されなかった議事録

第六章　元首を目指して――貴族院の闘い……164
GHQの圧力　河井弥八の暗躍　国民主権と国体変革　元首化の試み　GHQの「サゼスチョン」と「八百長」　高木八尺の認識

第七章　解釈による元首化――模索する昭和天皇……186
マッカーサーの天皇に関する考え　内閣総辞職と内奏をめぐって　マッカーサーと首相の対応　内閣総辞職時の手続きはどうなったか？　内奏はどう位置づけられたか？　寺崎英成の更迭　講和独立前後の模索

モデルとしての英国のキング　元首へのこだわり
田島長官の言動から　「助言と承認」をめぐる解釈
政治との関わりの模索　解釈による元首化

終章　戦後の終わり……220
自主的な憲法改正は可能だったか？　「之を記録に留めて屈服するの外なし」　昭和天皇の敗北　「聖断神話」の意図せざる結果　虚構の戦後

注　231
あとがき　265
本書関連年表　274
人名索引　278

凡例

・頻出する資料・書籍に関しては、以下の通り、略記する。
進藤榮一・下河辺元春編『芦田均日記　第一巻』『芦田均日記　第二巻』（岩波書店、一九八六年）→『芦田日記　第○巻』。尚友倶楽部／中園裕・内藤一成・村井良太・奈良岡聰智・小宮京編『河井弥八日記　戦後篇1［昭和二十年～昭和二十二年］』（信山社出版、二〇一五年）→『河井日記』。木戸日記研究会校訂『木戸幸一日記　下巻』（東京大学出版会、一九六六年）→『木戸日記　下巻』。『小林一三日記　第二巻』（阪急電鉄株式会社、一九九一年）→『小林日記』。宮内庁『昭和天皇実録　第九』（東京書籍、二〇一六年）、宮内庁『昭和天皇実録　第十』（東京書籍、二〇一七年）→『昭和天皇実録　第○』。赤坂幸一編集・校訂『初期日本国憲法改正論議資料――萍憲法研究会速記録（参議院所蔵）1953―59』（柏書房、二〇一四年）→『初期日本国憲法改正論議資料』。木下道雄著、高橋紘編『側近日誌――侍従次長が見た終戦直後の天皇』（中公文庫、二〇一七年）→『側近日誌』。太田健一・岡崎克樹・坂本昇・難波俊成『次田大三郎日記』（山陽新聞社、一九九一年）→『次田日記』。佐藤達夫『日本国憲法成立史』全四巻（有斐閣、一九六二、一九六四、一九九四年。第三巻・第四巻は佐藤功補訂）→『日本国憲法成立史　第○巻』。田島道治著、古川隆久・茶谷誠一・冨永望・瀬畑源・河西秀哉・舟橋正真編、NHK協力『昭和天皇拝謁記――初代宮内庁長官田島道治の記録』全七巻（岩波書店、二〇二一―二三年）→『拝謁記　第○巻』。
・国立国会図書館・電子展示会「日本国憲法の誕生」からの引用については、資料名（電子展示会）と表記する。
・議事録は、特記しない限り、「帝国議会会議録検索システム」（https://teikokugikai-i.ndl.go.jp/#/）と、「国会会議録検索システム」（https://kokkai.ndl.go.jp/#/）より引用した。
・外国人の人名は初出で姓（原綴フルネーム）とした。
・本文中に引用した資料については、読みやすさに鑑み、適宜カタカナをひらがなにし、旧字を新字に置き換えた。また、適宜読点を加えた。
・特記しない限り、傍線は引用者による。
・本文は基本的に西暦を用いる。
・敬称は省略する。

昭和天皇の敗北

——日本国憲法第一条をめぐる闘い

第一章　「第三の聖断」は存在したか？

日本国憲法成立までの経緯

敗戦後の日本で憲法改正が要請される背景には、昭和天皇の二度の聖断によって受諾したポツダム宣言が存在する。ポツダム宣言には「日本国民の間にある民主主義的傾向を復活強化すること」などが含まれていた。それが憲法改正を要するものと解釈された。[1] 日本側は最後まで国体護持を条件とし、アメリカに打診した。これに対するアメリカの回答は、「日本国政府の最終形態はポツダム宣言に従い、日本国民の自由に表明する意思により決定せられるものとする」というものだった[2]（「バーンズ回答」）。この時点では、天皇制が維持されるか否かははっきりしていなかった。

日本を占領したGHQのトップであるマッカーサーは、日本側に憲法改正を要請した。マッカーサーが日本の状況を把握していなかったため、要請への対応をめぐり、日本側は混乱した。

最初にマッカーサーに憲法改正を打診されたのは近衛文麿《このえふみまろ》元首相（当時、東久邇宮稔彦《ひがしくにのみやなるひこ》内閣国務大臣）であった。近衛は木戸幸一《きどこういち》内大臣に相談し、一九四五（昭和二十）年十月十一日に昭和天皇の勅命を受けて、憲法改正の作業に取り掛かった。次に幣原喜重郎内閣も、十月二十五日に松本烝治国務大臣を長とする憲法問題調査委員会（通称：松本委員会）を組織した。こうして日本側は内大臣府と松本委員会という二つの組織が対応することになった。内大臣府は十一月末に廃止されたため、その後は松本委員会に一本化された。十二月になると、松本国務相は帝国議会で原則を表明した（「松本四原則」。次ページ表1－1）。それは、例えば、天皇が統治権を総攬するといった大日本帝国憲法の原則に根本的な修正を加えないという内容であった。その方針のまま、松本委員会での作業が終盤にかかった一九四六年二月一日に『毎日新聞』が憲法改正草案をスクープした。その内容のあまりの旧態依然ぶりにＧＨＱが衝撃を受けたとされる。

二月三日にマッカーサー・ノートが発出された（六－七ページの表1－2・表1－3参照）。ＧＨＱが憲法改正の前面に出てきたのである。短期間でＧＨＱの内部組織ＧＳ（Government Section、民政局）が草案を作成し、二月十三日に吉田茂外務大臣、松本国務相らにＧＨＱ草案を渡した。そこには天皇を「象徴」とすること、戦争放棄などが明記されていた。このときＧＨＱ側から「天皇のpersonを護る唯一の方法」という発言があったと松本国務相が話したため[3]、「脅迫による押しつけ憲法」という議論につながったとされる。

ＧＨＱが置かれていた状況を整理したい。

第一に、アメリカ本国の方針として、一九四五年九月六日に「初期対日方針」が大統領に承認された。十一月三日にはアメリカ政府からマッカーサーに対して「日本占領および管理のための連合国最高司令官に対する降伏後における初期の基本的指令」が出された。この二つの文書で示されたた

表1−1 「松本四原則」

◯天皇が統治権を総攬せられるという大原則には変更を加えない。
◯議会の決議を要する事項を拡充し、天皇の大権事項を制限する。
◯国務大臣の責任を国務の全般にわたるものたらしめるとともに、国務大臣は議会に対して責任を負うものとする。
◯国民の権利・自由の保護を強化するとともに、その侵害に対する救済方法を完全なものとする。

「衆憲資第90号 「日本国憲法の制定過程」に関する資料 2016年11月 衆議院憲法審査会事務局」を参照。元は、1945年12月8日の衆議院予算委員会における松本国務相の答弁

基本方針は、非軍事化と民主化であった。[4]

第二に、連合国軍がいかにして日本占領を管理するかが問題であった。十二月十六日に開催された米英ソ三国外相会議で、占領政策の最高政策決定機関としてワシントンに極東委員会（Far Eastern Commission、FEC）を、東京にGHQへの助言・諮問機関として対日理事会（Allied Council for Japan、ACJ）を設置することが決まった。極東委員会は米英中ソなどの十一か国、対日理事会は米英中ソの四か国で構成された。このうち、極東委員会の任務は「憲法改正など日本の政治形態の基本的変更は含んでいな」かったため、後に憲法改正を進めようとするGHQと衝突することになる。極東委員会の第一回会議は一九四六年二月二十六日に、対日理事会の第一回会議は四月五日に開催された。[5]

第三に、一九四六年一月初旬にアメリカ本国で「日本の統治体制の改革」（SWNCC228）が承認された。これは一月十一日にマッカーサーに伝わった。その内容は、天皇制の存否は日本国民の自由な意思に任されること、存続が決まった場合でも天皇の大権を剝奪することを求めていた。同時に、こうした改革を強制したことが判明すると日本国民の反発が予想されるため、日本政府に命令するのは

表1−2 「マッカーサー・ノート」

I

Emperor is at the head of the state.

His succession is dynastic.

His duties and powers will be exercised in accordance with the Constitution and responsive to the basic will of the people as provided therein.

II

War as a sovereign right of the nation is abolished. Japan renounces it as an instrumentality for settling its disputes and even for preserving its own security. It relies upon the higher ideals which are now stirring the world for its defense and its protection.

No Japanese Army, Navy, or Air Force will ever be authorized and no rights of belligerency will ever be conferred upon any Japanese force.

III

The feudal system of Japan will cease.

No rights of peerage except those of the Imperial family will extend beyond the lives of those now existent.

No patent of nobility will from this time forth embody within itself any National or Civic power of government.

Pattern budget after British system.

出典 「Three basic points stated by Supreme Commander to be "musts" in constitutional revision」(電子展示会)

最後の手段に限られなければならないとしていた。[6] 安定的な占領統治を志向するマッカーサーは一月二十五日にアメリカ本国に対し、天皇制の存続が重要だと連絡している。

重要なのは、前述した極東委員会やその出先機関である対日理事会がGHQをチェックする体制が出来上がったことであった。それにより、マッカーサーの行動の自由が制限されかねない。とりわけ極東委員会が介入する前に、マッカーサーとしては憲法を改正したいという意向を有していたとされる。それが日本側にGHQ草案への対応を急がせた背景にある。

表1−3 「マッカーサー・ノート」(翻訳)

I 天皇は、国の元首の地位にある。 皇位は世襲される。 天皇の職務および権能は、憲法に基づき行使され、憲法に示された国民の基本的意思に応えるものとする。 II 国権の発動たる戦争は、廃止する。日本は、紛争解決のための手段としての戦争、さらに自己の安全を保持するための手段としての戦争をも、放棄する。日本は、その防衛と保護を、今や世界を動かしつつある崇高な理想に委ねる。日本が陸海空軍をもつ権能は、将来も与えられることはなく、交戦権が日本軍に与えられることもない。 III 日本の封建制度は廃止される。 貴族の権利は、皇族を除き、現在生存する者一代以上には及ばない。 華族の地位は、今後はどのような国民的または市民的な政治権力も伴うものではない。 予算の型は、イギリスの制度にならうこと。

出典 高柳賢三・大友一郎・田中英夫編著『日本国憲法制定の過程 I原文と翻訳』(有斐閣、1972年) 99頁

日本側に視点を戻すと、二月十九日の閣議でGHQ草案(英文のまま)を初披露、二十一日に幣原首相がマッカーサーと会談、第一条と第九条は修正できないことを確認したことが二十二日の閣議で報告された。同日、幣原首相は昭和天皇に奏上した。ここで天皇がGHQ草案の受諾を決定したとされる(聖断二月二十二日説)。

とにかく急ぐGHQに対し、日本側は松本国務相が対応するだけでは間に合わないため、内閣法制局の官僚が動員された。その一人が佐藤達夫《さとうたつお》(一九四五年十一月二十四日から法制局第一部長、一九四六年三月十九日から

次長。のち長官）であった。松本国務相は佐藤ら法制局の協力を得て、ＧＨＱ草案の翻訳をベースに日本案（三月二日案）を作成した。そのうえで三月四、五日のＧＨＱとの折衝に臨み（徹宵《てっしょう》折衝）、佐藤は獅子奮迅《ししふんじん》の活躍を見せた。こうして出来上がった三月五日案が幣原内閣の閣議に持ち帰られた。その後、三月五日夕方に、幣原首相と松本国務相が昭和天皇に奏上した。そこで昭和天皇が草案を了解したとされる（聖断三月五日説）。日本文の表現を整えたのち、幣原内閣は三月六日に憲法改正草案要綱を公表した。

この間、内閣法制局関係者が関与した。また、入江《いりえ》俊郎《としお》（一九四五年十一月二十四日から法制局次長。一九四六年三月十九日から長官）は幣原内閣の閣議に陪席していた。こうした経緯から、法制局関係者の入江や佐藤の記録は、当該期を理解するために必須の資料である。

その後の展開を簡単に記すと、憲法改正草案要綱は成文化と同時に口語化され、四月十七日に憲法改正草案が公表された。まず大日本帝国憲法で定められた手続きに従って枢密院で審議された。枢密院の審議が終わると、第九十回帝国議会に掛けられ、衆議院、貴族院で議論された。さらに枢密院への再諮詢《しじゅん》を経て、最終的に十一月三日に日本国憲法が公布、翌一九四七年五月三日に施行された。

国体・主権・元首

大日本帝国憲法

第一条　大日本帝国は万世一系の天皇之を統治す
第四条　天皇は国の元首にして統治権を総攬し此の憲法の条規に依り之を行ふ

憲法改正に際しては、国体が変革されたのか、とりわけ主権の所在に注目が集まった。政府や帝国議会が最重視したのは国体であった。大石眞《おおいしまこと》によれば、「国体」が指す内容は「①天皇を統治者と仰いで国家理想を実現するという国民性をあらわす社会心理的観念、②天皇による統治権総攬の体制を示す実定法的観念、③天皇による統治を絶対視するイデオロギー的観念（国体思想）」と整理される。[7] 日本政府はポツダム宣言受諾により国体護持が達成できたとした。であれば、国体に関わる第一条と第四条を変更する必要はない。冒頭で触れた松本四原則は、そうした考えを反映したものだった。

主権に関して、清宮四郎《きよみやしろう》は「明治憲法では、主権という言葉は使われていなかったが、天皇主権の建前がとられていたことは明らか」とし、天皇主権であり、天皇中心の体制だったと指摘した。[8] 伊藤博文《いとうひろぶみ》による憲法の解説書『憲法義解《ぎげ》』によれば、第一章「天皇」に「国家統治権」の語があり、注として「義解稿本には「国家統治権」の代りに「国家主権」とあつた」とある。さらに、第四条「統治権」の注によれば、伊東巳代治《いとうみよじ》の英訳本は「統治権」を“The rights of sovereignty”と訳しているという。[9] また、美濃部達吉《みのべたつきち》は戦後に、大日本帝国憲法を「君主主権主義」とし、日本国憲法を「国民主権主義」と評する。日本国憲法の特徴である国民主権は、君主主権を否定しているのだから、「主権が天皇をも含む国民に属すといふやうなことを謂《い》ふのは全く無意味」と断じた。[10]「主権が天皇をも含む国民に属す」は、憲法改正過程で政府が主張した議論である。

　また、本書で取り上げる重要な論点に「元首」がある。元首とは「国の首長（head of the state）のことで、外にむかってその国を代表する権能をもつ国家機関」を指す[11]。大日本帝国憲法下では天皇が元首だと明確に規定していた（第四条）。本書では詳細な定義には踏み込まない[12]。

「第三の聖断」は存在したか？

一連の日本国憲法の審議過程で、昭和天皇が何か発言した、という記録はほとんどない。そのなかで重視されるのは、いわゆる第三の聖断である（以下、聖断とも記す）。

　前述の時系列でいうと、一九四六年三月五日に、幣原首相が奏上したGHQ草案（マッカーサー草案）に対して、昭和天皇が「やむを得ない」という趣旨を発言し、この聖断により日本政府がGHQ草案を了解したと考えられている[13]。これは宮内庁が編纂した『昭和天皇実録　第十』（東京書籍、二〇一七年）でも採用されている[14]。


〔幣原首相の〕奏上を聞き終えられた後、これまでの聯合国最高司令部との折衝経緯に鑑み、内閣に一任する旨を仰せになる。併せて、憲法改正を御下命になる勅語の奏請を受けられ、御聴納の上、次の勅語を賜う。

　朕《ちん》曩《さき》にポツダム宣言を受諾せるに伴ひ日本国政治の最終の形態は日本国民の自由に表明したる意思に依《よ》り決定せらるべきものなるに顧み日本国民が正義の自覚に依りて平和の生活を享

有し文化の向上を希求し進んで戦争を抛棄《ほうき》して誼を万邦に修むるの決意なるを念《おも》ひ乃《すなわ》ち国民の総意を基調とし人格の基本的権利を尊重するの主義に則り憲法に根本的の改正を加へ以て国家再建の礎を定めむことを庶幾《こいねが》ふ政府当局其れ克《よ》く朕の意を体し必ず此の目的を達成せむことを期せよ

（一九四六年三月五日）

このように、憲法草案受諾時の聖断は、戦後史において不動の地位にある見解である。

聖断前後の昭和天皇の発言としては、以下のものが知られている。

木下道雄《きのしたみちお》侍従次長の日記によれば、昭和天皇は二月九日に松本国務相に大日本帝国憲法の第一条と第四条とを合わせることなどを提案している。GHQ草案が提示された後の三月六日には、木下が憲法改正について「好ましく考える旨を申上ぐ。陛下もお同様のお考えなり」と記した。留意すべきは、この直後の退位についてのやり取りでは昭和天皇の発言をそのまま記しているのに対して、憲法改正についての昭和天皇の発言は記されていないことである。[15]「お同様のお考え」とは、木下の感想にすぎないと解釈できよう。その後の憲法改正の過程では、昭和天皇が自らの地位に関して明確な意思を示した資料は見当たらない。五月三十一日のマッカーサーとの会見では「新憲法作成への助力に対する謝意」を示した。[16]

このように、昭和天皇が二月頃から受動的な反応を示したことが自明視され、いわば聖断を下したことで、昭和天皇は第一条の「象徴」を了解した、とされてきた。

この昭和天皇の聖断は事実なのだろうか。

聖断の日付

聖断には二月二十二日説と三月五日説が存在する。幣原首相と吉田外相とでも聖断の日付が違っている。まずは聖断の日付に注目し、それがいかなる典拠に基づくものかを論じたい。

①二月二十二日説

GHQの公式記録である『Political reorientation of Japan』[17]（以下『Reorientation』と略記）は二月二十二日説である。その公式記録に曰《いわ》く「二十二日、〔幣原〕内閣総理大臣は、最後の手段として、吉田と楢橋《ならはし》〔渡《わたる》〕を伴い天皇の御意見を伺った。裕仁は躊躇《ちゅうちょ》されなかった。彼は幣原に、最も徹底的な改革を、たとえ天皇御自身から政治的権能のすべてを剝奪するほどのものであっても、全面的に支持すると勧告された」「天皇の拝謁は午前に行われた[18]」。この根拠となったのは、二月二十四日に楢橋渡内閣書記官長とケーディス（Charles Louis Kades）大佐とハッシー（Alfred Rodman Hussey）中佐とが会談した際の楢橋情報と考えられる[19]。

ところが、『Reorientation』で、幣原首相、吉田外相と一緒に参内したと記述されているものの、二月二十四日にGHQに会談の様子を伝えた楢橋内閣書記官長は「参内していない」と、後日の調査で否定した。楢橋は「今日この場合、やむをえないだろうといわれたということを聞いた。激励されたということは聞いていない」と伝聞である旨を述べている。後日の日本側の調査に対し、GSにいたハッシーは、幣原首相と吉田外相が参内し、「天皇は総司令部の草案を可とされた」と証言した[20]。

事実関係を調べると、二月二十二日の午前中には閣議が開かれており[21]、幣原首相の参内は午後二時五分からであった[22]。それと並行して、吉田外相は松本国務相とGHQを訪問している。これは三月五日の閣議における松本国務相の説明である[23]。吉田外相は昭和天皇の発言をその耳で確認することはできない。吉田は後年の聞き取りで二十二日の参内を否定した[24]。つまり、二月二十二日説の論拠は、当日に参内した幣原首相以外に存在しない。

なにより幣原首相が午前中に参内した事実はない。それゆえ、『Reorientation』に対しては、GHQと交渉した内閣法制局の佐藤達夫が「一部分は誤りと思われるふしもないではない」と慎重な評価を下している[25]。そのためか、二月二十二日の聖断は疑問視される傾向がある。『日本国憲法成立史』は、二月二十二日の幣原首相の奏上について、「二十二日の閣議できめた方針とを奏上したものであったと思われます」「陛下に逐一状況を申し上げた」という入江法制局次長の二種類の口述を引用した[26]。つまり、GHQの記述する二月二十二日の聖断を否定したのである。

日付が曖昧《あいまい》だが、マッカーサーとの会見が語られているため、二月二十二日と推定される幣原談話も存在する。

一九四六年五月中頃に、幣原と会見した松村謙三《まつむらけんぞう》前農林大臣が、幣原から「二月十八、十九日ごろ（私は十九日と聞いたように覚えているが）に」マッカーサーと会見した後、「直ちに参内して」昭和天皇と会談し、象徴に関して了解を得たと聞いたと回顧録で振り返った[27]。松村は、一九四六年一月まで農相を務めていた。マッカーサーとの会談は二十一日なので、実質的には二月二十二日説と位置づけられよう。

それから、日付は明示されていないが、貴族院議員の山川端夫《やまかわただお》は、幣原の話として「翻訳のできない途中で天皇陛下に大体のお話をした」「そう〔＝象徴を受け入れると〕言われたので、自分〔＝幣原〕も大いに安心した」とする。[28] 二十二日の奏上では、九一条までの翻訳を渡した。[29] 翻訳が出来上がっていなかったのであれば、二十二日頃と推定されよう。

他に、憲法学者で貴族院議員だった宮沢俊義《みやざわとしよし》が自らの経験として、帝国議会で憲法草案が議論された折に総理官邸で幣原首相から聞いた話として、「二十二日のことですか、マッカーサーの交付案〔＝ＧＨＱ草案〕はもらつて驚いたから、それで非常に迷つた、しかし陛下にみな内容を報告したら、それでよかろうというお言葉だつた」と振り返ったことがある。[30]

近年、一九四七年五月十八日に宮沢俊義が松本烝治に聴取したメモが、立教大学所蔵の宮沢俊義文庫で発見された。松本によれば、幣原首相が松本に対して「二月の二〇日頃」にマッカーサーと会談し、その後に昭和天皇に拝謁した際、憲法草案を見せたところ「これでいいじゃないか」と伝えていたとする。高見勝利《たかみかつとし》は、『Reorientation』の天皇発言よりも、宮沢メモの発言のほうが「天皇の肉声に近いもの」と評価する。[31] そのうえで、この一言を踏まえ、二月二十六日の閣議決定にいたったと評価する。[32] 高見の問題を指摘するならば、『昭和天皇実録』の記述をすべて正しいという前提で解釈する点であろう。実際は、『実録』編纂時に閲覧していない資料も存在するし、[33]『実録』の叙述には、一定のバイアスがかかっている。それを真に受けすぎるのは問題であろう。

他方、二月二十二日と三月五日の両日とも聖断が下されたというバージョンもある。むしろ、こちらが原型かもしれない。[34]

坂元一哉《さかもとかずや》は二月二十二日説に関連して興味深い指摘をしている。すなわち幣原首相が「もしGHQ草案を受け取ってから一週間、何も説明しないでおいて、二二日の閣議が終わった後にようやく天皇にすべての経緯を説明し、裁可を求めるというようなことをしていれば、その場ですぐに「象徴でいいではないか」という返答を得ることができたとは考えにくい」とした。その問題を解決するために、坂元はGHQ草案を手交された二月十三日以降に、幣原首相が拝謁し、昭和天皇の理解を得ていたという解釈を示した。[35] しかし、この解釈には疑問が残る。幣原首相が二月十三日以降に拝謁していたのは事実としても、天皇を象徴とした第一条を変更できないことが確認されたのは、二月二十一日の幣原・マッカーサー会談である。[36] それまでの間に、白洲次郎が「ジープ・ウェイ・レター」をGSのホイットニー（Courtney Whitney）局長に送る、松本国務相が「憲法改正案説明補充」をGHQに渡すなど、日本側はその意図をGHQに伝えようと試みていた。前者の場合、でこぼこの山道を行く（＝ジープ・ウェイ）松本案と航空路を行くGHQ草案とは目指すところは同じと主張していた。[37] GHQと交渉中の二十二日以前に幣原首相が昭和天皇にGHQ草案を説明した事実は資料的には裏付けられない。仮に昭和天皇に説明していたとして、マッカーサーの方針が確認できていないにもかかわらず、昭和天皇の理解を得られたのか、甚だ疑問である。

また、芦田均《あしだひとし》厚生大臣の日記によれば、二月二十二日午前中の閣議では、幣原首相はGHQ草案の一部を「充分研究の余地ある如き印象」、つまり修正可能という印象を受けたと披露した。[38] それを踏まえれば、二十二日午後の奏上の中身は「GHQ草案はこういう内容です。どこが修正可能なのか、松本国務相に確認させています」だと推測されよう。このような着地点が見えていない途中経過の報告に対して、昭和天皇が決断したという説明には、強い違和感が残る。

　ちなみに、『昭和天皇実録　第十』では次のように叙述されている。[39]

　午後二時五分、御文庫において内閣総理大臣幣原喜重郎に謁を賜い、一時間以上にわたり憲法改正につき奏上を受けられる。その際、幣原は聯合国最高司令部作成の憲法草案を天皇の御手許に提出する。

（一九四六年二月二十二日）


　この叙述から分かる通り、天皇の発言は記されていない。既に紹介した三月五日について『昭和天皇実録』が天皇の発言を明記したのに対して、対照的な叙述となっている。

　坂元の指摘を踏まえるならば、突然ＧＨＱ草案の「象徴」を聞かされた昭和天皇は納得しなかった、という解釈のほうが妥当のように考えられる。しかしながら坂元や高見らが二月二十二日の聖断の存在を前提として議論を組み立てることは、聖断神話の強靭さを物語る。

②三月五日説
　三月五日説は、幣原内閣で外相を務めた吉田茂の著書『回想十年』による。吉田曰く、天皇の地位に関して閣議が紛糾したところに、昭和天皇が「天皇の地位については総司令部案でいいではないか」「象徴でいいではないか」と発言した旨が伝えられ、まとまった。それゆえ「全く聖断によ

って、決ったといってもよい」と評した[40]。それを踏まえ、猪木《いのき》正道《まさみち》は、ポツダム宣言受諾時の二回の聖断に続き「第三の聖断が下った」と評した[41]。

芦田厚相の日記によれば、三月五日の閣議では、GHQ草案を「承諾する外なきも、文句は変更しうるのではないかとの結論に達した。〔中略〕之を受諾するとしても、米案の如き根本的の大変革は陛下の御勅語を戴いて後に政府案として出す外に途はない」ため、幣原首相と松本国務相が奏上し、戻ってきた幣原首相の口から昭和天皇が「今となつては致方あるまい」と了承したこと、同時に「皇室典範改正の発議権を留保できないか、又華族廃止についても堂上華族〔平安時代以来の公卿の家柄〕だけは残す訳には行かないか」との発言があったことも記している[42]。閣議の様子について、村上《むらかみ》義一《ぎいち》元運輸大臣がのちに、幣原首相が「一日でも延びたら危ない」と言い、「男泣きに泣かれた。他の閣僚も思わずもらい泣きをし」たと証言している[43]。GHQから「本日中に日本政府案として発表せよ」と申し入れがなされており、延期は難しかった[44]。

前述した『芦田日記』の「今となつては致方あるまい」を踏まえて、渡辺《わたなべ》治《おさむ》は三月五日に聖断と表現できるような出来事が起きたことに疑義を呈した。渡辺は二月二十二日の聖断も否定しているが、三月五日の昭和天皇の行動を「一大譲歩の決断」と評価した[45]。要するに聖断というような前向きなものではなく、追い込まれた窮余の一策として決断したという解釈である。

三月五日の閣議に列席した入江は、参内から戻ってきた幣原首相は昭和天皇が「事ここに至つた以上、自分としては特別の意見はない、内閣の考え通りとりはかられたい」と述べたと説明したと振り返る[46]。入江は別のところでは、参内から戻った幣原首相が「ことここに至つた以上は自分としては特別に意見もない、内閣の思うようにされたらいいだろうというようなことをおおせられた由」と語った。[47]後者の発言からは、かなり投げやりな印象を受ける。入江の記録が『昭和天皇実録第十』の「内閣に一任する旨を仰せになる」の出典と考えられよう。

重要なことは、様々な証言を踏まえても、昭和天皇がどのような意向を示したかが明確ではないことである。幣原首相や吉田外相らが、天皇の聖断を強調するのに対して、『芦田日記』のような当時の記録では、昭和天皇は総論としては認めつつ積極的な賛意を示していない姿が浮かび上がる。

幣原証言の信頼性

果たして、昭和天皇の聖断を伝えた幣原首相の発言は、信頼が置けるのだろうか。正確に記すと、幣原首相は昭和天皇の発言のすべてを、松本国務相や松村前農相に対して、あるいは閣議などで披露したのか。

そうではないことを、先ほど紹介した入江俊郎が触れている。三月五日に幣原首相が参内した折に「天皇は、皇族の将来、天皇の御一家の将来等につき、また皇室財産等の件につき特に御関心を持たれ御下問があつたらしいのであるが、この日の閣議の席上ではそのことは幣原総理も松本大臣も何ら言及されていなかつたと思います。（そのことは、その後何かの機会に入江は幣原さんから聞いております。）」とする。つまり、昭和天皇の発言のすべてを閣議で報告したわけではなく、様々な影響を考え、省略した形でしか話さなかったと説明していた。この入江発言は慎重に読む必要がある。すなわち「何ら言及されていなかつたと思います」と、記憶であることを強調したうえで「入江は幣原さんから聞いております」と、幣原の証言があることを明記している。入江は、衆議院で皇室財産が話題になった折、内閣首脳が打ち合わせた時に、幣原や松本から聞いた記憶がある、と補足した[48]（皇室財産の件は第五章を参照）。

実は、三月五日の閣議の席上で、幣原首相は、少なくとも皇室財産の件について言及している。芦田と同じく、閣僚であった小林一三《こばやしいちぞう》国務相兼戦災復興院総裁の日記から引用する。

> 憲法改正案には皇室典範も議会の協賛を得ることになるので、又、皇室の世襲財産（宮城離宮等の如き不動産）以外のすべての財産からの収入全部が国庫の収入となり、皇室の経費全部が毎年議会の承認を得て、その収支が白日に曝《さら》さるゝことになるので『大分きゆう屈になるね』と〔昭和天皇が〕御苦笑遊ばされたとの事。これは恐らく議会に於て修正されるとの如き御取扱ひになることをマッカーサー元帥は異議ないものと確信する云々と〔幣原〕首相は心の底から、つゝましやかに申上げたとの事。[49]

『小林日記』からは、昭和天皇が皇室財産を気にしており、それに対して幣原首相が見通しを語ったことが分かる。

もう一つ、二月二十二日説で取り上げた、後年、幣原が松本に二月下旬に聖断が下った、と説明したことも補助線となる。もし三月五日に明確な聖断が下っていたのであれば、一緒に参内していた松本国務相もそう理解したであろう。幣原首相と松本国務相が拝謁したことは、徳川義寛《とくがわよしひろ》侍従の日記で確認できる。[50]また、松本国務相秘書官を務めていた、松本の女婿の三邉謙《さんべけん》（貴族院議員）の日記にも、三月五日「5.35　参内」とあり、[51]松本国務相が参内したのは間違いない。要するに、三月五日に昭和天皇の発言をその場で直接聞いた松本国務相が、聖断と受け止めるような内容ではなかったからこそ、幣原が後に松本に、二月下旬に聖断が下っていたという、新たな説明を行ったように思われる。

松本によれば、三月五日の閣議では「字句等些末の点を暫く措き一応先方の対案に服従することに決定せり。仍《よっ》て午後五時頃、幣原首相と共に参内、内奏し、勅語の降下を仰ぎて退出」となっている。[52]つまり、天皇の聖断以前に、閣議で受け入れを決定しており、勅語の降下のみを了解してもらった、と記録しているのである。別のところでも同様に話し、閣議では「もう仕方がないからこれに服従しようということに決定し」たとし、内奏は「畢境《ひっきょう》するに敗北しましたということの御報告のようになりました」と振り返った。[53]

その場での昭和天皇の発言について、宮沢が「それでよかろう」と発言したかと質問すると、実際の発言は「仕方がなければそれよりほかないだろう」というもので、「そんなに強く、それでけつこうだと言われたような意味には私は思わなかつた」と訂正した。[54]

聖断の条件

「はじめに」でも触れた通り、ポツダム宣言受諾の二度の聖断の事例では、昭和天皇は判断を求めた総理大臣の方針を尊重する決断を下した。

ここで考慮すべきは聖断の前提条件である。閣議が一致して了解したのであれば、聖断は不要となる。実際、二月二十二日の閣議は紛糾していない（『芦田日記』『小林日記』）。つまり、閣議が紛糾して、それを天皇の聖断により収拾したというストーリーは意味を持たない。端的に、聖断の前提条件を踏まえるならば、二月二十二日説は否定される。

一方、三月五日の閣議は一致していたものの、「根本的の大変革は陛下の御勅語を戴」く必要がある（『芦田日記』）。GHQ草案を受け入れるか否かという実質的な判断を伴っていたと評価できよう。それを踏まえると、小林国務相による「陛下の詔勅を仰ぎ、陛下の御命令によつて主権は人民にありといふ此憲法の原案を得たり」という結論になるのであろう[55]（『小林日記』）。

幣原喜重郎（1945年10月、共同通信社提供）

重要なのは、聖断神話の根源は、すべて幣原の談話に辿り着くことである。様々な場面で幣原が聖断を語り、それが、様々なバージョンとして継承されていったのではないか。

いくつかのバージョンのなかで、聖断の実態に最も近いのは、おそらく三月五日の閣議を中断して、天皇の意見を確認した際の発言だろう。だが、既に述べた通り、聖断と呼びうる内容を伴っていたのかには甚だ疑問が残る。幣原と一緒に参内した松本は聖断とは評していない。『芦田日記』や『小林日記』に記載されているように、三月五日の昭和天皇の発言は、様々な希望を述べた後に「今となつては致方あるまい」という、観念したと思しきものだったと考えられる。

まとめると、二月二十二日の聖断は存在そのものを疑問視せざるをえない。一方、三月五日の聖断は、決断と評するにはあまりにも弱々しい昭和天皇の発言が、幣原首相らが強調することによって聖断に仕立て上げられていった、というあたりが、妥当な解釈ではなかろうか。

幣原による憲法草案の修正

ここまでの検討過程で、昭和天皇が聖断神話に回収されない、様々な希望を述べていたことにも触れた。第一条についての希望は知られていないが、果たして反映されたことはあったのだろうか。資料的な裏付けがない状況では、昭和天皇の意向を伝えられた可能性のある幣原首相の行動を確認するしかない。

まず、GHQ草案が日本側に提示された後の経緯を確認したい。

GHQ草案が示された二月十三日を、佐藤達夫は「日本国憲法受胎の日」と評した。この草案第一条は「皇帝は国家の象徴にして又人民の統一の象徴（the symbol of the State and of the Unity of the People）たるべし　彼は其の地位を人民の主権意思（the sovereign will of the People）より承《う》け之を他の如何《いか》なる源泉よりも承けず（and from no other source）」であった[56]。二月二十一日に幣原首相がマッカーサーと会談し、「象徴」天皇と戦争放棄の二点は譲歩不可能と判明した。それが二十二日の閣議で報告された。芦田厚相の日記によれば「第一条と戦争抛棄とが要点であるから其他については充分研究の余地ある如き印象を与へられた」と幣原首相が述べた[57]。その後、幣原首相は参内し、憲法草案を昭和天皇に提出した。翌二十三日に、憲法草案について昭和天皇が木下侍従次長と話しており、その文面は前述のGHQ草案第一条と同じである[58]。

二月二十二日の幣原参内と並行して、松本国務相は吉田外相らとGSのホイットニー局長のもとを訪れた。そこで何が修正できるかを確認すると、「先方の殆ど譲歩の意を示さざるに失望」という結果になった[59]。このとき、前文（プレアンブル）についても議論がなされ、「新憲法が人民の発意に依る旨を中外に宣明するは此の際必要なり」との回答を得ている[60]。二十二日の様子を二十五日の閣議で報告すると同時に、マッカーサー草案の第一章と第二章の「翻案」（いわゆる「モデル案」）を報告した。二十六日の閣議ではGHQ草案の全訳（いわゆる「閣議配布案」）が配布されたが決着しなかった。その後から松本国務相の助手となった佐藤法制局第一部長に渡された、松本国務相のモデル案第一条は「天皇は民意に基き国の象徴及国民統合の標章たる地位を保有す」とあった。それが三月二日案になる過程で「天皇は日本国民至高の総意に基き日本国の象徴及日本国民統合の標章たる地位を保有す」と変更された。この部分は「幣原首相の意見によるもの」だった。さらに「他の如何なる源泉よりも承けず」も削っている[61]。要するに日本語訳の「主権意思」を「至高の総意」に翻案したのである。

歴史を先取りすると、帝国議会で憲法議論が進むなか、この「至高の総意」という表現を極東委員会が問題視した。そのため、GHQが介入し、第一条に主権在民が明記された[62]（第五章を参照）。

二月二十二日の閣議で、幣原首相は「第一条と戦争抛棄とが要点」と語り、それ以外の部分の修正の可能性を示唆していた。実際に、松本国務相はホイットニーとどこが修正できるかを話し合っている。第一条に関しては修正の余地はないと理解し、それを閣議で披露したはずの幣原首相が、三月二日案になる過程で「国民至高の総意」と翻訳を変更すること、つまり国民主権を明示しないことを主張したのである[63]。入江俊郎によれば、「英文を言葉通り訳せば国民の主権意思ということでありましようが、それではあまり露骨だという当時の考え方から、国民の至高の総意というような言葉で日本側の憲法草案ができておつた」、その表現は幣原首相が閣議で「提案主張」したという[64]。その意図は分かるにせよ、甚だ不可解な行動と評せざるをえない。当然ながら、この要点の変更はGHQに問題視された。三月四日に松本国務相はGSのケーディスから「「……之を他の如何なる源泉よりも受けず《ママ》」との文句ありしに松本第二案には無し」と追及された[65]。なんとかそれをくぐりぬけ、三月五日案は「天皇は日本国民至高の総意に基き日本国の象徴及日本国民統合の標章たるべし」となり、三月六日の憲法改正草案要綱では「天皇は日本国民至高の総意に基き日本国及其の国民統合の象徴たるべきこと」と決着した[66]。

前文の修正

もう一点、三月二日案にいたる過程で国民主権を明示していた前文を省略した[67]。前述した通り、二月二十二日の会見で、ホイットニー局長が変更を許さないとしていた事項を、敢えて変更したのである。これは後に、松本国務相が「どうもおかしいから、削った」と語った[68]。当然ながら、GH

Qは前文の省略を認めず、三月五日案では復活した[69]。その後の文面も含め、関連する部分を引用したい[70]。

茲《ここ》に人民の意思の主権を宣言し〔中略〕此の憲法を制定確立す（「GHQ草案　一九四六年二月十三日」）

茲に人民の意思の主権を宣言し〔中略〕此の憲法を制定確立す（「日本国憲法〔三月五日案〕」）

茲に国民至高意思を宣言し〔中略〕此の憲法を制定確立し（「憲法改正草案要綱」）

ここに国民の総意が至高なものであることを宣言し、この憲法を確定する（「憲法改正草案」）

このように、復活した前文の「人民の意思の主権」は、三月六日の憲法改正草案要綱で「国民至高意思」と変更され、四月十七日の憲法改正草案では「国民の総意が至高なもの」と変更されたのであった。

この間、三月五日に閣議を中断して、幣原首相が奏上すると、昭和天皇は「今となつては致方あるまい」と伝えた[71]。

幣原首相に伝えられた昭和天皇の意向

なぜ、幣原首相は問題視されることが必定の第一条の翻訳に修正を加えたのか。第一条の趣旨を曖昧化させる日本語訳の変更を幣原首相が主導したことは、昭和天皇が幣原首相になにがしかの意向を伝えた可能性を示唆する。[72]

昭和天皇がいつ幣原首相にその意向を伝えたのか、まずは、二月二十二日頃の幣原の談話を、時系列で確認したい。

二月二十一日のマッカーサー・幣原会談翌日の二月二十二日、閣議で幣原首相が会談内容を説明した。最初に、芦田厚相の日記から引用する。[73]

天皇に拝謁して以来、如何にもして天皇を安泰にしたいと念じてゐる。〔中略〕ソ聯と濠州とは日本の復讐戦を疑惧して極力之を防止せんことを努めてゐる。米国案は憲法を proclaim する〔＝宣言する〕のは天皇であるとしてゐるし、第一条は天皇が相承けて帝位に留られることを規定して居る。〔中略〕米国案は天皇護持の為めに努めてゐるものである。〔中略〕主権在民を明記したのは〔中略〕かくすることが天皇の権威を高からしめるものと確信する。

次に、小林国務相の日記から引用する。[74]

〔マッカーサーは〕幣原首相は先《ま》づ此点を認識すべしである、と強調された。即ち日本に対するワシントンの聯合国会議は日本に対して非常に警戒してゐることである。ソ連及び濠州は、日本は〔中略〕如何なる場合に於ても再び戦争はなし得ざるやうにあらゆる注意を施行すべしである。天皇制を廃し、天皇の統治権をハク奪し、主権は人民にあること、それからモ一つ、戦争は断じてやらないといふ条項を憲法に法文として明記すべきこと。此二点は、聯合国会議に於て確定した条件で、これはどうしても譲ることも変へることも出来ない。〔中略〕私〔＝幣原首相〕は之に対して、天皇に統治権なし、主権は人民にありと、露骨に明文にしなく共、〔中略〕結局、主権は人民にありと言ふに異ならずである。

三つ目は、入江俊郎による記録である〔以下「入江記録」と略記〕。

幣原首相は三月二十日に枢密院本会議で、憲法改正草案要綱に関する非公式の説明を行った。その説明は、四月二十二日に開催された第一回審査委員会で説明要旨として配布されている。そこに書かれていないこととして、入江によれば、幣原首相は次のようなことを話したという。[75]

去る二月二十一日幣原がマッカーサーを訪問、約三時間会談をした。そのときマッカーサーは、『余（マッカーサー）は天皇に面会していろいろお話をしたが、天皇からは最上の好印象を受けている。余は天皇を民主国たる日本の元首とすることにつき固き決心を持つに至つた。しかるに濠州及びソ連はこれに対し反対の意向を持ち、余のこの意図を妨害しようとしている。〔中略〕』と言った。

これが約一か月後の談話である。

先に紹介した松村謙三の回顧録によれば、二月二十二日以降（推定）に、幣原首相は昭和天皇に奏上した際、マッカーサーとのやり取りを次のように説明したという（以下「松村回顧」と略記）。

第一条をそのままでは、〝北の国〟〔＝ソ連〕〝南の国〟〔＝オーストラリア〕はもちろん、アメリカ本国さえどう言うかわからぬ。へたするともともこもなくなるおそれがある。そういう大事の場合を考えてみるがよい。だからこのさいは第一条を変えて、イギリス式の〝国家の象徴〟――その程度までもってゆく必要があろう

それを聞いた昭和天皇は、

先方がそういうなら認めてもよいのではないか。第一条はイギリスのように〝象徴〟と変えてよいではないか。〔中略〕イギリス式に〝国家の象徴〟となり、政治を民に委ねてもよいと思う

と発言したとする。松村の記憶では、この幣原の談話は「五月の中ごろ」に聞いたものであった[76]。それは、

また「九月頃」の幣原国務相の談話を、松本烝治が伝えている（以下「宮沢記録」と略記）。それは、

マカアサア元帥と会った。元帥曰く。「天皇の問題については、自分は諒承しているが、南北とから、反対がある。天皇を象徴とする憲法を承認するということは、日本の為にのぞましいと思う。」

というものであった[77]。

誰に対して話をしたかにより、中身が変わることはままある。だが、『芦田日記』『小林日記』（ともに二月二十二日）、「入江記録」（三月）、「松村回顧」（五月）、「宮沢記録」（九月）には、かなりの違いが認められる。

とりわけ「松村回顧」における幣原の談話には違和感を禁じ得ない。

すなわち、五つの談話では、オーストラリアとソ連（あるいは「南北の国」）の反対という表現は共通する。だが、五月の幣原談話では「イギリス式の〝国家の象徴〟——その程度までもってゆく」必要性をマッカーサーが訴えたとする（「松村回顧」）。閣議での説明（二月）時点では「帝位に留られること」（『芦田日記』）、枢密院での説明（三月）時点では「天皇を民主国たる日本の元首とすること」（「入江記録」）という表現でしかなかったものが、異様に具体的になっている。会談直後

の説明では（『芦田日記』『小林日記』）、主権在民を明示的に要求しているが、イギリス云々は出て来ない。なお、マッカーサーが「帝位」「日本の元首」と発言した可能性はある（後述）。三月六日に憲法改正草案要綱が完成していたことを踏まえると、「松村回顧」における幣原談話の具体性は突出している。補足すると、五月時点では貴衆両院で憲法草案が未だ審議に入っておらず、九月時点では第一条に国民主権が明示されていた。であれば、九月の幣原談話（「宮沢記録」）からは、現実の憲法案に即して、「松村回顧」に存在したマッカーサーの説明が消去されたことになる。マッカーサーの意図がこうであった、という回顧談にすぎないのであれば、削除されるのはおかしい。実に奇妙な話である。

なにより、最高権力者であったマッカーサーが、幣原首相に対して、懇切丁寧に説得したとは考えられない。例えば、第九条に関するマッカーサーとの会見について、幣原が関係者に語った様子は次のようなものである。

第九条（戦争放棄）の場合

小林国務相の日記によれば、二月二十一日にマッカーサーと会談した幣原首相は、二十二日の閣議で次のように述べた[78]。

〔幣原は〕憲法の明文中に再び戦争はやらないト言ふが如き文句は世界のどこの国の憲法にもない異例な話で戦争の出来ない平和的文化的の日本の将来から考えて殊更に法文に明記する必

要はないと思ふと主張したけれど〔マッカーサーは〕中々承知しない、世界のどこの憲法にもない断じて戦争はやらないといふ文句を初めて日本が新憲法に取入れて採用するといふことは、世界の憲法に新例を開く名誉の行為として世界から賞賛さるゝのみならず、やがて、世界の国々がそのまねをするにきまつてゐると思ふから此点に於ても率先して実行してほしいト強調するのである

芦田厚相の日記では、マッカーサーは「国策遂行の為めにする戦争を抛棄すると声明して日本がMoral Leadership を握るべきだと思ふ」と述べたのに対して、幣原首相は「leadership と言はれるが、恐らく誰も follower とならないだらう」と発言した。マッカーサーは「followers が無くても日本は失う処はない。之を支持しないのは、しない者が悪いのである」と全く意に介さなかったとする。[79]

ダグラス・マッカーサー（1945年8月、フィリピンにて）

マッカーサーが、他の連合国の関係者に話した記録もあげておこう。

六月二十五日にマッカーサーは対日理事会の英国代表マクマホン・ボール（William Macmahon Ball）と会見した。その後に、ボールが外相に宛てた電報に、マッカーサーが話した幣原首相との会話が記されている。曰く

「戦争放棄に関して、幣原はマッカーサーに、「どのような軍隊なら保持できるのですか」と尋ねた。マッカーサーは、「いかなる軍隊も保持できない」と答えた[80]」。どのような軍隊なら保持できるかという幣原の発言は、幣原に戦争放棄の発想がなかったことを示す。このような一九四六年二月や六月の幣原首相とマッカーサーの発言を突き合わせると、第九条はマッカーサーが発案したもの以外ではありえない。

これらの資料から浮かび上がるのは、幣原首相に、修正を勧めるどころか、一方的に命じるマッカーサーの姿である。前に引用した小林国務相の日記によれば、第一条と第九条について「譲ることも変へることも出来ない」と幣原首相に明言したとされる[81]。

ちなみに、福永文夫《ふくながふみお》によれば「マッカーサーという人は〔中略〕一人で喋り続けるのです。ケナン〔George Frost Kennan〕がマッカーサーと会った時も、三時間しゃべりっ放しで困った」とされる[82]。前述した二月二十二日の閣議における幣原首相も、マッカーサーは「先づ例の如く演説を初めた」から開始し、「幣原は此時語を挿んで」と説明している（『芦田日記[83]』）。佐藤尚武《さとうなおたけ》参議院議長も「本日の会見も、例の通りマ元帥が長々と語つた」とし、地方税法案に関して「何人が、何日、どんな修正案をもつて来て、何日彼が承認を与えたのかを、正確に突き止めるのは不可能であつた」とまとめた[84]。このように、マッカーサーは好き勝手に話すため、佐藤議長らとの間で、事実関係を確認できない「対話」が繰り広げられたのである。

要するに、マッカーサーは「会談」の場で一方的にまくしたてるのが常態化していた。タイミングを見て割って入らなければ独演会が延々と続く。こうした事実からもマッカーサーが幣原首相に提案するかのような「会談」が成立したとは考えがたい。

二月二十二日の昭和天皇と幣原首相の会談

幣原談話の違いに戻る。

五月に話したという「松村回顧」では、昭和天皇がイギリス国王（女王）の在り方を象徴とみなし、それと同じならばよいとして、了解したとされている。

よくよく考えると、この幣原発言は奇妙である。当時、〝象徴＝君主〟とは明確に解釈されていなかった。そもそも、マッカーサー・ノートの第一項目で、天皇は「at the head of the state」（＝元首）と明記されていた。ただ、それは大日本帝国憲法と同じ元首を意味するわけではなく、内実は違うと解釈されている。元首のままだと大日本帝国憲法下と同様の強大な実権を持つといった誤解を招く可能性が高かったために、「象徴」と変更したという解釈も存在する。[85] 要するに、GHQは元首という誤解を招く表現を嫌って「象徴」と変更したと考えられているのだ。二月二十一日の幣原首相との会談の席上、マッカーサーは「帝位に留られる」（『芦田日記』）、「日本の元首」（「入江記録」）と発言したとされており、皇帝や元首という表現を用いた可能性は高い。同時に「天皇に統治権なし」「主権は人民にあること」（『小林日記』）と発言したとされており、残された権能を確認すれば、それまでの元首とは程遠いことが判明しただろう。

こうした状況下で、〝象徴＝立憲君主〟という理解は生じえない。

ところが、「松村回顧」では昭和天皇は〝象徴＝英国の立憲君主〟と理解したことになっている。

一九四五年九月二十五日に『ニューヨーク・タイムズ』のクルックホーン（Frank L. Kluckhohn）記者と会見した際に、昭和天皇は「英国のような立憲君主国がよいと思う。立憲的手続きを通じて表明された国民の総意に従い〔以下略〕」と回答した。[86]昭和天皇が英国の立憲君主制を評価していたのは事実である。だが、それが「象徴」の意味だと、当時の人々が考えただろうか。例えば、二月十三日にGHQ草案を受け取った松本国務相は「天皇は象徴である、シンボルであるという言葉が使ってあった。憲法のようなものに文学書みたようなことが書いてあると思つて、大いにびつくりした」と振り返った。[87]また、七月には代議士の大島多蔵《おおしまたぞう》が「象徴」と元首の問題に言及した際に「少くとも私達は諸外国並――諸外国並まで行かんでも「イギリス」の「キング」位にまでして行きたいと云ふ熱望を持つて居る」と発言した。[88]これは「象徴」がイギリスのキングとは違うものという理解を披露したと位置づけられよう。このように「象徴」が出てきた前後で、当時の人々が〝象徴＝英国の立憲君主〟と理解したとは考えがたい。昭和天皇が世界各国の憲法に通暁していたと仮定しても、GHQ草案の説明を聞いた瞬間に「第一条はイギリスのように〝象徴〟と変えてよいではないか」と発言したとは到底考えられないのである。

なによりマッカーサーがそんなことを幣原首相に伝えるだろうか。

GHQの公式記録『Reorientation』は「天皇の役割は、社交的な君主《ソウシャル・モナアク》のそれでありそれ以上ではない」とし、政治的な権限を想起させるような案が否決されたことを明記している。[89]マッカーサーがこのような発言をしたことは、資料的には裏付けられない。[90]同時に、これが幣原首相の発言でないことも推定される。幣原首相は一月末の時点で「日本の憲法はイギリスなどの君主制を模倣したものではなく、日本人の特性と伝統に適合したものとすべきである」とインタビューで答えていた[91]。
イギリスの君主制を評価していなかったのである。
もし「松村回顧」に整合性を持たせるならば、次のように再構成せねばなるまい（二重線は筆者による推測）。

幣原　マッカーサーは「第一条をそのままでは、〝北の国〟（＝ソ連）〝南の国〟（＝オーストラリア）はもちろん、アメリカ本国さえどう言うかわからぬ。へたするともともこもなくなるおそれがある。そういう大事の場合を考えてみるがよい。だからこのさいは第一条を「象徴」に変えよ」との指示でした。

昭和天皇　マッカーサーが言う「象徴」とは、何を意味するのか？

幣原　分かりません。ただ、「象徴」とはウェストミンスター憲章に出て来る表現です。

なお、ウェストミンスター憲章[92]（Statute of Westminster 1931）では象徴は次のように書かれている。

the Crown is the symbol of the free association of the members of the British Commonwealth of Nations,[93]

クラウンは英帝国構成諸領ノ自由ナル結合ノ象徴ナリ（一九四六年の清宮四郎の訳[94]）

繰り返しになるが、GHQ草案で提示された「象徴」が何を意味しているのか分からない状況では、右の会話の如く、マッカーサーが要求する「象徴」に関して、昭和天皇は解説を求めただろうし、幣原としても、十分な回答はできなかったと考えるのが妥当であろう。そのうえで二月二十二日時点に「先方がそういうなら認めてもよいのではないか」以下の昭和天皇の発言が存在したか、きわめて疑わしい。会談後の幣原首相による修正を踏まえると、二月二十二日時点では、昭和天皇が納得しなかった可能性がきわめて高いと結論づけられよう。

二月二十六日の昭和天皇と幣原首相の会談

午前、表拝謁ノ間において内閣総理大臣幣原喜重郎に謁を賜う。

(『昭和天皇実録　第十』一九四六年二月二十六日)

二月二十二日の会談で昭和天皇がGHQ草案に納得しなかったとして、昭和天皇と幣原首相の間で対応策が決定したのはいつだろうか。

周辺資料を踏まえるならば、二月二十六日午前の拝謁と推定されよう[95]。

そもそも、GHQ草案の翻訳を突然見せられた二月二十二日に、その場で昭和天皇が方針を示したとは考えにくい。常識的に考えるならば、並行してGHQを訪ねた松本国務相と吉田外相の報告を待つだろう。もう一つ、もし二十二日に方針が定まっていたら、幣原首相は即座に松本国務相に伝えたはずである。悠長に待つ必要はない。ところが、松本国務相が二月二十六日の閣議後に佐藤法制局第一部長に渡したモデル案では「天皇は民意に基き」となっている。[96]つまりモデル案は幣原首相の要請前に作成されていた。

幣原首相が昭和天皇に拝謁したのは、『昭和天皇実録　第十』によれば、二月二十二日以降、二十五日、二十六日、それから三月四日、五日である。このうち、二月二十五日は地方長官の奏上が主目的であり、幣原首相と話し合う余裕はなかろう。重要なのは、二十五日朝八時から開かれた臨時閣議における松本国務相の報告である。『芦田日記』によれば、松本国務相はホイットニーらから「新憲法は人民の発意によるとすること絶対に必要なり、新憲法の前文に「人民の意思によつて宣明す」と記載すべきものと思ふ」と「民意」を明記せざるをえないような説明を受けたとの経過報告を行った。同時にモデル案を朗読したという。[97]『小林日記』によれば、松本国務相は次のような説明を行った。[98]

いろ〳〵説明の結果、何とか先方の希望に添ふやうな成文が必ずしも不可能ではないと、ヤ、楽観の様子に話されたが、結局、主権は人民にあり、人民総意の決議に基き此憲法を作ると露骨に書かない丈でウマク曲文可能のやうな口吻であつた。

松本国務相はモデル案を例に、主権在民を明記しない表現が可能かもしれないと説明したのである。それを幣原首相は二月二十六日午前の拝謁で昭和天皇に奏上したのではないか。

その後の松本国務相や入江法制局次長、佐藤法制局第一部長による日本案の文言を確認すると、二月二十八日の第一回打ち合わせ後に作成された「日本国憲法（第二稿）」では「天皇は国民の総意に基き」となっている[99]。三月一日午後の第二回打ち合わせで「天皇は日本国民至高の総意に基き」と変更され、三月二日案が完成した[100]。

この間、閣議が開催されたのは二月二十六日午後と三月一日午前である[101]。三月一日までは「国民の総意に基き」だったことから、幣原首相が昭和天皇の希望に従い、第一条の訳文の変更を求めたのは、三月一日午前の閣議と推定されよう。

ここまでの経緯をまとめると、二月二十二日の昭和天皇・幣原首相の会談では、昭和天皇がGHQ草案に納得しなかった可能性が高い。二月二十六日の会談で、松本国務相によるGHQとの交渉を踏まえ、昭和天皇は幣原首相に第一条の訳文の変更を命じたと考えられる。変更された翻訳からは、昭和天皇は国民主権の明示に納得しない発言を行った可能性が高く、同時にそれは昭和天皇が主権の所在にこだわったことを意味すると解釈されよう。

「聖断神話」の実態

こうした昭和天皇の希望こそが、幣原首相による、GHQ草案の第一条の翻訳「其の地位を人民の主権意思より承け之を他の如何なる源泉よりも承けず」を、「日本国民至高の総意」に敢えて変更するという行為に繋がったと考えられる。GHQ草案を翻案した三月二日案が完成すると、三月四日に昭和天皇に奉呈された[102]。幣原首相が奏上する前に、松本国務相はGHQとの交渉に向かっていた。その様子を確認したい。

松本の手記によれば「先方案第一条には天皇の国及国民統合の象徴たることは国民の主権意思に基く旨の外、他の何《いず》れの淵源にも基くものに非《あら》ざる旨を明記したるに当方案には右の後段を削除したり」と、ＧＨＱに削除した部分を追及された。「余は第一条に国民至高の総意に基く旨を定めたるは論理上当然他の淵源に基くものに非ざるの意味を包含すべく先方案に何等《なんら》変更を加ふる趣旨に非ず、我憲法の条文としては右の如き自明の理を冗長に規定せざるを慣例とす」と、論理的に同じ意味となるため、変更を加えたわけではなく、冗長だから削ったと反論した。ＧＨＱ側が交渉を打ち切る外ないという伝言に対しては「翻訳を打切ると否とは当方の関する限に在らずと白洲氏を通して言明せしめたるところ此の問題に付ては其儘《そのまま》と為りたる」、打ち切りたければ打ち切れと強気で反論したら、そのままになったという。この後も激論を繰り返し、「二時半頃迄《まで》司令部に止まり居り」、戻って幣原首相に報告したとする。[103] このようにＧＨＱに対しては「翻訳」と説明しつつ、実際は翻案していたのである。午後三時十分、昭和天皇は幣原首相の拝謁を受け、三月二日案を受け取った。[104] その後に木下侍従次長が呼ばれた。木下は日記に次のように記している。[105]

> 松本の試案〔＝三月二日案〕につき、御不審の点（第八条）につき、首相に確かめよとの仰せ。よって大臣と対談中の首相にこれを問う。答に曰く、〔中略〕首相の最も意を注げるは第一条の Sovereign will（Mの語）の条と、戦争廃止の第二章なり。

御下問があった第八条「皇室に対し又は皇室よりする財産の授受及び収支は国会の承諾なくして之を為すことを得ず」は、皇室財産に関する条文である。

松本手記、『昭和天皇実録　第十』、木下の『側近日誌』の記述を組み合わせると、三月四日の奏上前後の経過は次のようにまとめられよう。

幣原首相は午後三時十分から拝謁し、三月二日案を報告した。昭和天皇が三月二日案への疑問を木下侍従次長に御下問したところ、幣原首相は、午後二時半までGHQと交渉していた松本国務相から第一条の「国民至高の総意」を維持しえたという報告を受けている最中であったと推測されよう。そこで、松本国務相の報告を含め、第一条の翻訳に注意した旨を回答したのではないか。

だが、『昭和天皇実録』ですら、『側近日誌』前段の第八条へのコメントにしか言及していない。[106]木下侍従次長は「Sovereign will of the people を国民至高の総意と訳せり。これはいかがなものにやと思う」と第一条の翻訳に関する違和感を記した。[107]木下が違和感を持った、この第一条の翻訳文こそが、何よりも幣原首相が昭和天皇に伝えたかったことであることは、引用した日記からも明らかである。昭和天皇が第八条にしかコメントしなかったということは、第一条の翻訳文に満足したことを意味する。このように幣原首相は昭和天皇の希望を踏まえて対応した旨、奏上したのだろう。御下問までの間に松本国務相の報告を受けていたならば、第一条の翻訳文を維持しえたことも、昭和天皇に早々に伝わったはずである。

なお、松本国務相が昭和天皇の希望を把握していなかったことにも注意が必要である。既に引用した通り、松本は「宮沢記録」では、幣原首相が二月下旬に聖断が下ったと説明したとする。松本は二月九日以降、三月五日まで昭和天皇に拝謁しておらず[108]、その希望を直接聞くことはできない。ゆえに、昭和天皇の希望は幣原首相だけが把握しており、幣原首相の責任で「国民至高の総意」に変更したと考えるべきだろう。

こうして三月四、五日のGHQとの交渉の結果、第一条は「天皇は日本国民至高の総意に基き日本国の象徴及日本国民統合の標章たるべし」となった。つまり「国民至高の総意」は変更されなかった。GHQとの交渉による最終文面が三月五日の閣議にもたらされ、五日夕方に幣原首相と松本国務相により昭和天皇に奏上された[109]。GHQとの最終交渉を経ても、国民主権が明示されなかったことに、昭和天皇は満足したに違いない。

以上を踏まえると、三月五日、幣原首相の奏上に対して、昭和天皇が「今となつては致方あるまい」と発言したとすれば[110]、それは聖断ではありえない。諦念と評すべきでもない。GHQの重視する第一条をGHQ草案から押し戻し、国民主権を明示しなかった。二月二十二日に幣原首相と会談した際の希望が実現したと解釈するならば、ひとまず満足したことの表明と理解すべきであろう。

＊

本章で議論した、聖断や幣原首相の証言に関して、次のようにまとめられる。

昭和天皇が何の希望も言わず、GHQ草案を受け入れたとする聖断神話は、幣原首相の証言を基に創られた。幣原首相としては、第一条と第九条とを重視するGHQに対して、昭和天皇が異論を唱えなかったことを強調したと考えられる。一方で、日本側、とりわけ閣議の席上では、昭和天皇の聖断が下されたと紹介したうえで、昭和天皇の若干の希望をも披露した。後年、幣原首相がそうした希望を伝えた事実すら否定したことも論じた。日本国憲法草案に対する幣原首相の動向を確認すると、昭和天皇が幣原首相に何も希望を伝えなかったとは考えがたい。

時系列を整理すると、二月十三日にGSのホイットニー局長からGHQ草案が松本烝治国務大臣らに渡された。それを受けて内閣は対応を協議する。閣議ではGHQ草案受け入れの方針が決定された。二月二十二日、幣原首相が閣議の方針を報告するとともにGHQ草案を昭和天皇に渡した。この日、昭和天皇は幣原首相に国民主権を明示しないことを希望する旨を伝えたのではないか。さらにGHQとの交渉を経て、松本国務相は翻訳文を変更することが可能との見解を示した。二月二十六日午前に幣原首相が昭和天皇に経緯を伝えると、昭和天皇は翻訳文を変更するように指示したのではないか。そこで三月一日午前の閣議で幣原首相が発言し、「国民至高の総意」と変更するよう要求した。GHQ草案の外務省仮訳「人民の主権意思（the sovereign will of the People）」から「主権」を削るよう主張したのである。なお、後に「国民」が何を指すかが問題となる（後述）。三月四、五日のGHQとの最終交渉でも当該部分は維持できた。五日夕刻、幣原首相は松本国務相とともに奏上し、昭和天皇がそれを了承する。こうして三月六日の憲法改正草案要綱に「国民至高の総意」が反映された。そして、ひらがな口語体の条文化が進められ、四月十七日に憲法改正草案が国民に公開された。

以下、憲法改正草案の「第一章　天皇」を引用する[111]。

第一条　天皇は、日本国の象徴であり日本国民統合の象徴であつて、この地位は、日本国民の至高の総意に基く。
第二条　皇位は、世襲のものであつて、国会の議決した皇室典範の定めるところにより、これを継承する。
第三条　天皇の国務に関するすべての行為には、内閣の補佐と同意を必要とし、内閣がその責任を負ふ。
第四条　天皇は、この憲法の定める国務のみを行ひ、政治に関する権能を有しない。
第五条　天皇は、法律の定めるところにより、その権能を委任することができる。
第五条　皇室典範の定めるところにより摂政を置くときは、摂政は、天皇の名でその権能を行ふ。この場合には前条第一項の規定を準用する。
第六条　天皇は、国会の指名に基いて、内閣総理大臣を任命する。
第七条　天皇は、内閣の補佐と同意により、国民のために、左の国務を行ふ。
一　憲法改正、法律、政令及び条約を公布すること。
二　国会を召集すること。
三　衆議院を解散すること。
四　国会議員の総選挙の施行を公示すること。
五　国務大臣及び法律の定めるその他の官吏の任免並びに全権委任状及び大使及び公使の信任状を認証すること。

六　大赦、特赦、減刑、刑の執行の免除及び復権を認証すること。
七　栄典を授与すること。
八　批准書及び法律の定めるその他の外交文書を認証すること。
九　外国の大使及び公使を接受すること。
十　儀式を行ふこと。
第八条　皇室に財産を譲り渡し、又は皇室が、財産を譲り受け、若《も》しくは賜与することは、国会の議決に基かなければならない。

一連の経緯からは、昭和天皇がＧＨＱ草案を受け入れたという聖断は事実ではなく、むしろ実態に反する虚構に近い、ゆえに「第三の聖断」は単なる神話にすぎない、と結論づけられよう。
次章以降は、昭和天皇が憲法改正に対していかに対処しようと試みたか、一九四五年夏の敗戦に遡《さかのぼ》ってから、時系列に沿って政治過程を振り返りたい。

第二章　日本型立憲君主制の模索——内大臣府案の政治的意義

昭和天皇の聖断によって、ポツダム宣言を受諾することが決定し、日本は敗戦を認めた。ポツダム宣言には、日本の非武装化のみならず、民主主義的傾向の復活強化、基本的人権の尊重などが含まれていたため、憲法改正が要求されることが予想された。敗戦後の日本が直面したのは、誰が憲法改正を担うかという問題である。

本章では、昭和天皇が憲法改正の過程に主体的に関与したという観点から、政治史を再検討したい。取り上げるのは、近衛文麿や佐《さ》々《さ》木《き》惣一《そういち》京都帝国大学教授らによる内大臣府案[1]である。

内大臣府案に対する評価

近衛や佐々木らによる内大臣府案については、現在、高い評価が与えられているとは到底いえない。例えば佐藤達夫は、内大臣府案が、ＧＨＱ草案や政府案などに「取りたてて挙げるほどの現実的な寄与ないしは影響をもたらしたとはいえない」とし、世論喚起についてのみ「相当の意義」を認めた。[2] 他に、佐々木門下の田畑忍《たばたしのぶ》による高い評価「松本改正案甲・乙に対して、保守的でなく、遥かに進歩的」[3] に対して、京大系と東大系の対立という構図によるものとし、それを批判する向きもある。[4] 佐々木の評伝を書いた伊藤孝夫《いとうたかお》は、松尾尊兊《まつおたかよし》の研究[5]を踏まえ、大日本帝国憲法の部分的改正という決定的限界の中で、「民意主義」と「自由主義」を発揮させようとした「大正デモクラットの懸命の努力」の成果と評価した。そのうえで「存在自体が長らく忘却され、全文が紹介されてからも大きな関心を惹くことはなかった文書であるが、時代の文脈のなかに位置づけし直し再評価を試みる価値は十分にあるのではないだろうか」と指摘する。[6] 本稿は、多くの指摘は当を失したものと考える。当時の報道（後述）からしても、田畑や松尾、伊藤らが評価するように、限界はあれども、大胆に民主化を図ろうとした案と評価すべきだろう。そのうえで、彼らですら、内大臣府案の政治的意義を十分に指摘できていないと考える。

とりわけ昭和天皇は内大臣府による作業をきわめて高く評価していた。佐々木は一九四六年五月に、内々の席で「御上〔＝天皇〕が草案をよごしてはならぬと言はれ、侍従に模写せしめて之を廻して居られた由を聞き感激した」と語り、昭和天皇が内大臣府案を大事に扱い、かつ周囲に回覧した事実を明らかにしたことがある。[7]

一体、昭和天皇は内大臣府案のどこを評価したのか、まずは内大臣府案が作成される経緯を確認したい。

作成の経緯

そもそも、昭和天皇は、敗戦直後の九月二十一日から憲法改正問題を調査するよう、木戸幸一内大臣に指示を出していた。これは『昭和天皇実録』の刊行により明らかになった事実である。[8] 十月四日に近衛がマッカーサーを訪問した際、アチソン（George Atcheson Jr.）政治顧問やサザーランド（Richard Kerens Sutherland）参謀長を伴ったマッカーサーとの会談の席上、マッカーサーは次のように述べたという。[9]

公は未だ御若い、敢然として指導の陣頭に立たれよ、若し公が其の廻りに自由主義的分子を糾合して憲法改正に関する提案を天下に公表せらるるならば議会も之に蹤《つ》いて来ることと思ふ。

近衛の女婿であった細川護貞《ほそかわもりさだ》は、「公がリベラルを集めて、帝国憲法を改正せらるべし。而《しか》も此の改正は出来得る限り急速に、一刻も早く為し遂げらるゝことを要す」と伝えられたとする。[10] 近衛側が早急に憲法改正に取り組む必要があると受け止めたことが分かる。十月八日に木戸に会った近衛や高木八尺《たかぎやさか》東京帝国大学教授らはアチソンとの会談の様子を伝え、「此儘《このまま》となし荏苒《じんぜん》時を過す時はマ司令部より改正案を突付けらるゝの虞《おそれ》あり」と、切迫しているという認識を伝えた。木戸は「充分の考慮を約す」と対応を約束した。[11] 木戸によれば、「皇室でも憲法の改正という問題については陛下がご考慮になっているということだけは歴史というか、資料として残したい」と考えていたところに、近衛がマッカーサーから憲法改正を勧められたため、近衛に内大臣府でやろうと打診したという。[12] 実際の経過はもう少し複雑で、木戸内大臣は、翌九日に幣原喜重郎首相と会談し、憲法

表2－1　内大臣府案　主要な関係者

木戸幸一	内大臣（1945年11月の内大臣府廃止まで）。近衛内閣文相、平沼内閣内務相等を歴任
近衛文麿	元首相、東久邇宮内閣国務相、内大臣府御用掛
佐々木惣一	京都帝国大学教授（憲法学）。内大臣府御用掛。のち貴族院議員（1946年３月から）
磯崎辰五郎	立命館大学教授。のち大阪大学教授。佐々木の弟子
大石義雄	和歌山高等商業学校教授。のち京都大学教授。佐々木の弟子
高木八尺	東京帝国大学教授（アメリカ研究）。のち貴族院議員（1946年９月から）

『日本国憲法成立史　第一巻』第三章をベースに作成

改正に対する姿勢を確認した。幣原首相がきわめて消極的だったこともあり、幣原首相や平沼《ひらぬま》騏《き》一郎《いちろう》枢密院議長の同意を得て、近衛に憲法改正の調査を依頼することを決定したのだった[13]。こうして十月十一日に、近衛は昭和天皇から勅命を受けて内大臣府御用掛となり、内大臣府での作業を開始した[14]（表2－1参照）。内大臣府での作業が「調査」であったことからも分かる通り、昭和天皇や近衛の危機感を木戸内大臣が共有していたのかは別の論点である。

内大臣府御用掛として関わった近衛の活動が注目されていたことは見落とせない。

木戸内大臣によれば、幣原に大命降下する前に、近衛が総理大臣の候補にあがっていた。近衛も乗り気になったため、吉田茂外務大臣に連絡したところ、既に幣原が了解しており、幣原内閣が発足したという経緯があった[15]。近衛内閣書記官長を務めた富《とみ》田《た》健治《けんじ》は、吉田外相がＧＨＱの意向を確認したところ、近衛を「若くていい」と評価したと聞き、「あの時近衛さんを総理に出せば通ったのではないかと思う」と振り返った[16]。

見落としがちだが重要な点として、近衛新党の動きが存在する。十一月九日に鳩山一郎《はとやまいちろう》総裁率いる日本自由党が、十一月十六日に日本進歩党（総裁不在）が結党された[17]。この間、戦争終結に向けて存在感を示したこともあり、近衛を総裁に担ぐ新党運動も存在した。戦後政治に近衛が登場するか否か、どのような形で登場するか、注目されていたのである。富田は、近衛新党を脅威に感じる中堅層は内田信也《うちだのぶや》や金光庸夫《かねみつつねお》ら長老の活動を批判しており、それが近衛批判として顕在化していると指摘した。富田に限らず、近衛批判の党派性は当時強く意識されていた[18]。近衛新党構想は近衛の断念により収束した[19]。このように、内大臣府を拠点に憲法改正作業を行う近衛に対しては、国内政局の視点からも、その活躍を喜ばない勢力が存在したのであった[20]。とりわけ幣原首相にとって、近衛は潜在的な対抗者だった。

なまじ注目を浴びていたがゆえに、近衛が内大臣府を拠点に憲法改正案を作成することに批判が集まった。

近衛文麿（『失われし政治』〔1946年刊〕より）

第一に、GHQ内部で近衛の戦争責任に対する厳しい見解が出ると、マッカーサーは近衛に憲法改正を勧めた事実を否定するようになった。十一月に入って、GHQは近衛に憲法改正を勧めていないと、日本の新聞各紙が報じた。[21] ＧＨＱが梯子《はしご》を外したのは致命的だった。

第二に、国内からの批判である。とりわけ幣原内閣の松本烝治国務大臣と宮沢俊義東京帝大教授は、内大臣府の憲法改正への関与を批判した。

幣原内閣発足後の十月十一日に幣原首相はマッカーサーと会見し、いわゆる五大改革（女性参政権、経済民主化など）を指示された。それらとは別に、マッカーサーは憲法の自由主義化も促している。ただし、憲法改正について婉曲《えんきょく》な表現をとったがゆえに、幣原首相らの受け取り方に影響したとの見解もある。[22] なお、この会談で憲法改正を強く指示しなかったことについて、事前に内大臣府案に関わった高木教授が、フェラーズ（Bonner Frank Fellers）准将に対して、会談時に憲法改正に言及する際に五大改革と同列に扱うことは避けてほしいと要請し、了解を得たという。[23] 既に、マッカーサーが近衛に憲法改正を指示した後でもあり、内大臣府関係者がＧＨＱに働きかけていた。憲法改正を誰が主導したかという観点からは、初動の時点では、内大臣府が政府より先んじたのである。

マッカーサーとの会談後の幣原首相は憲法改正にきわめて消極的であった。だが、幣原首相は閣内からの突き上げに直面する。内閣書記官長次田大三郎《つぎただいざぶろう》の日記（『次田日記』）によれば、十月十一日の閣議冒頭で幣原首相が近衛と会った時に、近衛から内大臣府が憲法改正作業に取り組むことを伝えられた。これに対し、幣原首相は「憲法の改正に関する調査をなさることは政府として異存を云ふべき筋合でないから、それは伺って置いた」と報告したところ、閣僚から発言が相次ぎ、松本国務相は「其のことが政権に発表さるゝことは面白くない結果を生ずる虞がある」として、内大臣府が憲法調査を行うことを発表しないよう強く要求した。そこで幣原首相が木戸内大臣に電話をかけ、その意向を伝えた[24]。ところが、翌十二日の閣議終了後に、宮内省から、近衛が内大臣府で憲法改正の調査を行うことが発表された。前日にそんな発表は「しないことにして貰ひたいと、あれ程総理から申入れて、而も承諾を得たに拘《かかわ》らず、斯《か》くの如きことになったのは、実に遺憾であると自分〔＝次田〕は非常に憤慨」した[25]。この宮内省の食言は、次田内閣書記官長や閣僚を激怒させる結果となったのである。十三日の閣議は、冒頭から近衛の憲法調査が新聞で報じられたことが「第一に問題」になり、松本国務相にいたっては「此の儘政府が何もせずに居るならば、内閣の運命に関する惧《おそれ》がある」とし、対策を打つことを強く主張した[26]。

こうした経緯があり、消極的だった幣原首相も、ついに十三日の閣議で「憲法問題の調査を始めること」に決定した。あくまでも調査であり、憲法改正を前提としていない点に留意されたい。発足した憲法問題調査委員会は、松本国務相を委員長とすることから松本委員会と呼ばれた。松本委員会は、勅令ではなく、閣議了解として決定された非公式の存在であったことにも注意が必要である[27]。松本委員会の構成員は、東京帝大の宮沢、東北帝大の清宮四郎ら各地の帝大の憲法学の教授らを中心としていた（表2―2参照）。だが、内大臣府による憲法改正作業に関わったこともあり、京都帝大の佐々木は不参加だった。東京帝大の美濃部達吉が佐々木の参加に大反対したという[28]。

非公式の存在にすぎなかった松本委員会はメディアを通して、内大臣府批判を行った。とりわけ松本委員会の宮沢は、憲法改正は重大な国務だから内閣こそが憲法改正を担当すべきだと主張した。これに対して、内大臣府側の佐々木は、欽定憲法であり、改正を発議するのは天皇であることから、勅命を受けた内大臣府が天皇を輔弼《ほひつ》する観点から憲法改正に関与することを正当化した。政府側

表2−2　憲法問題調査委員会（通称：松本委員会）**の構成員**（発足時）

委員長	松本烝治	幣原内閣国務相。貴族院議員。東京帝国大学教授（商法）。女婿に田中耕太郎（東京帝国大学教授。吉田内閣文相）、三邉謙（貴族院議員）ら
顧問	清水澄	帝国学士院会員。枢密院副議長。法学博士
	美濃部達吉	帝国学士院会員。枢密顧問官。東京帝国大学教授（憲法学・行政学）
	野村淳治	東京帝国大学名誉教授（憲法学・行政学）
委員	宮沢俊義	東京帝国大学教授（憲法学）
	清宮四郎	東北帝国大学教授（憲法学）
	河村又介	九州帝国大学教授（憲法学）
	石黒武重	枢密院書記官長
	楢橋渡	法制局長官。のち内閣書記官長
	入江俊郎	法制局第一部長。のち法制局長官
	佐藤達夫	法制局第二部長。のち法制局長官
補助員	刑部荘	東京帝国大学教授（憲法学）
	佐藤功	元東京帝国大学講師（憲法学）

『日本国憲法成立史　第一巻』254頁をベースに作成

（宮沢）と内大臣府側（佐々木）の論争について、二〇〇〇年代に竹前栄治《たけまええいじ》らは、明治憲法の法解釈を踏まえるなら ば「内大臣府側に理があった」と評した。だが、当時の世論は政府側の主張を支持した[29]。こうして松本委員会が政治的勝利を収めたのである。

　十一月末に内大臣府が廃止される直前に、近衛と佐々木は別々に昭和天皇に検討結果を報告した。それを考慮し、かつては近衛要綱と佐々木案の内容に違いがあるとの見解もあった。しかし、松尾が、御用掛を務めた佐々木の助手・磯崎《いそざき》辰五郎《たつごろう》の証言を引きつつ、佐々木案に近衛要綱が組み入れられている事実を明らかにした[30]。本書は松尾の指摘を踏まえ、佐々木案と近衛要綱とを特に区別しない。

近衛の結末は悲劇的である。国内外の批判に晒《さら》され、戦犯容疑者の指定を受けることとなり、十二月十六日に青酸カリを飲んで自決した[31]。

佐々木の君民共治論

ここからは十一月二十四日に佐々木が昭和天皇に奉答した「帝国憲法改正ノ必要」[32]（佐々木案）を確認したい[33]。昭和天皇が強い関心を抱いていたのは、自らの地位や主権に関する事項と思われる。関連する箇所を引用したい。

第三章　帝国憲法の精神と帝国憲法の改正

〔中略〕

第五　天皇は国民の翼賛を以て統治権を行はせらる。即ち国民をして政治に参与せしめたまひ民意を尊重して政治を行ひたまふ（以上を精神第五の一と称す）。而して国民が翼賛するは一定の機関を通じてするものとし其の機関の組織行動権限等を規定して国民翼賛の程度及び方法を示す（以上を精神第五の二と称す）。

右帝国憲法の精神第五のものの中〔、〕第五の一に付ては何等改正すべき点なきも第五の二に付ては改正すべき点あり。

〔中略〕

第六章　帝国憲法改正に関する考査の総括

〔中略〕

第二　帝国憲法の条項の改正の基調に付て

一　将来国家の建設に努力し国家の内外に於て平和的秩序を確立することに資するが為〔、〕帝国憲法の改正を為す。

二　政治が民意主義に依て行はるることの観念を強度に実現す。

〔中略〕

第四　帝国憲法の条項の改正の目標に付て

一　帝国憲法第一章天皇の部に於て

イ　「一君万民の精神を法制上にも明にすること」を本旨とし此の主旨の下に

（一）「天皇統治権を行はせらるるに当り万民を翼賛せしめたまふこと」を持に明にす。

（二）「万民翼賛は此の憲法の定むる所の方法に依て為さるべきこと」を特に明にす。

〔中略〕

第七章　帝国憲法改正の条項

第五条　天皇統治権を行ふは万民の翼賛を以てす

万民の翼賛は此の憲法の定むる所の方法に依る

（備考）　新設

佐々木自身は「デモクラティクな理念を強化せんとした」ものであり、具体的には「第五条に「統治権を行ふは万民の翼賛を以てす」とし一君万民の思想を現し、第二項に「万民の翼賛は憲法の定むる所の方法による」とした」と、その趣旨を述べた。[34]

佐々木案は「民意主義」を強化すること、天皇が統治権を行使するにあたり「万民を翼賛」させることなど、君民共治論に立つものであった。具体的な制度としては、議院内閣制となる。それゆえ、当時の『毎日新聞』による「憲法改正草案の最も基礎的な精神は天皇統治権は万民翼賛によることを明記し、この点において国体の絶対護持を確立する半面において徹底的民主化を図り、政治はすべて民意に基くべき方向を明かにし、総体としては極めて英国的立憲君主制に接近するもの」という評価が伝わる。[35] 国体護持をはかると同時に、民主化をも達成する内容とされたのであった。

佐々木惣一（『立憲非立憲』〔1950年刊〕より）

佐々木らは日本型立憲君主制を模索したのである。伊藤孝夫は、佐々木案を「実質的には天皇大権の有名無実化」と評価した。[36] また、佐々木案に出て来る「民意主義」という表現は、木下道雄侍従次長の日記に「Democracy とは民意主義と訳すべきこと」と出て来ることもあり、宮中関係者がデモクラシーを民意主義と訳していた可能性を示唆する。[37]

高木八尺の活躍

この内大臣府案の特徴として、アメリカ側のアチソン政治顧問[38]らと継続的に交渉しながら作成したことが挙げられる。佐藤達夫は「近衛その他の関係者がつねにアチソンらと緊密な連絡をとり、たびたび先方の意見を打診しながら立案を進めたということは、後述、政府の憲法問題調査委員会〔＝松本委員会〕における立案作業にはみられなかった特色」と指摘した[39]。

アチソンらとの交渉で活躍したのが、木戸内大臣と学習院の同級生であった、高木八尺東京帝大教授である。近衛や佐々木に比して、その経歴が知られているとは言いがたいが、東京帝国大学法学部における「ヘボン講座」の初代担当者であり、アメリカ研究を専門としていた。高木は、アメリカ人とのコネクションや、憲法に関する知識など、占領下にうってつけの人材であった。

一例をあげよう。東京帝国大学がGHQの接収対象となるという大問題が発生した時に、高木の能力が十二分に発揮された。事の発端は、一九四五年九月にGHQの軍人が東京帝大の施設を見学に来たことだった。GHQの司令部を東京帝大に置こうとしていたのである。それに対して、九月七日に内田祥三《うちだよしかず》総長が「南原《なんばら》〔繁《しげる》〕教授より高木〔八尺〕教授に依頼、内閣へ工作、緒方《おがた》〔竹虎《たけとら》〕氏秘書を通じて説明依頼」した。翌八日にも内田総長は高木と面会し、高木が朝、前田多門《まえだたもん》文部大臣と面会したこと、重光葵《しげみつまもる》外相を通じて、GHQに東京帝大側の考えは伝わっていることなどを話している。九日には高木と文部大臣が電話で相談、十日は高柳賢三《たかやなぎけんぞう》教授が重光外相に面会したとの報告を受けた。そして十一日にGHQが東京帝大の使用を断念する旨、連絡が来た。

安堵したのも束の間、九月二十一日に、横浜に司令部を置いたアメリカ第八軍（アイケルバーガー（Robert Lawrence Eichelberger）中将）が東京帝大の使用を終戦連絡中央事務局に打診した。前田文相に相談した内田総長は「〔接収されぬよう〕最善の努力を」と言われた。そこで内田総長はGHQの本部訪問を決意し、高木を伴って日比谷を訪問、フェラーズに事情を説明した。午後、高木が再度フェラーズを訪ね、第八軍が使用の意向を撤回したことを確認し、内田総長に連絡した。「かなりきわどいところ」と評される状況であった[40]。このように、GHQとの交渉において、高木はその実力を発揮したのである。余談であるが、土地建物の接収をいかに避けるかという点に注目すると、GHQと交渉できることの重要性が浮かび上がってくる[41]。

この高木が内大臣府の憲法改正作業に関わっていた[42]。内大臣府は一九四五年十一月に廃止されたが、それまでに、高木がアメリカ側、アチソンの下にいたエマーソン（John K. Emmerson）らと接触し、国務長官の訓令の情報を得ていた。重要なのは、訓令が天皇制が残された場合の憲法の規定に言及したことであろう。訓令には「国家元首の行為は、明白に委任された権限にのみ従うこと」とあった[43]。十月二十五日にエマーソンと会談した高木は「私の印象では、やはりそのときも窮局には日本国民の意思によつて決せらるべきこと、即ち天皇制の維持、存続ということについては、これは決して外から強要する筋のものではないという態度を示

高木八尺（『貴族院要覧』〔1947年刊〕より）

しておつたように思います」と述べた[44]。その判断は内大臣府案にも反映されたであろう。

内大臣府の憲法改正作業に関わるなか、十一月時点で高木は独自に「憲法改正に関する私見」を作成しており、それが木戸内大臣の手元に届いていた。その書類には「天皇の統治が国民の輔翼を以て行はるるは、我が国古来の歴史的事実にして、我が憲制亦《また》此の基礎の上に立つ。之を我が憲法の基本主義となすべく、第一条に掲げて宣明す」とあり、「第一条　「大日本帝国は万世一系の天皇国民の輔翼に依り之を統治す」と改む」と記されている[45]。

幣原の虚偽答弁と御下命問題

内大臣府が廃止され、政府の松本委員会が憲法改正を一元的に取り扱うことになった。話はそこで終わったわけではない。内大臣府案の扱いをめぐり、いわゆる御下命問題が発生した。きっかけと考えられるのは、第八十九回帝国議会衆議院予算委員会での論戦である[46]。

十二月五日の予算委員会で田中伊三次《たなかいさじ》が内大臣府案と政府の作業について質問した。松本国務相は内大臣府案に関して「之に依つてどうか考へろと云ふやうな御内意は伺つて居りませぬ、又是《これ》からもさう云ふやうな御内意は当分ないことと私は推測致します」とし、昭和天皇の意向を承知していない、と答弁した。「何等かの御内意に依つて斯くの如き内大臣府の調査と云ふことに、率直に申せば重きを置かなければならぬと云ふやうな羽目は一つもございませぬ、我々の調査研究は全然自由に、我々の良心に於て、我々の責任に於て之をして居るので、此の点に対して何等の拘束を受けるやうなことはございませぬ」と、内大臣府の作業を引き継がないと断定した。田中は十二月七日に、政府は内大臣府案を公表する意思はあるかと問うた。幣原首相は「是は近衛公爵から直《じ》きく〳〵に私に書類を廻して来られた、私は存じて居りますけれども、之を今発表することは穏かでない」と、公表する意思がないことを明言した。幣原が近衛から受け取った、と答弁した点に留意されたい。

十二月八日に、中谷武世《なかたにたけよ》から昨日の松本国務相の「消極的な態度は、或は美濃部博士や、宮沢俊義教授の如き東大派の学者の消極的態度を反映するものと思はれる、内大臣府から委嘱せられた佐々木惣一博士の京大派の相当積極的な態度と対蹠《たいしょ》的傾向を示して居る」と、東大系の学者の消極姿勢を反映したものではないか、内大臣府に関わる京大系の学者の姿勢とは対照的ではないかとの指摘があった。これに対して、松本国務相が「松本四原則」と呼ばれる改正の方針を明らかにすることになる。

一連のやり取りを踏まえると、幣原首相や松本国務相らは、内大臣府案を一切無視して、憲法改正案を作成する方針を明言したとまとめられよう。

この政府の答弁が昭和天皇を刺激したのだろうか。十二月二十一日に、近衛や佐々木の作業を憲法改正に反映させるために、内閣に勅命が下った、という新聞報道がなされた。二十二日に、松本国務相はその事実を否定した。一方、石渡荘太郎《いしわたそうたろう》宮内大臣が、幣原首相に対して憲法改正につき研究せよとの勅命が下ると同時に、近衛案も渡されたと思う、と語ったと報道された。これに対し、松本国務相は「近衛公が政府に持つて来られたのであつて〔昭和天皇からの〕御下渡しではない」と断固否定した。[47]

この御下命問題と前後して、十二月二十二日に開かれた、松本委員会の第五回総会では、第一条と第四条に関して、「改正の要なし。天皇の統治権の行使は万民の翼賛に依る旨を特記するは妥当ならず。（多数）」と記載されたプリントが配布された。審議の場では第一条の改正案として「b案―「統治ハ臣民ノ輔翼ニ依リテ行フ」を第二項として追加」という案も出た。「民主主義化を示すジェスチュアとしても適当であること、および、古来わが国は君民一体・君民共治などといわれているから、その趣旨を表明するにあること」という意見によるものであった。結論として、第一条と第四条は、根本精神の変更の必要はない、ただ表現の強すぎるところを改めるのはよい、できれば現状維持、となった[48]。

付け加えておくと、第一条と第四条は国体に関する規定と考えられていた。十月二十七日の第一回総会で、野村淳治《のむらじゅんじ》（東京帝大名誉教授）顧問から第一条と第四条に触れざるをえないのではないかという意見が出た。これに対して、松本国務相はポツダム宣言で「日本人の自由意思にもとづいて決定すべきもの」とあることを踏まえ、アメリカが強制することはないとし、日本人の天皇制支持を確信するがゆえに触れる必要はない、と回答した[49]。

ところで、御下命問題が紛糾する前、一九四五年十一月二十六日に、参内した幣原首相に対し、昭和天皇が「憲法に関する内大臣府調査を御下渡しになる。幣原の考へる様に然るべく取計へとの有り難き御諚《ごじょう》なりし由」というやり取りがあった[50]。昭和天皇自ら、幣原首相に下げ渡していたのだから、幣原首相は帝国議会で虚偽答弁を行ったことになる。さらに、松本委員会で議論が続くなか、一九四六年一月七日に昭和天皇は松本国務相から説明を受けた。この時、昭和天皇は佐々木の

「帝国憲法改正ノ必要」(前述)を渡した。一連の経緯を踏まえれば、政府が内大臣府案の受け取りを否定したために、松本国務相に手ずから渡し、否定できないようにしたのである。そこからは、昭和天皇が幣原首相や松本国務相の言動に満足していなかったことが透けて見える。

十一月二十六日の「幣原の考へる様に然るべく取計へ」という発言だけ取り上げれば、幣原首相に任せたようにも受け取れる。しかし、幣原首相や松本国務相に内大臣府や佐々木の文書を敢えて渡したという昭和天皇の行動を考慮するならば、参考にせよ、より踏み込めば、内大臣府案を踏まえて変更せよ、と伝えたかったのだろう。それに対して、松本国務相は松本委員会で「単なる参考文献としてお下げ渡しになったので、これを拝受してきた。本文書はこれを印刷配布するかどうか、本委員会で決めたいと思う」と、実質的に無視したのである。[51] 別の機会には、佐々木の案について昭和天皇は「こうしろとも何ともおつしやらなかつた」とし、後に「大きい金庫へ入れさせ」て、すっかり忘れたと振り返った。[52] 内大臣府案に対する松本国務相の態度について、それを受け取った佐藤達夫は「ペラペラとめくられて、こんなのができたらしい、とひとこと。誇張していえば、フン、と鼻を鳴らすような感じで渡されました」と語ったことがある。[53] 端的に言えば、松本委員会は昭和天皇の意向を無視したのである。

昭和天皇の構想

一九四六年二月頃の昭和天皇の構想はいかなるものだったか。

一月に、いわゆる人間宣言を出したこともあり、昭和天皇はGHQの意向を認識せざるをえなかった。一月初頭に出された公職追放令を知り、藤田尚徳《ふじたひさのり》侍従長に「私にも退位せよというナゾではないだろうか」と尋ねている。[54] 昭和天皇は憲法を改正せずに在位し続けることが難しいと考えたのであろう。

それゆえ松本委員会の動向は昭和天皇にとって隔靴掻痒《かっかそうよう》の感があったに違いない。なんと昭和天皇は松本国務相に具体的な条文の変更を指示するまでにいたった。下げ渡しに込めた意向を無視されたために、ついに直接行動に出たのである。

二月十二日、昭和天皇は木下侍従次長に、九日の松本国務相との会談内容と、自らの考えを伝えた。

三、憲法第一条乃至《ないし》第四条について、第一条と第四条とを合併し、

大日本帝国は万世一系の天皇　此の憲法の条章により統治す

とし、〔第四条の〕統治権の権の字を除きては如何と松本に話し置きたり。天皇が統治すと云えば、権の字を特に用うる必要なきにあらずや、と。〔中略〕〔松本国務相は〕そもそも第四条は外国憲法の翻訳なりと思うと。

〔中略〕

五、松本は自己の在任中に憲法改正を終了したき意思の如し。これは幣原にも云おうと思うが、左程急がずとも改正の意思を表示し置けば足ることにて、改正案は慎重に論議をなさしむべき

なり。〔以下略〕

（『側近日誌』一九四六年二月十二日）

これだけで分析するのはきわめて困難だが、敢えて天皇の構想を考察する。

そもそも一月十九日時点で雑誌『ＬＩＦＥ』からの昭和天皇への質問のうち、「如何なる形態の民主主義が日本に於て可能なりや」という質問に対して、「日本国民思想を基礎とし、これに欧州の君主国を参考として、その形態を定める」との回答を作成していた。[55]ヨーロッパの君主国はあくまでも参考にすぎない。つまり、内大臣府案で示された「万民翼賛（君民共治）」に基づく、日本型の立憲君主制を検討していたと考えられよう。

そのうえで、松本委員会での議論が参考になるのではないか。

松本委員会は一九四六年一月四日の第八回調査会・小委員会で、第一条と第四条を検討した。[56]出席者は宮沢、入江、佐藤達夫らであった。そこで、

イ案「日本国は君主国とし万世一系の天皇を君主とす」

ロ案「日本国の統治権は万世一系の天皇之を総攬し此の憲法の条規に依り之を行使す」

ハ案「日本国は万世一系の天皇之に君臨す」

という三案を取り上げた。

ロ案は第一条と第四条をあわせたものであった。これに対しては「統治権の主体が明らかでな

い」という意見が出て、それは学説に任せるべき、明文化すべきとの議論になった。

ハ案は、「〝君臨すれども統治せず〟の趣旨にもとづ」いた案で、天皇が統治の実権を行使しないことを示す。君臨は「「統治」よりも一歩退く意味」とされた。なお、英国のキングが「君臨すれども統治せず」と評されることは、戦前の日本でも知られていた。早い例では、鳥谷部《とやべ》銑太郎《せんたろう》（春汀《しゅんてい》）『通俗政治汎論』（博文館、一八九八年）に登場する。一九三〇年代には吉野作造《よしのさくぞう》が、さらに文部省編の『国体の本義』（文部省、一九三七年）も言及している。[57]

イ案とハ案について、天皇の地位と第四条との関係が議論になった。具体的には「国の元首」と「統治権を総攬し」の文言である。

この後、一月七日に松本国務相が奏上し、松本委員会の「経過及び結果」を「陛下に各条の簡単な御説明の前に申し上げた」という。[58] それが第一条と第四条の具体的な変更案にまで踏み込んだ説明だったのかは不明である。現状では、昭和天皇が松本委員会の議論を把握していたかは定かではない。

二月九日の昭和天皇の提案に戻る。

第一条「大日本帝国は万世一系の天皇之を統治す」に第四条の「此の憲法の条規に依り」の文言を加えて、第一条で憲法に従って統治することを明示する、つまり立憲主義的な表現を前面に出すことを求めたのだろう。

昭和天皇が提案したのが「統治す」という文言であったことは、天皇が統治権の主体であることを否定していないと考えられる。英国のキングのような「君臨すれども統治せず」を想定していなかったと解釈できるのではないか。

それから、昭和天皇による「統治権」の「権」の字を除くという提案は、ロ案から「総攬し」を抜いたうえで「統治」と変更するものであり、「統治権の総攬者」（第四条）を降りることを視野に入れていた可能性を示唆する。しかも「行使」ではない。天皇大権の一定程度の縮小を想定していたのではないか。

以上、断片的な資料に基づく考察にすぎないが、昭和天皇が構想する日本型の立憲君主制は、君民共治論に基づいたものと推測されよう。それが松本四原則の第一「天皇が統治権を総攬せられるという大原則には変更を加えない」（五ページ、表1―1参照）と相容れないことは言うまでもない。結果的に、昭和天皇は第四条までを全く変更しなかった松本案に納得せず、憲法改正案は慎重に議論すべきとの見解に達したのだろう。しかし、天皇の意向は松本に全く伝わらなかった。松本は二月九日の自らの説明を天皇が「諒《りょう》として下すったようです」という[59]。天皇が憲法の条文に口を出すことはきわめて異例と思われるが、松本はあくまでも強気だった。

一連の言動から、昭和天皇は天皇大権がある程度制限されることを覚悟していたと解釈できよう。同時に、統治権をすべて放棄するところまでは想定していなかったとも推測できる。このように君民共治論に基づく憲法改正案のさらなる検討を松本委員会に期待していたにもかかわらず、昭和天皇の期待は裏切られた。そして二月十三日にＧＨＱ草案が提示された。そこにあった国民主権は、君民共治論とは相容れない。だからこそ、昭和天皇は国民主権の明示に反対したと考えられよう（第一章）。

先行研究は、例えば茶谷誠一《ちゃだにせいいち》のように、昭和天皇の憲法改正に対する慎重姿勢を強調する。[60] しかしながら、本章で論じた通り、昭和天皇が慎重姿勢を示したのは松本国務相の案に対してであった。昭和天皇は、君民共治論に立つ日本型の立憲君主制を模索した内大臣府案を高く評価し、それを下げ渡して、松本委員会の案に反映させるよう、かなり露骨に示唆していた。一方で、松本委員会、とりわけ松本国務相は、一旦は下げ渡しの事実を否定し、さらに下げ渡されても実質的に無視した。そして、天皇関係の条文の変更を全く認めないという結論に至った。その結果、昭和天皇は松本国務相に示唆することを諦《あきら》め、幣原首相に直接指示したのではないか。それが第一章で論じた聖断神話に覆い隠された実態であろう。

なぜ松本国務相は内大臣府案を無視したのか？

内大臣府案を無視するという松本国務相の行動については、木戸元内大臣の証言が参考になる。既に述べた通り、木戸や近衛らは内大臣府で憲法改正作業を開始した。その後、「両方（＝内大臣府と内閣）でひとつ案を作って、まとまったら連絡してやろう」としつつ、「内閣がやるべきだという空気が強いから」内大臣府は早めに打ち切ることにしたという。[61] 別のところでは、幣原内閣が発足し、松本国務相が内大臣府の作業を批判した時、木戸内大臣は松本国務相に対して「こんな案ができたからと言って、これを国務としてあなた方に押しつける気はないんだ」と説明したとする。[62] 木戸内大臣と松本国務相は十月二十二日に直接話し合っている。[63] その日のことであろうか。また木戸の日記によれば、木戸は内大臣府の作業の打ち切りを想定しており（十月二十四日の別紙[64]）、上記の談話と一致する。こうした経緯があったからこそ、松本国務相は、内大臣府案を一蹴したのではないか。

十二月に木戸は巣鴨拘置所に入った。木戸不在のなか、憲法改正が差し迫った課題として焦点化すると、昭和天皇は石渡宮相を通じて、幣原内閣に内大臣府案を参考にするよう働きかけた。ところが、松本国務相が木戸との合意を盾にそれを拒否した。

それから、松本国務相は内大臣府とは違い、GHQとは連絡を一切取らなかった[65]。一九四六年一月上旬頃に、GHQで憲法改正案を作っているという噂がとんだ。松本は後年、当時を振り返り、「日本の憲法を改正するのに、外国人がするとか何とか、そんなことは考えたこともない」と回答したという[66]。もともと松本委員会が「憲法問題調査委員会」という、憲法改正に触れない名称だったのは、「改正するとかしないとかいうことではなしに、ただそういうことの問題を研究する」意図からだった[67]。GHQの意向を摑みかねたというより、摑む気などなかったのである。

なお、高木八尺は後年まで、松本国務相にGHQと交渉したほうがよい、との忠告が失敗に終わった一九四六年一月二十六日

松本烝治（『会社法の諸問題』〔1951年刊〕より）

のことを惜しがっていた[68]。『毎日新聞』の二月一日の報道をきっかけに、マッカーサー・ノートの作成（二月三日）、二月十三日のＧＨＱ草案の日本側への押しつけ、となった。それ以前に日本側がＧＨＱと交渉し対応していたら、という高木の回想には一理あろう。

以上要するに、事態の急展開を前に、昭和天皇、木戸内大臣、幣原首相、松本国務相らの意思疎通が十分にはかれなかったとまとめられよう。

＊

一連の経緯を踏まえると、昭和天皇が、アメリカ側との密接な連絡をもとに作成された、内大臣府案に高い評価を与えていたのは明らかである。昭和天皇にすれば、政府も内大臣府も臣下にすぎない。昭和天皇の意向を汲み、日本型の立憲君主制を模索した内大臣府案を高く評価したのは当然である。

具体的には、内大臣府案を無視する松本国務相ら政府に対して、参考にするようその意向を露骨に示唆していた。だが、幣原首相や松本国務相はそうした昭和天皇の意向を無視した。幣原首相は近衛案を下げ渡された後、次田内閣書記官長と三好重夫《みよししげお》内閣副書記官長に「厳重に保管せよ」と命じた。公表できないように、厳秘としたのであった[69]。一方、内大臣府案に関与した佐々木は、天皇の許可が出たという返事をもらったから「適当な時期を得れば公にしようと準備している」と叙述した[70]。

より詳しい資料を紹介する。一九四六年五月時点の佐々木の説明によれば[71]、政府や民間の草案が報じられるなか、内大臣府案は大綱だけとの憶測が出たために、公表したほうがよいと考えた。それには天皇の「勅許」が必要と考えたために宮内省に許可を求めた。

御許は出たがその中に、政府の意向は又別かも知らぬとのことであつた、〔中略〕夫《それ》で「必要があれば発表することがあるかも知れぬといふことを御通知しておく」との手紙を幣原首相に出しておいた。全般に就ては書物として近日発表する

このように、宮内省から公表を許可するが政府の意向は違うかもしれないと返答されたこと、佐々木は幣原首相に通知し、なおかつ書籍の形で公表する意向を明言していた。

ところが実際は公表されていない。その事情について、佐々木は後年、出版社がGHQ関係者に相談したところ、公表しないほうがよいと助言されたため、出版されなかったとした[72]。こうして、佐々木が内大臣府案を公表する機会は失われたのである。

ちなみに、次田内閣書記官長は、一九四五年十一月二十一日時点で木戸内大臣を訪問し、「憲法問題に関する近衛公奉答の内容を発表せざることを依頼」している[73]。内大臣府案を相手にしないという、幣原内閣の姿勢は当初から一貫していた。こうして、一九六一年に総理官邸内の内閣参事官室の金庫で発見されるまで、内大臣府案の原本の所在は不明となった[74]。

第三章　天皇と国民主権の調和——東京帝国大学憲法研究委員会

第一章と第二章では、日本国憲法成立史における昭和天皇の言動を再検討した。そこからは憲法改正に主体的に関わろうとした昭和天皇像が浮かび上がる。一九四六年四月に幣原喜重郎内閣が憲法改正草案を作成した後は、枢密院、衆議院、貴族院と議論が重ねられた。

本章では、一連の議論の前提となる、東京帝国大学に存在した集団を扱う。

戦後日本の政治風景を一変させたのは公職追放であった。貴族院議員の場合、戦犯容疑者や公職追放などにより、四二〇名中一七八名が辞職した。大量の欠員の補充のために、勅選されたのが、南原繁や宮沢俊義、我妻栄《わがつまさかえ》、高柳賢三、高木八尺ら、帝大教授陣である。[1] 彼らが貴族院で審議する際に活用したのは東京帝国大学憲法研究委員会での議論であろう。しかし憲法研究委員会については史料的な限界が大きく、十分に明らかにされたとは言いがたい。[2] そこで本稿では、東京帝国大学の関係者の動向も含め、分かる範囲でその実像を描きたい。とりわけ昭和天皇の希望と関係する、主権の所在に注目する。

公職追放の脅威

冒頭に触れた公職追放は、当該期の政治過程を理解するには不可欠であるため、解説したい。占領下で行われた公職追放は、拙著『語られざる占領下日本』でも明らかにした通り、きわめて恣意的な運用がなされていた。[3]

例えば、憲法問題調査委員会（以下、松本委員会）の松本烝治国務大臣は一九四六年一月に追放該当とされた。[4] これに対して、幣原首相が憲法改正に不可欠として例外要請を行った。[5] 二月に入ると、幣原内閣の閣僚のうち、小林一三、松本、小笠原《おがさわら》三九郎《さんくろう》らが公職追放令で問題とされた。またしても幣原首相は松本国務相の例外適用を目指した。[6] 三月に入り、小笠原、渋沢《しぶさわ》敬三《けいぞう》、松本、岩田《いわた》宙造《ちゅうぞう》が追放令に該当するとして問題化したが、これも例外適用を求めた。[7] このように、松本は憲法改正作業の真っただ中で、執拗に追放該当とされながら、幣原首相の度重なる交渉により追放を逃れた。一連の経緯を目撃した者たちは、松本国務相がGHQに迎合せず、彼らの気に食わない憲法案を作成していることが、松本追放の背景にあったと受け止めたのではなかろうか。最終的に六月二十四日に、議員辞職願書を提出し、公職追放された。[8] この間、三月十一日に金森《かなもり》徳次郎《とくじろう》は楢橋渡内閣書記官長から、憲法担当の国務相としての将来的な入閣を打診され、了解し、二十六日から内閣嘱託となった（詳細は第四章）。

当時は第一次吉田茂内閣であったが、当初首相になる予定だったのは、四月の総選挙で第一党となった自由党の総裁、鳩山一郎であった。[9] 鳩山は首相就任が内定したところで、GHQにより公職

南原繁（『現代日本の百人』〔1953年刊〕より、田村茂撮影）

追放された。五月初めのことである。既に一九四六年一月の公職追放令で、進歩党二七四名中二六〇名、自由党四三名中三〇名と、九割以上の衆議院議員が公職追放された。四月の総選挙に立候補する候補者は、事前にGHQに資格申請が求められた。つまり追放に該当しないとの判断が下されなければ、そもそも立候補が不可能だった。鳩山は総選挙当選後に、首相就任が確実視された時点で、あらためて追放に該当すると決定されたのである。[10] 鳩山の公職追放は、GHQが公職追放を恣意的に適用していることが明らかな事例と評価されている。このように、民意を反映した総選挙の結果すら無視するGHQの専横は、同時代人には明確に理解されていた。

貴族院議員として憲法改正案を審議した南原は後年、「私は大学をやめさせられるかもしれないと思ったけれども〔中略〕貴族院でどうしてこの憲法ができたかというところをついたのです」と述べた。[11] 貴族院本会議で「憲法は〔中略〕或は外より与へられたのではないかと云ふ印象を与へる危険はないか」「是は又恰《あたか》も何かの都合で初め一先《ひとま》づ英文で纏《まと》めて置いて、それを日本文に訳したが如き印象を与へる」と（「第九十回帝国議会　貴族院　本会議　第二十四号　昭和二十一年八月二十七日」）、GHQからの押しつけではないかと明確に指摘していた。

松本や鳩山の事例を踏まえると、GHQに楯突くことは、政治生命を失い、社会的に抹殺されることに直結していた。南原の回顧はそれを端的に示したものと位置づけられよう。このように、公職追放の恐怖が占領期の政治過程に甚大な影響を及ぼしたのは間違いない。

宮沢俊義の転向

貴族院での議論に関して、最も期待されたのは宮沢俊義であろう。東京帝国大学法学部教授を務める憲法学者であった。

ところが、よく知られている通り、宮沢は不可解な転向を遂げていた。すなわち、保守的な案を作った松本委員会に参加し、独自の案も作っていたにもかかわらず、その後のGHQ草案、日本側の憲法改正草案要綱が出て来ると、五月には「八月革命説」(「八月革命と国民主権主義」『世界文化』一九四六年五月号)を発表するなど、この間に態度を一転させた。江藤《えとう》淳《じゅん》は、宮沢の「一つの人格が崩壊して別の人格が誕生したと解釈しなければ、全く理解しがたい種類の学説の〝コペルニクス的〟(!)変更が行われている」と指摘し、GHQの圧力を推測した。[12] この宮沢の変節という「ほとんど憲法学のタブーとなっている点」を詳細に論じたのが江橋《えばし》崇《たかし》である。[13] 江橋も触れているように、[14] 前述の公職追放こそが、当時の宮沢や貴族院議員たちが直面していた圧力であったのは間違いない。宮沢は、松本国務相が公職追放に翻弄されるのを、眼前で見ていた。

宮沢の場合、戦時中に戦意昂揚を促す文章を書いている。一例を挙げると、雑誌『宝生』に「大東亜戦争は飽くことなき米英の侵略に対してわが神聖なる国土を防衛すると同時に、あらゆる米英的なものに対してわれわれの伝統と文化を防衛することをその目的とする。この戦争を勝ち抜くためには、従って、武力的にも、文化的にも米英を撃滅することが絶対に必要である」といった文章を寄稿した[15]。この程度の小さな雑誌はGHQの目に留まらないかもしれない。しかし宮沢は、著書『東と西』（一九四三年刊）に収録した「アングロ・サクソン国家のたそがれ」で、米英の東洋における支配的地位が戦争の根本原因とし、日本が戦争に訴えるのを「やむなきに至らしめた」と書き、米英の人種的優越感の誤りを批判して、末尾では「このたびの大東亜戦争をしてアジヤ《ママ》のルネサンスの輝かしき第一ページたらしめよ」と締めた[16]。こうした宮沢の言動について、弟子の小林直樹《こばやしなおき》ですら「遺憾ながら戦時中には、先生本来の冷静で客観的な洞察力が多少失われたと覚しい事例がある」と認めざるをえなかった[17]。

こうした戦時中の言動をもって、公職追放令のG項「その他の軍国主義者・超国家主義者」に該当するとされた場合、戦争を支持していないと抗弁するのは難しいだろう。また、宮沢には戦時中に軍国主義に反対したという勲章はなかった。戦前に、美濃部のように弾圧されたという経歴もなく、南原、高木、田中耕太郎《たなかこうたろう》、我妻、岡義武《おかよしたけ》らのように、終戦に向けた活動を行った実績もない（いわゆる「東大七教授の終戦工作」。後述）。時局に流された発言が存在するだけだった。

戦後、東京帝国大学が直面したのは戦争協力の問題である。『東京大学百年史』に曰く、戦時下に教壇を去った教授が復帰すると同時に、「教職適格審査によって軍国主義的と見なされた若干の教授が大学を去った。それ以前に自ら大学を去った教授もあった[18]」。このように、教壇に立っていた教員にとっては教職追放も脅威だった[19]。

一九四五年十月に宮沢は、高柳、田中耕太郎、高木とともに、終戦連絡事務局中央事務局参与となった。ＧＨＱ情報も入ってきたであろう。

一九四六年一月の公職追放令以降、東京帝大法学部の同僚であった刑部荘《ぎょうぶとおる》（一月十五日付）、矢部貞治《やべていじ》（一月二十二日付）が退官していた。さらに、九月二日付で小野清一郎《おのせいいちろう》教授、九月三十日付で末弘厳太郎《すえひろいずたろう》教授が退官した。末弘元教授の追放をめぐり、学生が決議するなど、追放関係は法学部を揺るがしていた[20]。

この間、五月七日に教職追放令が公布されている。その関係で、前述の小野教授は免官となった。同時に、法学部からは高柳と神川彦松《かみかわひこまつ》が該当するとされ（十月十六日付）、末弘元教授は法学部審査委員会では適格とされたが、自動的に追放処分を受けた。同じく適格とされた安井郁《やすいかおる》教授も問題となった。不服申し立ても行われたが、最終的に、一九四七年九月に神川が、一九四八年四月に安井が、本官を免ぜられる結果となった[21]。このように追放をめぐっては、かなりの混乱が生じていた。一九四六年五月頃に南原総長は辞職した矢部と対談し、教官と追放令との関わりについて「最狭義に解釈したいが、一決した以上は厳重に実行したい」と述べていた[22]。

こうした状況下で、公職追放を逃れる方法が存在する。ＧＨＱに新しい時代を担う人材と認めてもらうことである。後に首相となった芦田均がまさしくその一例であった（第五章を参照）。それから政治家の三木武夫《みきたけお》（のち、首相）は、公職追放される可能性が存在したが、ＧＨＱに留学時代の恩師がいたことや、新時代の政治を担うと期待されたこともあり、追放を免れた[23]。敷衍《ふえん》するならば、宮沢は新しい権力者たるＧＨＱに自らの有用性を売り込むことで、保身を図ったのではないか。

東京帝国大学憲法研究委員会

一九四六年二月十四日に、南原総長の発案により、法、経済、文の各学部を網羅した、東京帝国大学憲法研究委員会（宮沢俊義委員長。以下「研究委員会」）が発足した。南原は、一九四五年十二月から東京帝国大学総長となり、一九四六年三月から貴族院議員を務めた。内大臣府案に関与した高木は、研究委員会の特別委員に就任した。

研究委員会は当初、憲法改正について議論する予定だった。三月六日に政府が憲法改正草案要綱を発表し、四月十七日に憲法改正草案を公表、第一条は「天皇は、日本国の象徴であり日本国民統合の象徴であつて、この地位は、日本国民の至高の総意に基く」とあった。[24] 研究委員会はそれらを議論し、報告書をまとめて解散した。高木は国民主権や天皇の地位について独自の見解を披露したため、報告書の附属書第一号・第二号として私見が付されている。附属書第三号は横田喜三郎《よこたきさぶろう》委員の私見である。我妻は、「天皇と国民主権の調和について、前者に一層重点を置こうとする高木委員と後者を一層明確にしようとする横田委員との間には主張のニュアンスの差がある」とまとめた。[25]『東京帝国大学憲法研究委員会報告書』から該当部分を引用する。[26]

第一条は「日本国は国民の至高の総意にもとづき天皇を以てその統一の象徴とする民主平和国家である」といふやうに改める（「憲法研究委員会報告」）

第一条　日本国は、天皇を元首とし、又国民の総意に基くその統合の象徴とする民主的平和国家である(「附属書第二号」)

第一条で主権が人民にあることを明定すること、そのさいに主権といふ言葉を必ず用ひるべきことを提議する(「附属書第三号」)

このように、研究委員会の中には天皇を元首としたいもの、国民主権を明記したいものがおり、意見の統一が難しかった。それゆえ報告書には「国民の至高の総意」という憲法改正草案と同じ文言が採用されたのであろう。

研究委員会における具体的な議論を紹介したのが丸山眞男《まるやままさお》である。天皇が象徴という点について「非常に議論になった」という。象徴論を擁護したのが和辻哲郎《わつじてつろう》で、「象徴というのは、全体性を表すものだ、必ずしも天皇の具体的人格ではなくてもいい」と主張した。それに対して、宮沢は「旗を真ん中に立てて天皇と書いておけば、それでも象徴になりますか」と質問し、和辻は詰まったが最終的に「いいでしょう」と答えたという[27]。

高木が南原総長の主導による研究委員会の特別委員に就任した理由としては、東京帝大法学部の同僚であっただけにとどまらず、きわめて親しかったことが挙げられよう。丸山は、南原と高木が最も仲が良い、と振り返った[28]。一九四八年、芦田内閣で宮中改革が話題となった折、芦田首相は南原に宮内府長官を打診した。その時、南原は高木を侍従長に推薦している[29]。最終的に宮内府長官となったのは、『拝謁記』を残した、田島道治《たじまみちじ》であった。

戦時中には「東大七教授の終戦工作」で、南原と高木は連れ立って木戸幸一内大臣に働きかけるなど、行動を共にしていた。[30] 高木によれば、他にも、宇垣一成《うがきかずしげ》や幣原、近衛文麿、東郷茂徳《とうごうしげのり》外相などを共に訪問したという。[31] 教授の一人である鈴木竹雄《すずきたけお》も、南原らが若槻礼次郎《わかつきれいじろう》、木戸らを訪問した後に情報交換を行った程度しか触れていない。[32] 岡の弟子であり、南原の謦咳《けいがい》にも接した三谷太一郎《みたにたいちろう》によれば、「工作をやったということはすべて消し去ろうというのが当事者間の申し合わせであり、経緯はほとんど伝えられていない」という。[33]

実は、南原は元ゼミ生であった向山寛夫《むこうやまひろお》の求めに応じて、その論文「民間における終戦工作」[34]の第五節「東京帝国大学法学部七教授の工作」に協力した。向山によれば、南原は同志に相談したのち応諾し、向山が「聴取した南原先生の口述に基づく拙稿を、さらに先生にみていただいて部分的に訂正し」たという。[35] 実質的に、南原が裏書きした公式見解と評価してよかろう。

向山論文によれば、南原らの方針としては「あくまで学問的立場に立ち、しかも学者としての国家に対する当然の責務の一端を果たすという謙虚な気持を以って工作をすすめること、および弾圧の危険を回避してあくまで実際的効果を収めるために極秘裡に工作をすすめるとともに、この工作が元来、名利を離れた憂国の挙である点にかんがみて将来といえども一切を秘密のままに葬り去ること」の二点に留意し、宮中関係者、重臣、閣僚らに働きかけた。米内光政《よないみつまさ》海軍大臣以外は、主として南原、高木、田中の三教授が「直接、説得を試みた」という。その構想は、ドイツ降伏時が妥当で米軍の沖縄上陸以前に終戦を実現すること、申し入れは直接米国に行う（難しい場合は第三国を経由して米国に申し入れる）こと、ソ連を仲介者とするのは避けること、迅速な終戦のために連合国の講和条件をそのまま受諾すること、終戦の決定は天皇の裁断を仰ぐこと、陸軍の反対を抑えるために例えば宇垣内閣のような強力内閣を組織すること、といった内容であった。

注目すべきは、天皇に関する考えである。すなわち「戦後における国民道徳の基礎を確保するために、天皇は終戦に関する詔勅において、とくに内外に対する自己の責任を明らかにするとともに、終戦後、適当な時期において退位することにし、さらに天皇制は維持するが、例えば天皇の強大な大権を制限する等の措置を講じて、その民主化を図ること」だった[36]。つまり、終戦工作は、同時に戦後構想をも視野に入れていたのである。

戦時下で、天皇大権に関わることまで検討していた点には留意が必要である。南原らが工作を極秘で行ったのは「弾圧の危険を回避」するためでもあった[37]。一九四一年に、いわゆる新治安維持法が成立していた[38]。この状況下で、天皇大権を縮小するような議論を、一定規模の集団で継続的に行っていると、国体変革に該当すると批判された場合、否定することは難しいだろう。それが、当事者たちの間で工作の事実すら消し去ろうとした背景だったと考えられる。

別の機会に、丸山に「東大七教授の終戦工作」との関係を問われた南原は「〔研究委員会の〕発案者の私としては、それが表裏一体としてあ」ったと答えた。人選は我妻法学部長と相談し、特別委員は幹事役だったが、政府草案を審議する時点では普通の委員との区別がなくなった。丸山によれば、二月十八日に特別委員の第一回打ち合わせ会が開かれ、「憲法改正に関する重要事項を要綱の形にまとめることを目的とする」と運営方針が決まったという[39]。

この研究委員会に参加した矢内原忠雄《やないはらただお》の日記によれば、二月十六日に南原総長から委員に加えた旨を伝えられた。初回は二月二十三日に法学部長室で開催され、矢内原は「「研究会」といふよりも談論会のおもむき」と評し、学術的な会ではなかったと印象を記した。[40] 同じく参加した我妻によれば「発足の後にフリー・トーキング」により「憲法改正に関し検討すべき諸問題」を決定したという。[41] 興味深いのは、大内兵衛《おおうちひょうえ》が「将来、司令部から憲法改正をすべしという命令があるだろうか」と質問すると、宮沢委員長が「まだ明確な指令はない。この段階では将来改正するということだけが明らかになっていればいいのではないか」と回答した事実であろう。[42] GHQ草案が松本国務相に提示されていたことについて、宮沢委員長が触れていない点は重要である。宮沢自身ものちに、「東大に憲法《マ》研究会《マ》ができたときも、松本草案をタネにして、もう少しどうかしたほうがいいなどと議論していた。そこへマッカーサーの草案〔=三月六日の草案要綱か〕がでたんです」と語った。[43] つまり、研究委員会発足時点では、GHQ草案を把握していなかったことを明確に述べていた。このように、当時の記録でも、宮沢の証言でも、研究委員会が発足当初GHQ草案を論じていないのは明らかである。

それから研究委員会で帝国憲法の逐条審議を行った。[44] 矢内原の日記によれば、三月一日、七日と開催され、十四日には「憲法改正手続きに関する答申案を練り直す。世間の動きのテンポ早きによりアカデミーは追ひつけず」という。十九日、二十八日は欠席した。四月十一日には「参議院の構成、権限など」を論じている。十三日に欠席して以降は「憲法委員会」の記述は存在しない。この間、三月六日に政府が憲法改正草案要綱を発表した。矢内原は「此の草案は事実上マ司令部の「指示」なること、その内容よりいふも、文章よりいふも明白なり。全くの天下りなり」と評した。[45]

時系列を見ると分かる通り、研究委員会は、二月十四日に発足したものの、ゼロベースで帝国憲法の改正について議論している最中に、三月六日の憲法改正草案要綱が発表されたため、「逐条審議をやめて、マッカーサー憲法草案〔＝三月六日の草案要綱〕について少し論議して、結局、憲法制定手続きを上申した」[46]。こうして完成した研究委員会第一次報告は、四月初旬、遅くとも九日までに南原総長に提出された[47]。その後、四月十七日に発表された政府の憲法改正草案を踏まえ、逐条審議を行い、第二次報告書を作成し、解散した。その時期は「内閣草案の発表された後あまり長い月日ではなかつた」という[48]。このように、第二次報告書の完成、および解散の正確な時期は分からない。当時の報道では、六月四日時点で「結果を南原総長に提出した」とある（『朝日新聞』[49]）。南原自身は「五月には報告書を出して下さった」、研究委員会は「五月末くらいまでつづけられたのではなかったですか」と振り返った[50]。

敢えて時系列を整理したのは、古関彰一《こせきしょういち》のように、二月十四日発足の研究委員会と宮沢がＧＨＱ草案を知った日付とを結びつける見解が存在するためである。古関は宮沢が見た日付を「二月一三日か一四日しか考えられない」と指摘する。その論拠を二月十四日に研究委員会が発足した事実に求めた[51]。

研究委員会発足までの経緯も確認しておこう。

そもそも南原は一九四五年十二月十四日の総長就任後、総合研究等の重要性を訴えた。具体的には、一九四六年一月二十九日の評議会で「研究機構ノ樹立等ニ関シ既ニ学部長会議ニ於テ協議中」と発言し、二月十二日の評議会でも「綜合研究」の次年度予算を政府に要求したこと、年度内に、憲法など五項目に着手したいと提起した。二月二十一日時点で、憲法研究委員会、企業体制研究委員会、インフレ対策研究委員会、教育制度研究委員会、国民栄養研究委員会の五委員会を組織した。[52]

このように、一月末の評議会において学部長会議で協議中と報告されており、二月十四日という発足の日付のみから、宮沢がGHQ草案を見た事実を推測することはできない。また、政府の憲法草案ができる経緯を問われた丸山は「いや、ぜんぜんわからない」と答えた。[53] このように、憲法研究委員会の各委員が二月十三日にGHQ草案が政府に手交された事実やその内容を知っていたとは考えられない。東京帝大憲法研究委員会の発足と宮沢がGHQ草案を知った日付を結びつけるのは、強引な解釈と結論づけられよう。

宮沢がGHQ草案を知ったのはいつか？

二月十三日に日本政府に手交されたGHQ草案を、宮沢が知った日はいつなのか。

現時点でも判然としない。佐藤達夫は三月六日の要綱発表以降に「学者たちにも相談できるという状態になりましたために」、「宮沢氏〔中略〕にも、われわれの疑問とするところを遅まきながら聞くという手続をと」ったとする。[54] つまり、内閣法制局が正式に宮沢に伝えたのは、一般に公表した三月六日以降と断定した。

一方、宮沢自身は曖昧な述懐しか残していない。しかも時期によって叙述が変化している。宮沢は一九五〇年に発表した「憲法記念日を迎えて」では、「三月の六日になって、ある新聞記者がやってきて、今日の夕方、〔政府が〕憲法草案を発表するそうだから、社へ来てくれ、という。行ってみると、すでに英文が手に入っており、みんなで大急ぎでホンヤクしていた。何かそれについて話せといわれるので、とりあえず、その英文憲法草案を手にしながら、おもいつくままに感想をのべた」とした。[55] 掲載された宮沢の談話は、「徹底せる平和主義　東大教授宮沢俊義」（『毎日新聞』一九四六年三月七日朝刊）である。このように三月六日の発表直前に知ったことが強調されていた。

ところが、十数年を経て、一九六六年十月から十二月にかけて『エコノミスト』誌上で連載された「昭和思想史への証言」（単行本として一九六八年に刊行）で、小林直樹と対談した際には、「私は当時の閣僚の一人からマッカーサー草案のことを聞いていました。たぶん二月の下旬、それが閣僚にわかった頃だったでしょう」と説明した。それから「草案のことを聞いたときに（もちろん、私は英文の（？）草案を数分のぞいただけで、丁寧に読んだわけではありません。丁寧に読む余裕は与えられませんでした）」と補足する。[56] さらに著書『憲法と天皇』（一九六九年）の「はしがき」で、「マカアサア草案の存在を、政府の草案が発表される直前に知った。おそらく三月のはじめであり、どう早くても二月末のこと〔中略〕英語のテクストをほんの一分ほど手にしただけ」と記した。[57]「二月の下旬」や「二月末」と、発表直前では全く違う。なぜ十数年という時間とともに

宮沢俊義（『神々の復活』〔1955年刊〕より）

説明が変化したのか。
また、息子の彬《あきら》の回想は、宮沢証言との微妙なズレを印象として残す。曰く「現行憲法の草案がＧＨＱから示されたとき、父は偶々《たまたま》有楽町を歩いていて、毎日新聞社に連れ込まれ、英文をその場で翻訳させられたという。〔中略〕やや興奮ぎみにこう言いながら家に戻って来たのを覚えている。この後しばらくして政府の正式な翻訳、というか草案ができた」[58]。

宮沢証言は信用できるか？

先に引用した宮沢証言を要約すると、それぞれ、政府の発表直前に毎日新聞社に依頼され英文のテキストを見て翻訳した、二月下旬に閣僚から聞いた、三月初めか二月末に英文のテキストをわずかな時間だけ手にした、となる。「数分のぞいた」が「一分ほど手にした」と変化したのは許容範囲であろうか。

宮沢証言すべてが正しいという前提に立ち、時系列を整理すると、二月下旬に閣僚に聞いて存在を知ったものの見てはおらず、二月末か三月初めにテキストを少しだけ手にする機会を得た、三月六日の発表直前に毎日新聞社から英文テキストを見せられて翻訳した、そこでＧＨＱ草案の全文に接した、とまとめられる。宮沢なりに統一的な説明を試みたと評価できよう。

この統一的な説明で宮沢が試みているのは、松本国務相との関係の否定である。「二月の下旬」にその閣僚が知ったとするならば、幣原首相、吉田外相、なにより松本国務相が除外されよう[59]。松本国務相がＧＨＱ草案を突き付けられたのは二月十三日で、どう緩く表現しても「下旬」ではないからである。しかも「英文の（？）」テキストしか見ていないならば、二月二十二日に松本国務相に渡された外務省仮訳を閲覧していない、と主張したことを意味する。宮沢が主張したかったことは、松本国務相からGHQ草案や外務省仮訳を見せられた事実は存在しない、とまとめられよう。

先行研究は、一連の宮沢証言に疑義を呈する。

江藤淳の場合、宮沢の論文を踏まえて、GHQ草案を見たことは確実とする。[60] 江藤に対しては古関の反論が存在し、それは成功しているように思われる。[61] 一方で、古関は宮沢の三月七日の『毎日新聞』の談話で、前文について「日本人民」の表現を用いており、三月六日の憲法改正草案要綱では「日本国民」とあるため、それ以前の二月二十二日に松本国務相に渡された外務省仮訳を、宮沢が用いたのではないかと推測した。[62] そこでは、松本国務相から翻訳を入手していたことが想定されている。付け加えると、外務省仮訳は部分訳が二月二十五日の閣議で配布され、二十六日に全訳が配布されるも閣議後に回収されたという。[63] 翻訳は厳重に管理されていたのである。

また、息子の証言を踏まえ、江橋崇は宮沢が自身の説明より前に「GHQ草案を熟知」していたとし、政府がGHQ草案を手交された後、ほどなくしてGHQ草案の現物を入手した『毎日新聞』が宮沢に提供したと推測した。ただし、江橋の推測を裏付ける資料はまだ見つかっていない。[64]

既に論じた通り、東京帝大憲法研究委員会は二月十四日の発足当初、GHQ草案を取り上げていない。これに関する宮沢証言は正しい。しかしながら、研究委員会に関する証言が正しかった事実をもって、二月十四日時点で宮沢がGHQ草案を見ていなかったと結論づけることはできない。宮沢は閲覧していて、その事実を研究委員会で披露しなかっただけという可能性も存在する。可能性を論じるならば、外務省仮訳が松本国務相に提出される前に松本国務相が宮沢に翻訳を依頼するか、あるいは、外務省での翻訳作業に宮沢が関わっていた可能性も想定されよう。早い場合は二月十三日以降に宮沢が知ることが可能となる。

二月一日の『毎日新聞』のスクープと宮沢との関わり

なぜ、宮沢は正確な事実を語れなかったのか。とりわけ、GHQ草案に関して、松本国務相との関わりを否定するような証言を残したのはなぜか。

見落とせないのは、GHQ草案を招くことになった、二月一日の『毎日新聞』のスクープである。このスクープで取り上げられたのは、松本甲案・乙案ではなく、宮沢が作成した、宮沢甲案に近い内容だった[65]。つまり宮沢甲案を報じたと考えられている。そのスクープをものしたのは『毎日新聞』記者の西山柳造《にしやまりゅうぞう》であった。スクープ当時、疑いの目が向けられたのは宮沢であった。弟が『毎日新聞』の記者であったということもあろう。宮沢自身は、次のように語ったことがある。

なにせ、弟が『毎日』の記者なんですよ、弟が。弱りましてねェ。それで弟に、変なことをしてもらっては困るじゃないか、どこか机の上にあるのをかっぱらって行ったんじゃないか、とたずねると、絶対にそんなことはしない、という。しないという以上、信用しないわけにはいかないが、新聞記者ですからねェ。やったなんていうわけもない。あやしいなァとは思いなが

ら……とにかく青くなりっぱなしでしたよ

このインタビューを踏まえ、児島襄《こじまのぼる》はスクープ先を枢密院筋だと記した[66]。田中英夫《たなかひでお》東京大学教授によれば、一九七〇年代には、西山が枢密院の取材をしていたことや『毎日新聞百年史』の記述から、出所は枢密院筋だと推測されていたという[67]。スクープの出所が枢密院筋であることは、現在では否定されている[68]。

『毎日新聞』1946年２月１日のスクープ記事

後年、西山は田中英夫のインタビューに対して「事務局から特だねをとったのです。……事務局にあったから『もらった。』ただそれだけ」と回答した[69]。一九九〇年代後半に、西山自ら「実は松本委員会の事務局からとった。事務局に資料があったから「もらった」ということ」と記した[70]。それを受けた『毎日新聞』のインタビューではより詳しく、「事務局に資料があったから、もらった。すぐに社に帰り、デスク以下全員で手分けして写してね。2時間くらいかかった。それで、また官邸に返したわけ」と証言した。このインタビューでも、宮沢の弟の明義《あきよし》は東京本社文化部であったため関係ないと明言している[71]。

松本委員会の事務局に関して補足すると、同委員会には総会（委員会＋顧問）、委員会、小委員会（委員会より少人数）があった。小委員会が総会や委員会の議論を整理し、「文書にして次の委員会や総会に提出」したりした。その小委員会の中心は宮沢であり、他に、法制局から入江俊郎、佐藤達夫、東京帝大の刑部荘、佐藤功《さとういさお》、計五名であった。[72] 刑部や佐藤功は委員ではなく、補助員にすぎない。西山の言う事務局が小委員会を指すとすれば、協力者はそのうちの誰なのか。

入江によれば、スクープが問題となった二月一日の閣議で、松本国務相から「抜かれた案は、所謂《いわゆる》甲乙の案のいづれでもなく、調査委員の某（宮沢俊義であったがこれは名を云はなかった）の試案であり、某の弟が同新聞記者なるため、善意か悪意か判らぬが抜かれたのであらうと説明された」という。入江の補足は、「本件は余〔＝入江〕等も非常に迷惑を感じ、法制局側より出たものでないことをよく調査の上、明かにした」とする。[73] このように法制局関係者は、スクープの出どころが宮沢であることを確信していた。宮沢にすれば、極秘資料の漏洩《ろうえい》という疑いが掛けられていたことになる。それもあり、宮沢はスクープとの関わりを含め、憲法改正作業との関わりを薄めるような発言を繰り返したのではないか。例えば、弟子の久保田《くぼた》きぬ子《こ》によれば、宮沢は松本委員会との関わりについて「途中からあまり熱心に行かなくなったので、自分は名前だけであるという意味のことを」話したという。これに対して、佐藤功が「〔宮沢〕先生は松本委員会には非常に熱心に出席されていて、休まれたということはない」と宮沢発言を否定した。[74] 同趣旨のことを宮沢自身も記述したことがある。宮沢は一月の初め頃、「松本案ができあがつた頃から、委員会が召集されることは、まつたくなくなつた」とする。[75] 江橋が指摘する通り、これも事実と相違する。[76] このように、宮沢は自身の憲法改正作業との関わりについて、意図的に言及を避け、時には事実に反する説明を行った。

付け加えると、西山はインタビュー等で、宮沢が協力者ではないとは明言していない。さらに言うと、最初に西山がインタビューに応じたのは、一九七八年開始の田中英夫の『ジュリスト』連載「憲法制定過程あれこれ」である。[77] なお、宮沢が亡くなったのは、一九七六年九月であった。

当然ながら、宮沢が触れる憲法改正の過程では、『毎日新聞』のスクープにも言及はなされない。[78] このスクープについては、マッカーサーにGHQ草案の起草を決意させる引き金を引いたものという、田中英夫の評価が存在する。[79] それだけの重大事でありながら、日本の独立以降も宮沢が言及していない事実には不思議な印象を受ける。

ともあれ、宮沢はスクープとの関わりゆえに、憲法改正作業やそれ以外の事実についても慎重な物言いになったと考えられる。それだけに、現状では宮沢がGHQ草案を知った正確な時期を確定することは困難である。

国民主権と国体護持の関係

時期が確定できないという致命的な問題を抱えつつも、本書が論じる第一条との関係で、宮沢は貴重な証言を残している。[80]

たぶん二月の下旬、それが閣僚にわかった頃だったでしょう。政府が非常に困っていると聞いたように思いますが、それは第一条の国民主権についてのことだったと記憶しています。国民主権を認めるとなれば「国体の護持」ということは言えなくなるのではないか。それで政府が大いに頭を悩ましているというような話を聞いたように思います。そのとき、その草案の第九条の非武装の規定のことも聞いたかも知れませんが、私としては、国民主権と「国体の護持」の関係で政府がひどく困っているという印象を強くうけたので、第九条との関係はどうもはっきり印象に残っていません。

宮沢が第九条との関わりを追及されているという点は割り引く必要がある。それでも、宮沢にGHQ草案の存在を教えた閣僚によれば、政府が困っていたのは後の第九条ではなく、第一条であったとの指摘は重要であろう。

＊

宮沢委員長やその他の関係者の回想を含め、東京帝大憲法研究委員会の実態について論じた。未だに詳細が分からぬことは多い。ともあれ、「天皇と国民主権の調和」をはかろうとした研究委員会での議論が、和辻哲郎『国民統合の象徴』（勁草書房、一九四八年）や、横田喜三郎『天皇制』（労働文化社、一九四九年）につながったという。[81] いわば、戦後の天皇制に関する議論のベースとなったと評価できよう。このように広く一般社会に影響を与えたのみならず、直接的には、研究委員会に参加した人々、南原や高木らが、貴族院で活動した。その様子は、第六章に譲りたい。

第四章　「第三の聖断」と異なる「希望」発言
――枢密院での審議と貴族院を中心とした非公式会合

本章では、枢密院での審議と、衆議院や貴族院における審議に入る前に開催された、非公式会合に注目する。ほとんどの先行研究が言及していないが、日本国憲法に関する重要な論点を議論しているからである。とりわけ、主権の所在と元首の扱いに注目したい。先行研究としては、赤坂幸一《あかさかこういち》が、これらの会合と、それらの会の議論を踏まえた意見書などを、参議院と国会図書館憲政資料室が所蔵する資料群を中心に紹介したことがある（『初期日本国憲法改正論議資料』所収）。ここでは、さらに参議院事務局所蔵の『憲政資料』から関係資料を追加し、その実態を検討したい。

貴族院を中心とした非公式会合

帝国議会における憲法審議に向けて、様々な会合が開かれた。正式な委員会という場ではなく、様々な形態の研究会や懇談会も存在した。断片的に知られているのが、貴族院有志研究会、両議院有志懇談会といった会合である。これらの会合は貴族院の各種委員会のように正式な記録が残る場ではなく、非公式の会合であることが重要な意味を持つ。占領下において、公式な委員会の記録は英訳してＧＨＱに提出しなければならなかった。その結果、委員会ではＧＨＱの関与などに言及することは不可能であった。例えば、衆議院帝国憲法改正小委員会（通称：芦田小委員会）の議事録では、ＧＨＱの関与に言及した部分は速記録から削除されているという。[1] こうした制約が存在したために、公には議論できないことを、非公式の場で議論したのである。非公式会合ではＧＨＱの目を全く気にせずに、忌憚のない意見交換が行われた。

前提として、非公式会合の開催前後の時系列を確認したい。

一九四六年四月十七日、政府が憲法改正草案を発表し、二十二日に枢密院が審議を開始した。枢密院は六月八日に可決、その審議中に、憲法改正草案を発表した幣原喜重郎内閣は、総選挙の結果をうけて退陣し、五月二十二日に第一次吉田茂内閣が成立する。吉田内閣で憲法担当の国務大臣を務めたのが金森徳次郎である（六月十九日就任）。そして、六月二十五日に憲法改正案が衆議院本会議に上程された。こうして憲法改正案が第九十回帝国議会で議論されることになった。

枢密院での議論と国民主権に関する政府の見解

大日本帝国憲法のもとでは、憲法に関わる事項は枢密院に諮詢されることになっていた。そのため、帝国議会で議論する前に、枢密院で審議されたのである。枢密院の記録は、戦前は全く公開されず、一九七四年以降に一般公開された。[2] そのため、『日本国憲法成立史』では活用されていない。

本稿では枢密院の記録で補いつつ、審議を確認したい。

枢密院での審議経過を略述すると、[3]四月二十二日に第一回審査委員会を開いた。潮恵之輔《うしおしげのすけ》委員長のもとに、美濃部達吉、遠藤源六《えんどうげんろく》、林頼三郎《はやしらいさぶろう》、関屋貞三郎《せきやていざぶろう》、大平駒槌《おおだいらこまつち》、小幡酉吉《おばたゆうきち》ら委員によって構成されていた。審査委員会は五月十五日の第八回会議まで開催された。五月二十二日に吉田内閣が成立すると、諮詢中の草案を一旦撤回し、再度諮詢するという手続きが取られた。そして五月二十九日の第一回委員会で、首相や法制局長官らが出席する、政府との質疑応答は終了した。そして六月八日の枢密院本会議で、潮委員長が審査報告を行い、枢密顧問官や三笠宮《みかさのみや》らの発言があり、最終的に可決された。唯一、美濃部顧問官は賛成しなかった。[4]

審議過程における、国体や天皇、主権についての議論を簡単に紹介したい。

四月二十二日の第一回審査委員会の冒頭、鈴木貫太郎議長が挨拶した。ポツダム宣言受諾時の記憶を振り返り、「この草案において国体が護持されていることに満足する」と、政府の憲法改正草案によって国体護持がなされていることを強調した。それを受けて、幣原首相が草案提出の理由を説明した（「内閣総理大臣説明要旨」）。

> （一）第一は、天皇の御地位についてであるが、これについては、第一条において、「天皇は、日本国の象徴であり日本国民統合の象徴であつて、その地位は日本国民至高の総意に基く」ものと規定している。
>
> これは、天皇が、外に対しては日本国家を表現し、内においては日本国民結合の中心的地位

に立たせられることを示すとともに、この天皇の御地位は、あらたに日本国民の、至高の総意に基くものであることを規定したものである。これは去る一月一日の詔書〔いわゆる人間宣言〕にも示された通り、天皇の御地位が、神話と伝説に基く架空のものでなく又単に御世襲の御威光を反映するに止まらず、ここに、あらたに、現実な国民の総意を基礎として此の地位に立たれるものであることを明かにしたものである。〔以下略〕

というものであった。[5]

こうして審議が開始されたが、佐藤達夫によれば「もっとも質疑の集中した点は、いうまでもなく、国体・主権の所在・天皇制の問題であった」という。[6] 林委員から主権の所在と天皇の法律上の地位について質問があり、幣原首相は「学理として主権在民説に該当せるや否やは姑《しばら》く措き常識としては前文に〔中略〕ある中の国民とは〔中略〕天皇を含めたる、即ち天皇をその中心として奉戴しあるものと解す」とし、松本烝治国務相は「主権在民の原理は当然なり、従て主権在民は政治的のものにして法律上の意味に於ける統治権の所在とは別論なり、法律上の統治権の所在に付ては法学者が構成論として種々の説を立つるものと思料す」とし、日本国が法律上の主権の主体であると答弁した。林の重ねての質問に、幣原首相は「主権在民とは人民を君主と対立せしめ主権は君主に存せざるものとす、斯《か》かる対立の観念は本案の採らざる所にして、主権は天皇を中心とせる国民一体に存するものと解す。松本国務大臣の所謂国家とは天皇を含めたる国民の全体なりと思料す」と答弁し、松本国務相も「国民が主権の主体なりと云ふその国民とは天皇を含めたる国民全体と考へざる可《べか》らず。主権が〔中略〕天皇を切離したる国民にあると謂ふが如きは、自己より発し自己に帰する議論に非ざるや」と続けた。[7] 佐藤達夫は、政府の松本国務相による主要な答弁として「「国民の総意」というように、まとまったものとして国民を観念する場合には、その統合の中心に天皇が在られる」を挙げている。[8]

以上の政府側答弁を踏まえると、政府の国民主権に対する見解は、日本は君民一致であるから西欧流の君主対人民という構図は当てはまらないこと、ゆえに主権は天皇を含む国民全体にあること、とまとめられよう。本稿で引用した委員会録では、幣原首相による答弁の「主権在民とは人民を君主と対立せしめ主権は君主に存せざるものとす、斯かる対立の観念は本案の採らざる所」が端的に表すように、国民主権は天皇に主権がないということを意味しない、つまり天皇に主権があることを明確に述べたのである。

この主権の所在に関しては、その後も政府側の説明は変化しなかった。佐藤達夫の説明によれば、主権在民に関する説明は「主権は、天皇を含んだ国民である」としており、「主権は国民にある。その国民の中には天皇も含まれる」と、表現は変わっても、趣旨は一貫していたという。[9]

注目すべきは、枢密院での審議過程における、帝国議会で草案の修正が可能かという質問であろう。

四月二十二日の第一回審査委員会では、小幡酉吉顧問官が「本案の修正は許されざるや」と質問した。これに対して、松本国務相は「既に日英両文にて同時に発表せられたる以上、政府としては政治上実質的に修正は不可能と思料す、又議会の修正権は法律的にはあり得るも、実際上は本案の各項自体に対する修正は可能なるべきも、新たなる内容を規定するが如き修正は不可能に非ずやと解す」と答弁した[10]。要するに、議会で修正することは法律上可能だが、実際的には不可能、つまり修正ができないという理解を伝えたのであった。

吉田新内閣のもとでも、修正について質疑がなされた。五月二十九日に河原春作《かわはらしゅんさく》委員が修正の可能性があるか、第八四条（皇室財産）の修正を希望する、と質問すると、吉田首相は「帝国議会により修正を加へらるゝことは可能なるべし」と答弁した。関屋貞三郎委員が「本案の全条文に亘りて修正可能なるか」と質問すると、吉田首相は「基本原則及ベーシックフォームを変改せざる限りの修正は可能なるべし」と答弁した[11]。松本国務相の答弁のように不可能とは断定していないものの、基本原則などの修正は不可能、つまり国民主権や天皇に関わる条文は変更できないと答弁したとまとめられよう。

松本国務相と吉田首相の答弁の変化の背景には、極東委員会（ＦＥＣ）の意向が存在し、ＧＨＱの基本方針につながった[12]。しかしながら、実際にＧＨＱが帝国議会での修正を認めたかは別問題である。この点は次章で論じたい。

また、枢密院書記官長を務めていた諸橋襄《もろはしのぼる》は、後年「枢密院としては直したい点はいっぱいあるが、本質的な修正はいけないとされていたので、内閣を困らせても悪いと考え、抑制し」た旨、振り返った[13]。政府の説明がどうであれ、修正できないというのが当事者たちの認識であった。

五月十六日、貴族院の会合の準備会が議長応接室で行われた。出席者は、山田三良《やまださぶろう》、山川端夫、河井弥八《かわいやはち》、古島一雄《こじまかずお》、岩倉具栄《いわくらともひで》、飯田精太郎《いいだせいたろう》、入江貫一《いりえかんいち》、大河内輝耕《おおこうちきこう》である。河井によれば「山田三良博士の改正案中主要なる事項に関し速《すみやか》に議員有志の所見を纏め、該案の衆議院通過に先ちて通告発表の要を述ぶるあり」という。[14] 山田が主張していた論点に関して議論をまとめ、帝国議会で議論に入る前に衆議院と連絡したいと考えていた。

準備会合の冒頭、山田が趣旨を説明した。政府による憲法草案は日本の実情に合わない点が多い、そこで貴族院として研究し「最小限是々の個所は修正を要すると云ふ空気を醸成し、衆議院議決前に然るべき方法に依り之を発表し、以て之が実現を図」る、ただ国内外の反響も大きいだろうから「非公式、私的の裡《うち》に研究」したいと述べた。参加者の同意が相次ぎ、初回は二十一日に開催されることになった。興味深いのは名称である。無名会や有志会などが候補として出たが「何れにしろ「憲法研究会」の如き名は避くること」とされた。[15] 憲法を扱っている事実が露見しないように、細心の注意を払ったのであろう。

第一回の会合が開催されたのは、第一次吉田内閣が成立する前日、五月二十一日のことである。出席者は、松本烝治、佐々木惣一、山田、馬場恒吾《ばばつねご》、金森徳次郎、山川ら、貴族院議員と事務局であった。[16] 山田は法学者、山川は元法制局長官、馬場はジャーナリストである。

金森が出席していることも目を引く。

金森は三月二十六日から内閣嘱託となっていた。佐藤達夫によれば、三月六日に政府は「憲法改正草案要綱」を公表したが、その直前の三月四、五日にGHQと日本側がどのような交渉をなしたかのメモを、松本国務相や金森ら限られた人物に配布したという。[17] 佐藤が作成した謄写版のプリントの第一号は松本国務相、第二号は金森、第三号は入江俊郎に渡された。[18] このように、金森はGHQとの交渉の詳細を知る立場にあった。松本国務相がいつまで執務を取れるか分からない状況で（第三章を参照）、三月十一日に金森は楢橋渡内閣書記官長から、憲法担当の国務相としての将来的な入閣を打診され、了解していた。[19] 金森起用は石黒武重《いしぐろたけしげ》法制局長官の推挙との説がある。[20] 入江の手記によれば「石黒〔法制局〕長官　楢橋〔書記〕翰長も同意見で、金森徳次郎氏が自由党の憲法研究の嘱託を受けてゐるのを目をつけ近い機会に同氏を起用したいと話合った」とする。[21] 自由党の憲法改正案に関わったことが評価されていた。憲法担当国務相として内定していた金森が出席したことは、政府がこの非公式会合を重視していたことの表れだろう。

　第一回の冒頭、松本国務相が説明を行う。「政府の一員として草案作成に関係して来た者として草案の批判はできないこと。経緯の全般を話得ぬこと」と留保をつけながら、政府案を説明した。興味深いのは、やはり政府案の形成過程の説明であろう。

> 司令部では二月上旬から案を見たいと希望したので説明と共に英訳して示した、〔中略〕情勢一段と深刻化し遂に現在の草案になつたと諒承されたい
> 三月六日草案要綱が発表され、其後私は一週間所労で引籠つた為、成文化には殆ど関係しなかつた

この経緯説明からも分かる通り、ＧＨＱ草案が提示された事実やその後の交渉について、松本は言及を避けた。ただし、草案の口語化に触れ、「之により翻訳臭が抜けたのは事実と思ふ」と付け加えている。これは草案が元来ＧＨＱの作成によるものであり、英文であったことを明示する発言と評価できよう。

注目すべきは、天皇に関する言及であろう。「根本論としては天皇が何も出来ぬ建前にしておかぬと天皇制の護持は困難の様にも思はれる」と、天皇制護持のために仕方がなかったという見解を披露した。

次に登場したのは佐々木惣一である。内大臣府案を作成した憲法学者であった（第二章）。佐々木は一九四六年三月から貴族院議員を務めていた。近衛文麿元首相の依頼により内大臣府で憲法改正案を作る過程を説明した。そのうえで、政府原案に対して「結論として草案は日本の性格を根本的に変化することになる故同じ難い」と、国体が変革されているため賛同できないと主張した。ちなみに、佐々木は、十月六日の貴族院本会議で反対演説を行ったことで知られる。

松本国務相と佐々木の説明は、憲法改正の経緯について、参加者に周知する意図があったものと考えられよう。このように政府と内大臣府の憲法改正案の作成に関わった当事者が、ほぼ同時代に残したという点からも、画期的な証言と評価できよう。

最後に、座長の山田三良が「熱心なる人は加へること〔と〕し、例へば南原〔繁〕」と主張した。そして山川端夫が提唱した有志研究会に一同賛成し、名称が決定した[22]。山田が言及した南原は東京帝大法学部の同僚であり、一九四六年三月から貴族院議員を務めていた。

天皇の問題

第二回の有志研究会は、一週間後の五月二十八日に開催された[23]。この間、幣原から吉田へ首相が交代した。前回、山田座長が追加希望とした、南原繁も出席している[24]。

冒頭、小林次郎《こばやしじろう》貴族院書記官長が「マ元帥は憲法改正を土産として八月一日帰国するとの噂あり。故に所詮成立を推進すべく、従って本会の審議も取急ぐ要があらう」と述べた。山田座長が「前文の修正は困難であるから先つ第一章に入つて研究したい」と述べたが、反論が相次ぐ。とりわけ南原は「逐条よりも重点的にやりたい、其意味からは前文の修正が重要であり、且それは不可能とは思わぬ」と主張した。山田座長が、前文も扱うが、第一章よりはじめ「全体として天皇の問題を研討しよう」とまとめた。山川は「草案は何よりも政治及外交関係を知らぬ者の起案を思はしめ且理想に走りすぎ国政の安定は顧慮されて居らぬ、天皇はシルシにすぎず、天皇制を存したことにならぬし国家の代表にもなり得ぬ、もつと国家の首長として一国を代表するものを判然たらしむる要あり」とした（傍線は原文ママ）。それをうけ、山田座長は山川の主張に賛同しつつ、具体的な条文で「法律の裁可」等について触れた。山川が「日本タイムス所載の高木〔八尺〕教授の説には大体賛成」と述べると、南原が東京帝大法学部で研究しており[25]、高木の説はその一つであること、「私の諒解の下に発表した」とする。そのうえで、南原は堂々と自説を述べた。

前文と第一条を充分に考へ国体の歴史的継続性を図るべきである。而して私の得た情報では修正は可能である、抑々《そもそも》憲法改正問題に就て前内閣は自主的立場から主張すべきことを主張せず、為に此の草案を見るに至つたことに付ては重大責任を負ふべきである、現内閣も然りで憲法改正の如き重大問題は憲法審議会の如きものを設けて十分練らねばならぬ、又本会としては下院にも渡りをつけ、実効の上〔が〕る様にせねばならぬ

このように南原は政府の憲法草案を酷評し、それを作成した幣原前内閣と吉田現内閣のやりかたを痛罵した。興味深いのは、情報収集を踏まえ、修正可能と断じた点であろう。帝国議会で修正可能とする南原の根拠は、GHQ、とりわけ民政局（GS）の有力者たちとの意見交換であった。ホイットニー局長やケーディスが「工合が悪ければ三年もしたら又改正すれば良いと言つて」いることだった。ただし「自主的にやらうとする時は公職追放の問題のあることだ」とした。公職追放の脅威については第三章でも言及した通りである。

一方、入江貫一が象徴という用語を問題視したのに対して、南原は「「象徴」の語は不可とは思はぬ、不可なりとするのは「国民至高の総意に基く」といふ点や前文」と主張した。議論が進むなかで、金森は修正を求めないとし、次のように述べた。

第一条及前文から大きなポイントを取ると〔中略〕国民を個々のものとしてゞはなく集団として考へるので其の中に天皇を含むことは疑ない。〔中略〕既に象徴だから内外に対して国家を代表することは当然である。唯《ただ》統治権は君に在るといふより国民に在ると書いてあり変革には

違ひないが主権在民に徹底したものではない。要するに〔中略〕そー反対ではない

金森の意見を解説すると、国民の中に天皇が含まれるため、主権在民は天皇の主権を否定したものではない、また象徴とは「内外に対して国家を代表する」、つまり元首である、ということを述べている。そのように解釈するから、さほど反対ではないとし、退席した。金森が披露した国民に天皇が含まれるという解釈に、南原や山田座長は納得しなかった。南原は続けて、「修正しようとやる丈《だけ》やつて米国が許さなければそれは力の問題で何も言ふことはない。之を努めなければ何の言論の自由ぞ、何の議会ぞ、である」と修正を要求した。この発言からは南原も修正が可能か、不安を持っていたことが垣間見える。あるいは公職追放の脅威を認識していたがゆえに、自らを鼓舞する発言であったろうか。いずれにせよ、南原がかなりの強硬な草案修正派であったことが分かる。

第三回有志研究会は、二日後の、五月三十日に開催された。[26]第二回に引き続き、各条文の審査である。衆参両院の権限など、熱心な議論が続く。

興味深い箇所を一つだけ引用したい。草案第十章を論じた際に、山川が「九三条〔＝基本的人権〕の表現は借物でひどい」と感想を述べると、金森は「同感である」と応じた。南原は「全件省略」を主張したうえで「先方から押つけられる表現では困る」と苦言を呈した。山田座長が「同感。第九条も同断」と第九条に触れると、金森は「第九条は変るだらう」と応じた。

最後に、南原が「衆議院に一日を争つて働きかけることが先決問題」とした。以後、議論は両議院有志懇談会へと場を移す。そこでの議論を紹介する前に、有志研究会の結末に触れておこう。六

月八日に第四回有志研究会が開催された。そこで山川から「本会は発展的解消」することが述べられた。[27]こうして貴族院における有志研究会は全四回で終わった。

貴族院有志研究会での議論に関して、六月四日頃の時点では「一、天皇に就て」として「前文を簡約にすると共に第一条と併せて修正し天皇は国の元首にして国民と共に憲法を改正することとすること」「法律の裁可、条約の批准、及官吏の任免は天皇の大権に保留すること」「天皇の身体の不可侵を規定すること」とされた。[28]

発足当初から、「衆議院其他への発表交渉」を想定していたこともあり、[29]終了前から両議院有志懇談会が開催された。

両議院有志懇談会（両院有志憲法懇談会）

貴族院の有志研究会で議論が進み、衆議院を巻き込んで議論が行われた。

六月五日の第一回両議院有志懇談会[30]には、政府から植原悦二郎《うえはらえつじろう》と斎藤隆夫《さいとうたかお》という二人の国務大臣も出席した。斎藤はその日記に、「院内両院協議会に於る貴族院有志と各党代表者との憲法草案協議会に出席」と記す。斎藤国務相は六月七日、十三日、十五日、十七日とすべての会合に出席している。[31]六月末の時点では憲法問題関係閣僚とされたのは、金森はじめ、幣原、植原、斎藤の四閣僚であった。[32]未だ金森は入閣していないから、残る三大臣のうち、植原と斎藤の二人が出席していたことが分かる。要するに、政府と貴族院と衆議院による、憲法問題を自由に議論する場であった。

貴族院側の出席者は、古島一雄、馬場恒吾、後藤一蔵《ごとういちぞう》（伯爵）、徳川家正《とくがわいえまさ》（公爵。のち議長）、山田三良、山川端夫、飯田精太郎（男爵）、入江貫一、書記官らであった。衆議院側の出席者は、樋《ひ》貝詮三《がいせんぞう》（自由党。議長）、北昤吉《きたれいきち》（自由党）、松田正一《まつだまさかず》（進歩党）、鈴木義男《すずきよしお》（社会党）、山本実彦《やまもとさねひこ》（協同党）、笹森順造《ささもりじゅんぞう》（無所属）、船田亨二《ふなだきょうじ》（協同党）、書記官らであった。各回の出席者には若干の変化がある。

冒頭、植原大臣から「何より両議院の御歓談を願いたい、〔中略〕唯両院共三分の二の多数を得る必要上大に練る必要があるが場合に依つては会期を延長しても良からう」と述べた。政府としては憲法改正案を議会で成立させるために、両議院の協力を得たいと考えていることが伝わってくる。

それに続いたのは、両議院有志懇談会を持ち掛けた、貴族院側の山川であった。山川は「憲法改正の如き重要問題には事前に審議会でも作つて十分練ることが必要だつたと思ふが、諸般の事情で夫も出来なかつたのだらう。併し両院が勝手に修正すれば成案の成立しなくなる恐《おそれ》がある。今からでは少し遅いが両院議員が稍々《やや》公的に研究する機会を作ることは困難だらうか」と、政府による審議会設置を提案したが、斎藤国務相からすげなく拒否された。

山本代議士が「政府は此の議会で憲法を通すつもりか」と質問すると、植原国務相は「勿論《もちろん》だ」とし、両院議員が懇談を重ねることで「修正の方向も自づと決るのではないか」と述べた。それから、斎藤国務相も「お互にざつくばらんに意見を交換したらどうか、僕自身草案には意見が多いのだ。抑々修正出来るか否かも見透の難しい問題だ」と述べた。大臣ですら憲法草案を帝国議会で修正できるのか、疑問を持っていたことが分かる。

これに応じたのは、貴族院有志研究会で座長を務めた山田三良である。山田は「政府としては如何《いかん》とも出来まいから民間乃至議会でやる外はない。議会で修正すれば米国も之を抑へはしなからう」とし「戦争抛棄も第二項は削除したい」と述べた。また、貴族院議員の古島一雄も「今日の場合政府では如何ともしがたい」との見解を述べた。このように、帝国議会で議論が始まる前に、政府内に異論が存在しても、GHQに抵抗できない政府として修正は難しいこと、それゆえに帝国議会で修正するしかないという状況に陥っていたのである。もっとも、議会で修正できるかは不明だった。

問題は主権の所在である。馬場恒吾がポツダム宣言に従い主権在民とせねばならないのではないかと述べたところ、山川は「人民の自由な意思に基いて政府の最終形態をきめれば良い」から、主権在民でなければならないわけではないと応じた。斎藤国務相は山川に反論した。

この間、国際情勢も意識されていた。樋貝衆議院議長は「草案の程度でも四国委員会〔＝極東委員会〕は不満だと聞く。故にかゝる情勢の考慮を払つて後、修正すべきは修正したい」との発言に、皆が同意した。その後、天皇の位置づけと国体が変更されたか否かの議論が続く。

次に大きな問題となったのは第九条である。貴族院の山田が「第九条第二項は削除したい」と発言すると、山川も自衛戦争ができないとし、「軍備廃止は寧ろ講和会議の切札にしたら良い」と述べた。貴族院側の主張をうけて、樋貝衆議院議長は「先方の欲する通、〔軍隊を〕もたぬが良い」と応じた。このように、第九条について、日本側はGHQ側の指示と受け止めており、幣原首相の発案だとは全く考えていない。樋貝発言に対して、植原国務相と斎藤国務相からは、幣原首相の発案であるといった訂正はなされていない。枢密院の審議で、幣原首相が第九条について発言していたにもかかわらず、である。

最後に議論されたのは、参議院の構成についてである。以上をもって、初めての両議院有志懇談会は終了した。

「昭和天皇の希望」発言

その後の経緯を簡単に紹介すると、両議院有志懇談会は、六月七日に第二回、十三日に第三回、十五日に第四回、十七日に第五回が開催された[33]。第三回からは両院有志憲法懇談会と名称が変更されている。逐条で両議院の議員たちが意見を述べ、全五回で終了となる。そして、六月二十五日に憲法改正案が衆議院本会議に上程され、表舞台での議論へと移行した。

注目すべきは、六月七日に開催された、第二回両議院有志懇談会である。

この回は、政府の憲法草案により、国体が維持されたか否かで紛糾した。これに否定的だったのは、なんと政府の斎藤国務相だった。斎藤は「現行憲法は主権在君で新憲法は主権在民である。故に日本の国体は一応滅んだと考へる外ない」と主張した。前回より続いている議論であったため、北自由党代議士と植原国務相は「主権論は実益がない」と一蹴した。貴族院側の山田と山川は「新憲法は兎に角天皇を認めてゐるのだから、新憲法と現行憲法の間に急激な変革が起り国体が滅んだといふ結論にならぬ様な文章にすることが当面の問題である」と主張した。このように現職の大臣や代議士、貴族院議員ら皆で話し合っている点も、非公式会合ならではと言えよう。そのうえで、山田・山川らは国体変革という結論に至らない文章にせねばならないと主張している。国体護持が最重要視されていたことが分かる。
国体変革について、斎藤大臣、衆議院側、貴族院側が発言した。この後に続いたのが、馬場恒吾による「昭和天皇の希望」発言である。[34]

陛下は King in Parliament を希望して居られるから其処へ持つて行けば良い

陛下という敬称が使われるのは、当時は昭和天皇と香淳《こうじゅん》皇后、昭和天皇の母である貞明《ていめい》皇太后の三名である。King という男性形を使ったのであれば、この発言の主は昭和天皇以外にありえない。果たして、馬場の発言は事実なのだろうか。

そもそも、この記録には（　）で補足した箇所があり、後で発言者がチェックしたことが分かる。関係者の校閲を経た記録であるため、発言の真正性を認められよう。

そのうえで、馬場は初回の懇談

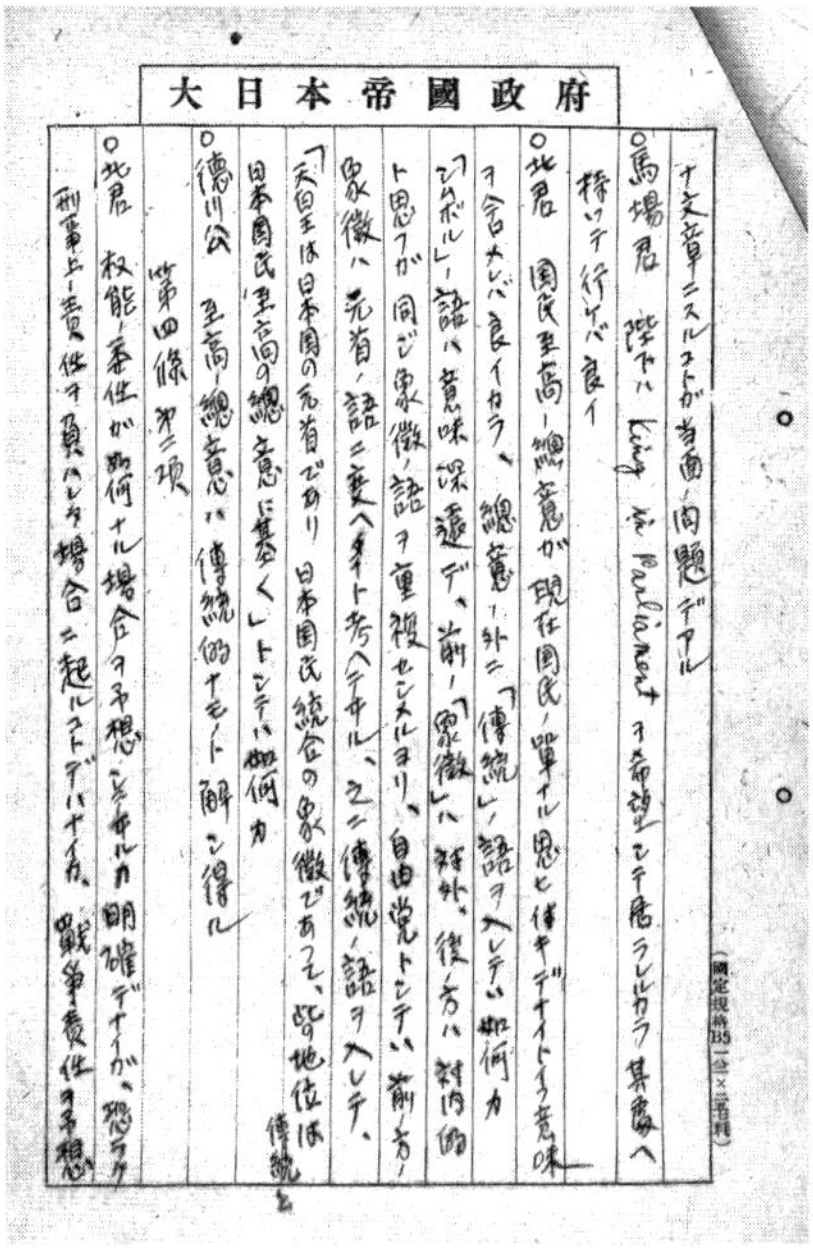
大日本帝國政府
ナ文章ニスルコトガ当面ノ問題デアル
○馬場君　陛下ハ King in Parliament ヲ希望シテ居ラレルカラ其処ヘ
持ツテ行ケバ良イ
○北君　国民至高ノ總意ガ現在国民ノ單ナル思ヒ付キデナイトイフ意味
ヲ含メレバ良イカラ、「總意」ノ外ニ「傳統」ノ語ヲ入レテハ如何カ
「シムボル」ノ語ハ意味深遠デ、前ノ「象徴」ハ對外、後ノ方ハ對内的
ト思フガ同ジ象徴ノ語ヲ重複セシメルヨリ、自由党トシテハ前ノ方ノ
象徴ハ元首ノ語ニ変ヘタイト考ヘテヰル、之ニ傳統ノ語ヲ入レテ、
「天皇は日本国の元首であり日本国民統合の象徴であつて、此の地位は傳統と
日本国民至高の總意に基く」トシテハ如何カ
○徳川公　至高ノ總意ハ傳統的ナモノト解シ得ル
第四條第二項
○北君　權能ノ奉仕ガ如何ナル場合ヲ予想シテヰルカ明確デナイガ、恐ラク
刑事上ノ責任ヲ負ハレル場合ニ起ルコトデハナイカ、戦争責任ヲ予想

第二回両議院有志懇談会の記録　右から２、３行目が馬場の発言（参議院事務局所蔵）

会で主権在民とせねばならぬのではないかと発言しており、第二回の発言は馬場個人の見解ではないと考えられる。もし馬場の発言が間違ったものであったり、突飛なものであったりした場合、他の出席者から訂正がなされるだろう。ところが直後の発言でも（後述）、その後の会合でも、出席者の誰も馬場発言を訂正していない。例えば、徳川家正は徳川宗家一七代であり、父は貴族院議長を務めた家達《いえさと》である。会合後の六月十九日から最後の議長を務め、貴族院の終焉を見届けた。そのような立場にあった家正を含め、誰も訂正しなかったのだから、馬場発言は事実を伝えたものと考えられよう。

これまで昭和天皇は「第三の聖断」により、第一条の「象徴」を了解したと描かれてきた。しかしながら、馬場が伝えた「昭和天皇の希望」発言は、第一条に関して昭和天皇が具体的な要求を行ったという驚天動地の内容に他ならない。端的に、馬場発言は聖断神話を真っ向から否定するものであり、これにより従来の憲法史や昭和天皇像は根本的な見直しが必要となる。

King in Parliament の意味

昭和天皇が希望した King in Parliament とは、どのような意味なのかを確認したい。

戦前から、英国の憲法が紹介されており、議会主権（Parliamentary sovereignty）として説明された。例えば、エイ・ヴイ・〔A・V・〕ダイシー著、高塚謙訳『英国憲法論』（広文堂書店、一九三三年）の中で議会主権を説明する際に「議会は〔中略〕国王、貴族院、及び庶民院の三者の総称であることを意味する。此等の共に作用する三体は「議会に於ける国王」（King in Parliament）とも称し得られるものであつて、此三体は相合して議会を構成する」というように用いられた[35]。英米法を専門とする高柳賢三東京帝大教授は、戦時中の著書で「イギリスの立法は「国会における国王」においてなされる」ことなどを指摘し、「法律上国家といふ概念を認めないから、統治権は国家にあるとか、国民に発するなどいふ法律思想が成立する余地がないのであり、統治権が法律上国王に在ることは、何人も疑はないイギリス法の理論」とした[36]。

当該期の英米法の研究者の見解を踏まえれば、戦前の日本における標準的な理解では、英国の立憲君主制や King in Parliament は、厳密には国民主権とは違う概念であった。同時に、それは君主主権を意味するものでもなかった。憲法学者の佐々木惣一は英国王が「主権的君主ではないと云ふことに学説上考へられて居る」と帝国議会で言及したことがある[37]。戦後も同様に理解されており、例えば、猪木正道のように英国憲法に触れ、「強いて言えば〝キング（またはクゥイーン）・イン・パーラメント〟が主権者」とし、「主権は在君か、在民かなどという愚問」と評する見解もある[38]。

そのうえで実際の英国王がいかなる権限を持ち、どのような役割を果たしているのかを、法制局が憲法学者の清宮四郎に依頼して出来上がった報告書が存在する[39]。法制局は帝国議会での審議を前に、答弁資料や参考資料を作成しており、その一部であろう。こうした作業は、枢密院諮詢前（四月二十二日に第一回審査委員会）から行われていた[40]。

清宮はバジョット（Walter Bagehot）を引き合いに出しつつ、最も多くの学者が評価するのは「国家及び国民の統一に関聯して国王の果たす役割」とし、「大英帝国統合の象徴」として本国と自治領や植民地を結ぶ「唯一の紐帯としての役割」を高く評価している旨が、まとめられた。

とりわけ注目すべきは、清宮報告書のなかの、国王大権に関する叙述であろう。すなわち国王と議会との抗争により大権は質量ともに縮小されているが、「形式的には左の統治作用がクラウンとしての国王の所管に属するものと認められ」ること、「第一に、不文法たるCommon Law にもとづいて昔から国王に認められてゐる大権（Prerogative）に属する作用のうち、左の諸作用が残存してゐる」として、⑴立法に関するもの、法律案の裁可等、⑵司法に関するもの、⑶行政に関するもの、の三つに分けた。さらに⑶を三つに分け、「(イ)立法に附随するもの、議会の召集、開会及び解散」「(ロ)司法に附随するもの」「(ハ)固有の意味の行政に関するもの、文武官の任免、宣戦及び媾和、軍の維持及び総帥、外交使節の接受及び差遣、条約の締結、爵位その他栄典の授与等」といったものをあげ、「国王はなほ法形式的には相当広汎な権能を認められてゐる」と評しつつも、実態はそうではないと指摘する。例えば、一七〇七年以降、国王が法律の裁可を拒んだ事例がないこと、政治の実権は内閣や大臣に移行したことから「国王が個人として直接且つ積極的に働らく領域をほとんど無きものにした」こと、官吏の任命も国王ではなく大臣が実権を持つことなどが述べられている[41]。

このようにキングの存在を大前提として、そのうえで君主主権でも国民主権でもない、というのが、King in Parliament の含意と言えよう。また、清宮報告書によれば、イギリスのキングには、縮小されたとはいえ国王大権が残っていること、外交使節の接受、条約の締結といった具体的なレベルの権限が明示されていることにも留意されたい。

あわせて、当時の政治の文脈を勘案すると、King in Parliamentが巧妙な表現であることにも気づく。すなわち、保守政党や貴族院のみならず、革新の社会党にも配慮した表現と考えられる。

前述したように、戦後、一九四五年九月二十五日に『ニューヨーク・タイムズ』のクルックホーン記者と会見した際に、昭和天皇は「英国のような立憲君主国がよいと思う。立憲的手続きを通じて表明された国民の総意に従い（以下略）」と回答した。[42] この昭和天皇の発言を、十二月の第八十九回帝国議会で社会党の水谷長三郎《みずたにちょうざぶろう》が取り上げた。水谷は、幣原首相や松本国務相と議論するなかで、「自分の理解する所に依りますれば、「イギリス」の「キング」とは「キング・オブ・イン・パーリアメント」と云ふ言葉が示して居るやうに、議会の一構成分子と致しまして、寧ろ国家の栄誉の「シンボル」ではあるが、統治権の総攬者ではない」とし、第一条から第四条までの統治権が憲法改正で重要だと指摘した。[43] 水谷に対して、松本国務相は「我国の憲法としては英国に於ける様なキング・イン・パーリアメントの観念は採らぬ」旨を答弁した。[44] また、昭和天皇が求めた松本案の修正を、松本が拒否したことは既に触れた（第二章）。

一九四六年二月二十三日に発表された社会党の憲法改正要綱では、

主　権　主権は国家（天皇を含む国民協同体）に在り
統治権　統治権は之を分割し、主要部を議会に、一部を天皇に帰属（天皇大権大幅制限）せしめ、天皇を存置すとあり、君民同治主義的な文面となっていた。[45] 社会党案の統治権規定を踏まえるならば、King in Parliament は実現可能性が高い表現であったと評価できよう。

なぜ馬場恒吾だったのか？

なぜ昭和天皇の希望が馬場に伝わったのか、正確なところは分からないが、検討してみたい。

第一に、馬場が労働争議で揺れる読売新聞社の社長であったことが影響していよう。[46]

昭和天皇は「全ての新聞」に目を通しており、その動向を注視していた。一九四九年十月に馬場を含めた新聞各社の社長と食事会をした折、最後に「新聞は自重して公正にやらなければいけない」という趣旨を述べたという。[47] 昭和天皇のメディアへの関心を考慮すると、影響力を持つ新聞社の社長である馬場に対して、その意向を伝えた可能性があろう。

第二に、馬場が民間の憲法研究会に参加していたことが影響したかもしれない。

憲法研究会については、鈴木安蔵《すずきやすぞう》の回想が詳しい。鈴木によれば、十二月一日の途中経過の要綱発送は、高野岩三郎《たかのいわさぶろう》、森戸辰男《もりとたつお》、室伏高信《むろふせこうしん》、杉森孝次郎《すぎもりこうじろう》、岩淵辰雄《いわぶちたつお》、鈴木の六名の名義でなされたものの、最終的な草案の公表にあたり馬場も加わった経緯がある。[48] 「憲法草案要綱」の統治権に関する部分を引用する。[49]

根本原則（統治権）

一、日本国の統治権は日本国民より発す

一、天皇は国政を親《みずか》らせず国政の一切の最高責任者は内閣とす
一、天皇は国民の委任により専ら国家的儀礼を司る〔以下略〕

これを首相官邸に持参したことが、新聞各紙で報じられた。さらに中心であった高野は、雑誌『新生』一九四六年二月号で「根本原則　天皇制に代へて大統領を元首とする共和制の採用」とし、共和制への移行を主張した。[50]彼らは講演等を通して、憲法草案や憲法改正の手続きについて活発に発言していた。鈴木安蔵によれば、民主人民戦線と連携し、政府草案への批判を高める活動を行ったという。[51]そうした活動が目立ったためであろうか、高野は幣原首相からＮＨＫ会長就任を依頼され、憲法研究会の活動から手を引いた。幣原首相と会見した折に「天皇制廃止では困る」と言われ、「憲法研究会として国家的儀礼を司る天皇はみとめている」と弁解したという。高野と幣原は東京帝大法科大学の同級生だった。[52]要するに、政府に批判的な憲法研究会に対して、政府側は切り崩しをはかったと評価できよう。馬場もそうした働きかけの対象だったのではないか。

いずれにせよ、馬場の活動が影響したと思われる。

帝国議会開催前の時点における昭和天皇の希望

帝国議会開催前の時点における昭和天皇の希望についてまとめてみよう。

一九四六年四月十七日に政府が発表した憲法改正草案の第一条の文面は次の通りである。

第一条　天皇は、日本国の象徴であり日本国民統合の象徴であつて、この地位は、日本国民の至高の総意に基く。[53]

通説の理解通り、昭和天皇が聖断を下したのであれば、当然この象徴（symbol）に異論がないはずである。同時に、主権在民で問題ない、となろう。しかしながら、既に論じたように、聖断の存在はきわめて疑わしい。実際の展開としては、天皇に主権を残すような表現になった。第一章では、二月二十二日・二十六日の幣原首相との会談において、昭和天皇が国民主権に同意しない旨を表明したであろうと結論づけた。その時点では、政府側の検討も十分とは言えず、昭和天皇も具体的な要望を伝えるというよりは国民主権を否定する程度でとどまっていたと思われる。その後、政府側も帝国議会の審議を前に、答弁資料や参考資料を作成した。英国の立憲君主制を参照事例として検討した時に King in Parliament という表現が〝発見〟された。こうして昭和天皇は形式的であろうとも元首という位置づけを期待し、その希望 King in Parliament を帝国議会で審議される前に馬場に伝えた、と理解するのが妥当ではないか。

同時に、馬場がそこへ持って行こうという趣旨の発言をした通り、King in Parliament と symbol とが違っていることも明白であった。もし馬場が〝象徴＝イギリス流の立憲君主〟と理解していたのであれば「其処へ持つて行けば良い」、つまり現状はそうではない、との発言は出て来ない。この点で、昭和天皇と馬場とは〝象徴≠イギリス流の立憲君主〟との理解で一致していたと考えられる。

こうして、貴衆両院議員は、昭和天皇の希望に沿って、出来る限り King in Parliament に近づけたい、と受け止めたと考えられる。昭和天皇の意図が、出席者にも十分に伝わったのは間違いない。前述した馬場の「昭和天皇の希望」発言をうけて、北昤吉代議士は「天皇は日本国の元首であり日本国民統合の象徴であつて、此の地位は伝統と日本国民至高の総意に基く」という自由党としての修正を提案した。貴族院議員の山川は第七条について「条約の批准は天皇がされなければならぬ。かくすれば対外的に元首としての地位が確立される」と主張した[54]。このように、昭和天皇の希望を踏まえて、元首の地位を確認する方向で、議論が進んだ。

そのため、六月十六日時点の山田の手控えによれば、「第一条　天皇は国の元首であり国民統合の象徴であるとすること」とされた[55]。

六月十七日に開催された第五回両院有志憲法懇談会の席上でも、天皇の扱いが話題となった[56]。出席者のやり取りを引用したい。念のため、斎藤と植原は大臣である。

北・植原君　前文の国民は天皇を含む
斎藤君　含まぬ。憲法制定に天皇が介入してゐるといふ観念はアメリカの認めぬ処である
山田君　〔前略〕始めの「象徴」は「元首」にしたい
植原君　「元首」にすることは諒解せしめ得ると思ふ

このやり取りの後、信任状の形式などに関する議論が続き、最後に社会党の鈴木義男代議士が発言した。以上で最後の両院有志憲法懇談会が終了する。国民に天皇を含まないという斎藤大臣の解

釈は楢原大臣と食い違っており、閣内でも見解が統一されていなかったことや、楢原大臣が元首を了解させ得ると発言していたことは大変興味深い。

以上をまとめると、両議院有志懇談会（両院有志憲法懇談会）では、一貫して、天皇にいかに主権を残すか、天皇が元首であると明記できないかが模索された。

「松村回顧」の再検討

ここで、第一章で紹介した松村謙三の回顧録（「松村回顧」）を再検討したい。幣原首相は昭和天皇に奏上した際、マッカーサーとのやり取りを次のように説明したという。

> このさいは第一条を変えて、イギリス式の〝国家の象徴〟――その程度までもってゆく必要があろう

それを聞いた昭和天皇は、

> 先方がそういうなら認めてもよいのではないか。第一条はイギリスのように〝象徴〟と変えてよいではないか。〔中略〕イギリス式に〝国家の象徴〟となり、政治を民に委ねてもよいと思う

と発言したとする。松村の記憶では、この幣原の談話は「五月の中ごろ」に聞いたものであった。[57]

King in Parliamentという表現が〝発見〟されたのが四月下旬以降であることを踏まえれば、なぜ幣原が「五月の中ごろ」に松村に語ったのかが理解されよう。第一章で指摘した通り、この昭和天皇の発言は、二月二十二日の幣原との会談で披露されたものとは考えがたい。実際の内容は「先方がそういうなら」ではなく、国民主権ではないKing in Parliamentなら容認する、というものではなかったか。「五月の中ごろ」より前に伝えられた内容を加味したうえで、幣原が松村に話したと思われる。

要するに、「松村回顧」に出て来る幣原談話は、二月のマッカーサー会談・昭和天皇との会談を語ったものではない。むしろ、四月下旬以降の昭和天皇との会話を反映したものだったがゆえに、「入江記録」（三月）や「宮沢記録」（九月）と全く違った内容となったと考えられよう。

その中身は、昭和天皇が、英国式の立憲君主（＝元首）であれば納得することを伝えた、と解釈すべきだろう。つまるところ、五月時点での昭和天皇の希望を反映した内容と考えられ、「象徴」に納得したという聖断の裏付けとなる談話ではない。

貴族院調査会憲法草案研究委員会

これら非公式会合の後に、「貴族院の立場を最終的に決定するための憲法草案研究委員会」が設置された。関連して、第一条関係小委員会も設置され、「第一条関係小委員会第一次報告」（六月二十六日付）、「第一条関係小委員会第一次報告中訂正」といった資料も存在する。[58]

赤坂幸一が紹介する憲法草案研究委員会の報告書等の最後の日付は六月二十八日である。[59] 六月二十八日に作成された、山川の控え「憲法改正草案ノ問題タルベキ箇所」は委員会の議論をまとめている。[60]

他に七月一日付の「憲法改正案中修正ヲ要スルト認メラレル条項　昭和二十一年六月二十八日〔以上五字抹消〕七月一日貴族院調査会憲法草案研究委員会」という資料が存在する。[61] そのうち天皇に関係する部分（前文、第一条及び第七条）を抜粋する。

第一　本委員会に於ては左の通り修正を加へるべきであるとの意見が多数の様〔以上二字抹消〕と認められた。

一、前文の冒頭の「日本国民」を「天皇を元首（又は首長）とする日本国民」と改めること

一、第一条中「天皇は日本国の象徴であり」を「天皇は日本国の元首（又は首長）であり」と改めること

〔中略〕

一、第七条第一号、第五号、第六号及第八号を左の通り改めること

一、憲法改正、法律、政令及条約を裁可公布すること

五、国務大臣及び法律の定める其〔以上一字抹消〕その他の官吏を任免すること、並びに全権委任状及び大使、及び公使の信任状を裁可すること

六、大赦、特赦、減刑、刑の執行の免除及び復権を裁可すること

八、条約を批准すること
〔中略〕
第二、本委員会に於ては左の少数意見があつた。
一、前文の冒頭の「日本国民」を「日本国天皇及国民」と改め、第一項中「国民の総意が至高であることを宣言し」を削除し、「そもそも国政は、国民の崇高な信託によるものであり、其の権威は国民に由来し」を「国政の権威は天皇を首長とする国民協同体に由来し」と改めること
〔中略〕
一、第一条中「天皇は日本国の象徴であり」を「天皇は日本国の元首（又は首長）であり」と改め、「この地位は日本国民の至高の総意に基く」を削除すること
一、前文を日本式に改めること
一、主権の所在を明確に規定すること〔以下略〕

赤坂の紹介した六月二十八日付の資料とは構成が異なるものの、文面はほぼ同じである（傍線は原文ママ）。この七月一日付の資料からも分かる通り、天皇を元首と明記することを求め、なおかつその権限を明確化させるような提案がなされた。

そうした動きに反対する勢力も存在した。例えば、一連の会合のうち六月二十七日〔推定〕に開

催された懇談会で、大河内輝耕は、天皇に関する条文（第三条、第五条、第六条、第七条）の削除を主張し、草案第四条を「第三条　天皇は国政に関する権能を有しない」と変更することを求めた[62]。日本国憲法第四条は「天皇は、この憲法の定める国事に関する行為のみを行ひ、国政に関する権能を有しない」とある。つまり大河内の主張は、国事行為すら不要という内容であった。

以上の委員会報告の内容について、山川は六月二十八日付の「憲法草案研究委員会報告ニ関スル若干ノ説明」で次のように補足している[63]。

前文及第一条の修正は我国の歴史伝統及国民の感情を如実に顕はさんとするの趣意にして、此の現実を基礎としてこそ憲法は初めて国民の血となり肉となりて、国民の心裏に活きその悠久性と実行性とを確保するを得べし。修正の要旨は天皇が国民の元首として国民と共に在るの事実を明定し、以て第七条の修正と相俟つて天皇が我国の代表者たるの体制を整へ内外の向ふ所を明かにせんとするに外ならず〔以下略〕

この補足からも分かる通り、委員会報告は、天皇を元首と明記することと第七条の修正を提案した。もともと、山川自身は三月二十一日稿の「憲法草案ニ対スル管見」で「天皇を以て国家の代表者と認むるを得ざるなり」としたが「主権は天皇を首長とする国民に在ること」と修正すべきとしており、元首とは表現していなかった[64]。それが貴族院の非公式会合の結論としては「天皇は日本国の元首（又は首長）であり」という表現になり（七月一日付）、天皇が元首であることを明記するように変わっている。その背景として、六月二十五日の憲法草案研究委員会における山田の見解を紹介したい。山田によれば、法律の裁可、官吏の任命、条約の締結の三つを確保できれば、大日本帝国憲法同様、天皇が主権者であることが明白となる。しかし、前二者は議論になるため、皆が認めやすい条約の締結に絞ったとする。そして「天皇は日本国の元首にして」と明記することで、国体は変わらないと主張できるとした[65]。山川の六月二十八日付の説明は、山田の見解を踏襲したものである。

金森徳次郎の非公式会合評価

金森は、後年、自らが出席したこともある非公式会合について、以下のように評価している。

金森徳次郎（『現代日本の百人』〔1953年刊〕より、田村茂撮影）

憲法草案が議会に出る前から、天皇の地位をもっと高める様に改正すべしとの論があったらしい。そして衆議院や貴族院の有志者が時々に集って策を練ったのではないかと思う。天皇を元首に近いようにしたいというのが希望であったらしい。私はその努力は知っているが黒幕のことは知らない。

傍線のように推測の形で言及した。また、第七条の「認証」を実質的決定権を持つように修正するために、貴族院の幹部に働きかけ連判状を集めていると仄聞《そくぶん》した。もし貴族院で修正しても、衆議院は容易に同意しないであろうから修正案には反対したとする。[66]

金森は後年、政府が立ち上げた憲法調査会ではもっと露骨に、山田らの修正を、天皇を元首化するものとして批判した。「時に高柳賢三君が吉田〔首相〕さんのところに行って、大体アメリカの方の話もついたようだからひとつ元首と直したらどうか、こう」言ったそうだとし、「衆議院の最後の結論として元首でないということに決定せられたものが、たまたま貴族院で何かの調子で元にもどるということになれば、この憲法のどこにさしつかえがあるというわけではないけれども、移りかわって行くところの根本の精神に響きがあるからむしろ精神問題――具体的には大した問題ではございませんが、そういうふうに私どもは思っておりました。吉田さんにそういうことはお断りしていただきたい、こう頼んでおきました」と振り返った。[67] ちなみに、金森は昭和天皇の希望が紹介された、六月七日の第二回両議院有志懇談会には出席していない。

山田は、金森のこの叙述を踏まえて、「そんな元首の問題じゃない」と否定した。別の機会には元首までは込み入るから議論していない、あくまでも形式的なものとしたとする。[68] 当時、南原と接した河野義克《こうのよしかつ》貴族院委員課長は、東京帝大総長の公用車に同乗することがあった。南原は「天皇の元首としての権能だけはぜひ残して、そのあとできるだけデモクラタイズしたい。これが私の本音」としょっちゅう繰り返したという。天皇が元首としての権能を保持する点では、南原は山田、高柳、高木と「同じ考え」だと、河野は評した。[69] こうした周囲の証言や、残された資料を検討する限り、金森の批判は当たっていると考えられよう。

高木八尺の論説の変化

ここまで論じてきた通り、五月から開催された貴族院を中心とした非公式会合は、最終的に六月末までに天皇の元首化という修正案をまとめた。

きわめて興味深いことに、貴族院での議論と相前後して、高木八尺の論説にも変化が表れた。東京帝国大学憲法研究委員会で議論を行うと同時に、高木は自らの見解を一般に問うた。一九四六年五月二十六日に『Nippon Times』（現『ジャパン・タイムズ』）に寄稿したのに始まり[70]、『中央公論』七月号（六月刊行）、『国家学会雑誌』（七月以降〔推定〕）にも私見を発表した[71]。

このうち、文末に一九四六年「五月末稿」とある「憲法改正草案に対する修正私案」（『中央公論』）では、日本の憲法は欧米諸国の憲法とは著しく違っており、「比較的近似点を多く見出しうる英国憲制史」であっても「英国憲政の伝統とは、著しい間隔逕庭《けいてい》を物語ると認めないわけには行かない」とする。そこで欧米流の主権論ではなく、日本独自の民主主義を実現するためには「憲法の条章に主権在民を規定する必要はない。その目的達成は、天皇制のもとにも、完全に可能」とする。ゆえに「憲法中に「主権」の文字、または主権の「所在」の問題は、むしろ規定せざるを可とする」と主張した。高木は「主権はわが憲法のもとにおいて君民一体なる日本国国民の共同体に在りとする理論を採る」。それは君権の擁護ではないとした。そのうえで、憲法の条文について、前文を「君民一体たる日本国天皇および国民は〔以下略〕」とはじめ、第一条は「日本国は、天皇を元首とし、又民意に基き国民統合の象徴とする民主的平和国家である」と修正するよう、提言した[72]。この時点では、高木の修正が「民意に基き」とあることに注意されたい。

第三章で触れた、六月四日までに提出された東京帝大憲法研究委員会報告書の附属書第二号の第一条は「日本国は、天皇を元首とし、又国民の総意に基くその統合の象徴とする民主的平和国家である」とある[73]。「民意」が「国民の総意」と変更されている。あるいは、政府の意図が伝わったのであろうか。

次に、『国家学会雑誌』の論文「憲法改正草案に対する私見」に基づいて、高木の主張をまとめる。なお、『国家学会雑誌』は国会図書館等の書誌データでは「1946-05」と、五月刊行のように読める。論文末尾の付記には「二一、五、一七」とある。それから『幣原平和文庫』〔国会図書館憲政資料室所蔵〕には、『国家学会雑誌』の再校ゲラが含まれており、そこには「六月二十五日」と記載されている。ゆえに、早くても七月以降の刊行と推定されよう。

高木は「天皇制と国体との関係」を考察し、「君民同治」の政体とする。「我が君民一体の国体観念は、彼〔＝西洋〕の君主対人民の対立的二元的国家構成の思想と、別異のものであることを強調せざるを得ない」。そこから「天皇制と民主主義との関聯。主権の問題に就いて」考察し、「天皇は国民の中にあり、国民と共に統治し給ふ。「国民」とは天皇を包含する国民の共同体なる政治団体《ボディ・ポリティク》を意味するものと解すべきである。〔中略〕主権の所在を問題にする必要に際しては、主権はかゝる意義の日本国国民共同体に在りとする理論が至当」とした。英米の憲法論に触れつつ、「英国に於ける"King in Parliament"の理論が、我が解釈論にも一抹の示唆を供するのではないかとすら思はれる。我が憲法の下に於て、私は主権は天皇を含む国民共同体に存すとする理論を強調した。〔中略〕天皇と人民と融合統一せる国民又は国の理念を、「国民の中にある天皇」なる理論に表はし得ないであらうか。即ち、目図する所は、天皇に表現さるる日本国統一意思に主権の所在を求めんとする理論の構成」とした。具体的な改正内容として、前文は「君民一体たる日本国天皇及び国民は、国会により代表された民意に基き〔以下略〕」とし、第一条は「日本国は、天皇を元首とし、又国民の総意に基きその統合の象徴とする民主的平和国家である」とすべきことを提案した。[74] 東京帝大憲法研究委員会報告書の附属書第二号を踏襲している。

高木の理解によれば、英国における King in Parliament は国民主権とは別個の理論であり、憲法改正で問題となっていた主権の議論に、解決策をもたらすものと位置づけられたのであった。

こうして高木の論説の変化を追うと、ある変化に目が留まる。『中央公論』掲載論文執筆時点では、修正案の「天皇の一身は侵すことを得ない」を第五条に追加（新設）していた。[75] 時系列を確認した通り、そこから東京帝大憲法研究委員会の案、さらに『国家学会雑誌』掲載の案では、一文だけで第五条として独立した条文となっている。このように高木の憲法改正案は時間的な差により変化が生じている。そのうえで、二つの文章を比較すると、重大な変化に気づく。高木は『中央公論』脱稿時の五月末以降、『国家学会雑誌』再校ゲラ（六月二十五日）までの間に、なぜか、「英国憲政の伝統とは、著しい間隔逕庭を物語ると認めないわけには行かない」としていたにもかかわらず、[76]「英国に於ける "King in Parliament" の理論が、我が解釈論にも一抹の示唆を供するのではないか」と意見を一八〇度変えたことが分かる。[77]

この事実は、一体何を意味するだろうか。

高木は、二月から五月末（あるいは六月初頭）にかけて、東京帝大憲法研究委員会で時間をかけて議論を重ねていた。六月初旬以降、その見解を一変させた。通常ではありえない事態が起きたと考えるしかない。福田歓一《ふくだかんいち》は高木を「まことに純粋なモナーキスト（＝君主制主義者）」と評した[78]。その高木が論説を変えたことは、昭和天皇の内意であるKing in Parliamentが高木に伝わった可能性を示唆するのではないか。

なお、四月十九日に、高木は昭和天皇に「アメリカ合衆国の憲法について御進講」している[79]。もし昭和天皇からこの時点でKing in Parliamentが伝えられていたとすれば、五月中に執筆した『Nippon Times』『中央公論』にも出てくるはずである。しかし両論考にはKing in Parliamentは登場しない。六月末に校了したであろう『国家学会雑誌』にのみKing in Parliamentが登場している[80]。となると、東京帝大憲法研究委員会の報告書の完成以降、六月初旬以降に、昭和天皇の内意が伝わり、高木が意見を変えたと推定されよう。非公式会合であった両議院有志懇談会の場には、その中心人物であった山田三良が出席している。山田は元東京帝大教授であり、高木とは東京帝大法学部時代の同僚であった。高木は山田ら非公式会合関係者と密接な関係を持っていたのではないか。

＊

本章では、非公式会合の関係者やその資料をもとに、その実態や中身を紹介した。端的にまとめると、政府の憲法草案に対して、天皇の元首化を求めるものと位置づけてよかろう。

であれば、次の疑問が浮かぶ。

もし昭和天皇の聖断が存在するならば、政府側から松本烝治国務相や金森徳次郎国務相（内定）らが出席していたにもかかわらず、彼らはそれを披露しなかったのだろうか。

聖断が事実であったとしたら、山田三良ら貴族院議員は、戦前の青年将校の如く、昭和天皇の意向に背いた反乱軍となるのではないか。

そうではあるまい。

第一章で検討した通り、昭和天皇がＧＨＱ草案を受け入れたという聖断は幣原が創り上げた物語にすぎないと考えられる。実際には聖断は存在しなかった。だからこそ、政府側から松本国務相が出席したにもかかわらず、聖断に従うべきとの意見は出なかったのであろう。

こうして、貴族院の非公式会合では皇室の藩屛《はんぺい》らしく、主権の問題や天皇の権能について議論がなされた。この間に、昭和天皇が聖断とは正反対の内意を示した。帝国議会に議論が移ったのち、主権の所在について、激しい議論がなされたのは周知の通りである。本章の議論を踏まえれば、それに昭和天皇の希望が影響したと解釈しても、決して不当ではあるまい。とりわけ貴族院において、天皇の権能を強めようとする一連の動きに影響したと考えられる。その意味で、King in Parliament という昭和天皇の希望が伝わったがゆえに、貴族院における非公式会合では元首の地位を確認する方向で議論が進んだとまとめられよう。

昭和天皇の King in Parliament 発言は、一度は象徴を了解したにもかかわらず、時を経て意見がぶれたと位置づけるべきではない。むしろ国民主権を否定する表現なのだから、昭和天皇の姿勢は一貫している。昭和天皇は国民主権の明示を拒否したのに続いて（第一章）、元首の地位を確認するよう要求したと考えられる。そのうえで、かかる発言は、幣原首相に伝えたとされる聖断の不存在を裏付けるものと評価できよう。

第五章　国民主権の明示——衆議院における「自由な審議」

第九十回帝国議会の憲法審議にいたるまでの政府の議論を紹介した。枢密院で政府が行った説明は、国民主権の指す「国民」には天皇も含まれる、つまり天皇の主権を否定していない、というものであった。これに対して、貴族院の非公式会合を中心とした勢力は、昭和天皇の希望を踏まえて、天皇の元首化を求めた。

一九四六年六月、まず衆議院で憲法改正が取り上げられた。本章は、衆議院の憲法審議の特別委員会小委員長となった芦田均と社会党に注目して、憲法改正を取り巻く状況を描く。そこからは「憲法自律性の原則」（一国の憲法が他国の干渉を受けないという意味）の問題が浮かび上がる。[1] 近年進んでいる事前審査制の研究とも絡めながら、ＧＨＱの圧力により国民主権が明示される過程と、皇室財産をめぐる議論などを検討したい。

金森徳次郎の意図

五月二十二日に第一次吉田茂内閣が成立する。六月十九日に、憲法担当の国務大臣に金森徳次郎が就任した（三月二十六日から内閣嘱託）。そして六月二十五日に憲法改正案が衆議院本会議に上程された。

約一か月前、五月二十八日に開催された第二回貴族院有志研究会で天皇の問題が議論されるなか（第四章）、大臣就任前の金森は次のように発言している。[2]

憲法の表現は政治的に種々制限があるから解釈で之を補ふことが必要である。此の意味で第一条及前文から大きなポイントを取ると〔中略〕国民を個々のものとしてゞはなく集団として考へるので其の中に天皇を含むことは疑ない。〔中略〕既に象徴だから内外に対して国家を代表することは当然である。唯統治権は君に在るといふより国民に在ると書いてあり変革には違ひないが主権在民に徹底したものではない。

占領下であるがゆえに修正が難しいという現実を踏まえつつ、解釈で補う方針を明示したと評価できよう。同様の趣旨を、憲法担当の斎藤隆夫国務相も述べたことがある。六月七日に開催された第二回両議院有志懇談会で、山川端夫が憲法改正草案第七五条（裁判官の任命）に関して「財政に付、継続費の規定が欠けてゐる」と指摘すると、斎藤国務相は「解釈で補ひ得るとのことである」と回答した。[3]

話を戻して、金森発言の意味を補足すると、「内外に対して国家を代表することは当然」、つまり天皇は元首であることを指し、「主権在民に徹底したものではない」、つまり国民主権を明示したものではない、という解釈を示していた。

その後、金森は六月十九日の大臣就任時に、帝国議会での「修正は自由だと思ふ」と発言した。[4] これは一般向けに「自由な審議」が可能だと表明してみせただけではないか。憲法が論じられるようになると、「ポツダム宣言の枠内」という発言を繰り返している。実際は、非公開が前提であった枢密院の審議過程で松本烝治国務相が答弁した「政治上実質的に修正は不可能」が政府当局者の率直な意見だったと考えられよう（第四章）。それにもかかわらず、なぜ金森国務相が「修正は自由」と語ったのか、それはGHQが帝国議会は自由な審議が可能と宣言したからであろう（後述）。つまり、内心では不可能と思っていても、GHQが「自由な審議」が可能と発言したからには、日本政府として「修正は自由」と語る以外の選択肢は存在しなかった。

第一章で触れた通り、昭和天皇の希望を踏まえ、幣原喜重郎首相ら政府は憲法改正草案を作成した。しかしながら、政府ができるのはそこまでであった。もはや文言の修正は行えない。だが、枢密院での審議過程で、政府は国民に天皇を含むという解釈で統一していた。それを踏まえると、金森国務相、ひいては日本政府の憲法草案に対する態度は、修正に否定的で、解釈で補うという基本方針だったとまとめられよう。

その背景にあったのはGHQの圧倒的な権力である。南原繁が貴族院における修正の難しさを語ったように（第三章）、占領下では公職追放の脅威が存在した。公職追放は議員にだけ適用されるわけではない。松本国務相のように閣僚にもその刃は向けられていた。さらに、当時の政治状況として、第一次吉田内閣の衆議院における政治基盤の弱さを見逃すことはできない。

第一次吉田茂内閣の弱さ

第一次吉田内閣は、自由党と進歩党の連立内閣であった。進歩党総裁の幣原前首相は、国務相として入閣している。衆議院の多数派による内閣だから、安定していたと考えるのは誤っている。そもそも、鳩山一郎の追放後にその後継者となった吉田は、自由党の総裁に就任しておらず、総務会長に就いたにすぎなかった。[5]

自由党生え抜きとして、吉田に対抗していたのが、芦田均である。戦前、外交官から代議士となった芦田は、戦後の自由党結党時の中心人物であった。だが、幣原内閣に入閣したことで、自由党総裁となる鳩山との関係が悪化した。そのため、鳩山追放後に、芦田は次期総裁を狙ったものの、その座を吉田に奪われたのである。[6]要するに、吉田と芦田は政治的なライバル関係にあった。それも影響したのか、芦田は吉田内閣に入閣できなかった。

こうして芦田は、衆議院の憲法審議の特別委員会（衆議院帝国憲法改正小委員会。通称：芦田小委員会）の委員長を務めることになった。「これは劃《かっ》期《き》的《てき》な仕事であるだけに私にとつては厚生大臣や国務大臣であるよりも張合のある仕事であると考へてゐる」と日記に記した。[7]これは首相の座を逸した悔しさの表れと解釈すべきだろう。

特記すべきは、芦田がＧＨＱに期待されていたことである。

GHQは、政党における親分子分関係を打破すべき対象とみなし、総裁のみならず、幹事長や政調会長といった党役員を投票で選ぶことを求めていた。その風潮に乗り、芦田は選挙で自由党政調会長の座を摑んだ。[8] いわばGHQの方針を体現する、新たな時代に相応しい政治家と、GHQは考えたのであろう。そのおかげで芦田は公職追放の危機を逃れた。戦前、芦田が『ジャパン・タイムズ・アンド・メイル』（現『ジャパン・タイムズ』）の社長を務めたことを問題視されたことがある。芦田は「バカバカしいけれど馬鹿にもできない」とその心境を記した。[9]『ジャパン・タイムズ・アンド・メイル』はGS（民政局）のメモで「アジアにおける露骨な侵略と容赦ない搾取という日本政府の動きを一貫して熱烈に支持」する媒体と評価された。だが、同誌は英語だったため、国民に与えた影響はとるに足りないものとされ、追放されることはなかった。[10] 言論関係では、GHQに睨《にら》まれた石橋湛山《いしばしたんざん》は、東洋経済新報社の経営責任を問われ、公職追放された。[11] 石橋と比べると、芦田がGHQに期待されたことが、その処遇に影響したのは明らかである。

芦田均（歴代首相等写真〔憲政資料室収集文書 1142〕）

もう一つの与党の進歩党は、幣原が総裁を務めていた。しかし、幣原は総選挙後に総裁に就任しただけであり、党を把握していたとは言い難い。

このように、第一次吉田内閣は、与党の統制に不安を抱えていた。さらなる不安要因は、社会党の存在である。五五年体制下のイメージで語れば、万年野党第一党として、政権とは縁遠かった姿しか浮かばないかもしれない。しかしながら、占領下では堂々たる有力政党として、GHQの大きな期待を背負っていた。第一次吉田内閣期は野党として政府と対峙した。この社会党の動向も、政府からは警戒対象であった。

その後の歴史を先取りすると、GHQに期待された芦田や社会党が、衆議院における議論をリードした。そうした政治状況を踏まえ、金森ら政府関係者は、衆議院に全く期待しなかったのではないか。一方、与党の自由進歩両党は、天皇を元首と明記すべきことなどを求めていた。

GHQの権力とその基本方針

まずGHQの権力と基本方針を確認したい。

六月二十日に第九十回帝国議会の開院式が行われた。同日、憲法改正案が衆議院に提出された。翌二十一日、マッカーサーは憲法審議に関する長文の声明を発表し、翌日の各新聞でも大々的に報じられた。その要点は、「憲法各条の審議に関し十分な時間と機会が与えられるべきこと」「明治憲法との法的継続性が保障されるべきこと」「かかる憲章の採択が日本国民の自由に表明した意思であることを示すこと」、以上が「議会における討議の三原則」であった[12]。このように、表向き、議会を通じて日本国民の自由な意思によって憲法が改正されるべきだと主張していた。

その背景にあったのは、占領政策の最高政策決定機関である極東委員会の意向である。すなわち、五月十三日に「新憲法採択の諸原則」として、「この憲法が日本国民の自由に表明された意思を保証するものでなければならない」とした。そこには、議会で十分に審議すること、大日本帝国憲法との法的継続性の保証、「日本国民の自由な意思が積極的に表明されていることがはっきりわかる方法で採択されるべきこと」とあった。これがアメリカ政府経由で、GHQに伝えられたのである。[13]

実際には、本会議や芦田小委員会の冒頭から、修正権の問題が取り上げられた。例えば、六月二十七日の本会議で、新憲法によって国体は変わらないはず、という吉田安《よしだあん》議員の質問に対して、吉田首相はポツダム宣言を受諾した際に、大日本帝国は国体護持を「諒解事項又ハ希望条件」として提案したが連合国は回答せず、無条件降伏とみなしている旨の補足的説明を行った。[14] このように、議論の枠が決められていた、と言えよう。

既にみた通り、公職追放の恣意的な適用を含め、GHQは日本政治に大きく介入していた。その前提として、GHQは日本側に帝国議会での審議をすべて英語で報告させていた。佐藤達夫曰く、憲法改正案は「衆議院で審議中も〔中略〕毎日々々委員会の議事なり本会議の議事の要点を記録いたしまして、それを英訳して一々司令部に報告しておりました。質疑応答の要旨を全部報告しておつた」[15]。「自由な審議」はGHQの完全な監視下に置かれていたのである。

GHQの権力を象徴する出来事として、止まった時計のエピソードが知られている。次に引用するのは、永年在職議員として表彰された、中村正雄《なかむらまさお》代議士（民社党）の本会議での演説である（「第八十七回国会　衆議院　本会議　第十四号　昭和五十四年三月十五日」）。

占領下における議会政治としては、当然のことではありますが、若い私にとって、ときには屈辱的とさえ感じられる総司令部の命令にたびたび涙をのんだこともありました。

> いまなお私の頭に焼きついておりますことは、第一回国会の最終日であります昭和二十二年十二月九日夜半の、参議院本会議における審議であります。
> 衆議院より送付される農林省関係の四つの法案を今国会中に成立させよという、総司令部の国会担当の一課長よりの厳命でございました。衆議院より送付されました時刻が夜半十二時の数分前、委員会は質疑、討論を省略して可決後、本会議に上程されました。松平《まつだいら》〔恆雄《つねお》〕参議院議長の「過半数と認めます。よって四法案は可決せられました。これにて散会いたします。」と宣言されました時刻は、私の時計ではすでに十二月十日に入っていたと思いますが、本会議場の時計の針は十一時五十七分を示しておりました。この十一時五十七分という時計の針は、占領下の政治を象徴するように私の脳裏に深く刻み込まれております。

この中村の記憶は正しい。会期末に、法案を成立させるために、時計を止めて、日付を変更させなかったというのは、GHQの権力を象徴するような出来事であった。実際に、日本政府とGHQ関係者との間に、どのようなやり取りがあったのか。証言するのは、当時、終戦連絡事務局に勤め、GHQと日本側の連絡交渉を担った島静一《しませいいち》である。

島によれば、GHQの法案に対する態度は、重要度によって違った。すなわち「マストビル（GHQが絶対に必要と判断した法案）」、例えば「公職追放、財閥解体、農地解放など占領政策を実行するための法律」をマッカーサーは重視し、「一言一句も日本の行政府である内閣にタッチさせませんでした。国会に指示通りにやらせ」たとする。それが憲法や重要法案にも適用された。[16]

前述の議事堂の時計を止めるという事態が発生したのもマストビル絡みだった。片山哲《かたやまてつ》内閣の時、一九四七年十二月九日に、政府与党首脳が集まる院内の閣議室に、GSのウィリアムズ（Justin Williams）立法課長が乗り込んだ。ウィリアムズの通訳を務めた島の「NOTE」には、その光景が次のように記されている。[17]

SCAPとしては議会に対しては圧力をかけることは国権の最高機関としての民主的国会樹立の大方針とも矛盾するといふ dilemma〔＝板挟み〕に陥《ママ》いていた。〔中略〕〔ウィリアムズが乗り込み〕そこで芦田首相〔外相〕を中心、西尾《にしお》〔末広《すえひろ》〕官房長官を中心とする主要閣僚、浅沼《あさぬま》〔稲次郎《いねじろう》〕氏その他与党三派の領袖が集まる中でSCAP代表の J. Williams が、同法案の成立が占領政策の遂行上不可決《ママ》である理由、〔中略〕同法案をあと数時間しか残されていない今、会期内に通過する方法は院内の時計をとめ〔て〕でも通過を計る以外にはないこと、又時計をとめて審議を計った事件は米国内でも屢々《しばしば》あることをを《ママ》口酸ぱく述べた。

このように、一応は国会を尊重する姿勢を見せつつもマストビルが成立しなそうだと見るや、圧力をかけることを躊躇《ためら》わなかったのである。もちろん、日本側は激しく反論した。とりわけ西尾官房長官はそのような措置は「国会の権威を自らの手で穢《けが》し将来に汚点を残す」、与野党で合意せず強行すると流血の事態も想定されることなどを「叫んだ」。他の出席者も同調した。全員の眼が芦田外相に注がれるなか、出席者の意見を目を閉じて聞いていた芦田首相〔外相〕は初めて沈黙を破り、たった一言「それでやりましょう」と明確に、何の迷いもなく冷静そのものの表情で述べた。〔中略〕この時程さばさばした表情でこの困難に決断したのを見ることはなかった。これこそ指導的政治家の決断といふべきものであらう。

と、芦田外相の決断を、島は褒めたたえた。なお、芦田の日記には、この間の記載は存在しない。手帳日記に「夜九時半、Dr. Williams が議会に来て面談した」「夜は十二時五分前にやつと議了した」とのみ記されている[18]。実際の時計が、十二時を回っていたことは確実だが、芦田は敢えて国会内の止まった時間を記したのだろう。また、首相の片山は「グズ哲」とあだ名がつくほど決断力に欠けていた。政府与党首脳会議で、芦田外相が実質的な判断を下していたことは興味深い。

これら日本側の記録に対して、ウィリアムズはなんと振り返っただろうか。

竹前栄治に質問されたウィリアムズは、「あのときは命令ではなく、イギリスの議会でそのようなことがあったことをはなしたまでのことです」と回答した[19]。要するに、圧力などかけておらず、すべては日本側の自発的な意思によるものと責任をなすりつけたのである。これが実態と違うことは容易に分かるだろう。国会の会期末、政府与党首脳が居並ぶなかにＧＨＱの課長がただ一人乗り込み、外国にある事例を「説明」した。それを単なる「説明」と解釈するものなど、皆無であろう。だが、島が書いた通り、ＧＨＱは、日本の国会が圧力により議決したとは見られたくないため、いかに自律性があるように装うかに苦心していた。一課長による「説明」をはねのけられず、時計を止めたこの事例を踏まえ、後年、島は「占領国と被占領国の力関係を如実にあらわすような出来事であった」と評した[20]。

命令を紙で出すと証拠が残る。この事例のように、口頭で「説明」するというのは、GHQの常套手段であった[21]。憲法改正においては「そのすべての過程を通じ、案文の提示はあっても、文書による要求の形式は一切とられていない。日本側の申入れに対する了解、承認などについても同様」とされる[22]。要するに、GHQは「自由な審議」の体裁を整えるために、介入の証拠となるような書類を一切残さぬように行動したのである。

それ以外にも、GHQが圧力をかけた事例には事欠かない。一例をあげよう。警察制度改革に関して、芦田は興味深いやり取りを記録している。GSのケーディス次長が内務大臣、次官、法制局長官を呼び出し、「高飛車に叱」りつけた。「こゝ数日中に〔法案を〕出さなければ、此処にゐる三人は追放されるものと思へ」と通達した。日本側が期限を確認すると「閣議にかける時間がなくば、かけなくてもよろしい」と回答した[23]。追放をもって恫喝《どうかつ》しつつ、さらに閣議も全く無視してよいとまで語る、これが占領下の日本政治の実態であった。

このように、いかなる手段を用いても通したい法案（マストビル）もあれば、そうではない法案も存在する。それを憲法に敷衍するならば、GHQとしては絶対に譲れない条文（天皇の扱い、戦争放棄）と、極端な表現を用いれば「どうでもよい条文」が存在した。実際に、憲法改正の過程で、そのGHQの姿勢はどのように表出したのか、見ていきたい。

「生存権」と社会党代議士・鈴木義男

日本国憲法第二五条一項　すべて国民は、健康で文化的な最低限度の生活を営む権利を有する。

この条文、いわゆる生存権規定[24]は、社会党代議士の鈴木義男と森戸辰男が挿入したことが論じられ、その挿入をもって「いわゆる「押しつけ憲法論」への有力な反証」と位置づけられてきた[25]。帝国議会における「自由な審議」の象徴として意義づけられるが、事実なのだろうか。ここからは鈴木に注目しながら、社会党と憲法との関わりを取り上げたい。

鈴木は一八九四（明治二十七）年に福島県に生まれた。東京帝国大学卒業後に、東北帝国大学教授等を経て、弁護士として活躍した。戦後、一九四六年の衆議院議員選挙で日本社会党から初当選した。衆議院で憲法改正案が議論される時点では、当選一回の代議士であった。鈴木の評伝として、仁昌寺正一《にしょうじしょういち》『平和憲法をつくった男　鈴木義男』（筑摩選書、二〇二三年）が存在する。

ＧＨＱ公式記録『Reorientation』では憲法改正案の審議中、「進行を監視し、積極的に干渉はしなかった。ほとんど間断なく協議が行われ、修正の提案はすべて民政局で審査された。最高司令官が日本政府に対し、特定の措置をとるよう指令したのは、たった一度」とした[26]。当事者が認めた通り、当該期のＧＨＱは事前審査を行っていた[27]。それについて、佐藤達夫は次のように指摘する。一九四六年五月から、「法律案については、要綱の段階において総司令部に連絡し、先方の承認をえてはじめて議会（国会）に提出する扱いとなった」。その際、「司令部の意向により法令案の内容が修正され、あるいは、廃案とされたこともたびたびあった」という。[28] 憲法においても同様の事情があったことは容易に推察可能である。その意味でマッカーサーが指令したのが一度だけというのは信じがたい。GHQの言い分からすれば「明確な指令を発したのが一度だけ」という言葉遊びかもしれない。

鈴木義男（『22人の政治家』〔1956年刊〕より）

　生存権は芦田小委員会で提起され、採用された。当時、鈴木と一緒に芦田小委員会に参加した森戸は「生存権の問題について申せば、このたびの改正憲法の原文には生存権あるいは生活権を保障するものはなかつたのであります」「ついに私どもの要求が容れられまして、第二十五条〔中略〕が加えられたのであります」と、社会党の成果として誇った。[29]

　後年の森戸の憲法に関する証言を紹介したい。

　帝国議会において、森戸は、十年後の憲法改正条項を盛り込もうとした。具体的には、六月二十七日の本会議での質疑の草稿に、「政府は本改正憲法制定後、少くとも十年後において理想的な民主主義的方法により、理想的な民主憲法を制定する旨の規定を新憲法に投入《ママ》する意志はないか」と記載されていた。[30] ところが、その質問は行われなかった。後年、森戸は憲法調査会で取り下げの背景を証言した。「当時の与党の責任のある委員の方と御相談を」したところ、「与党の責任者から」憲法には改正規定が存在することを説明され、さらに「司令部はかようなものには強く反対であるから、かような修正案は思いとどまってほしい」と返答されたとする[31]。要は、GHQと直接やり取りしたわけではなく、与党の責任者がそうした発言をしたために修正案の提出を控えたように述べている。なお、佐藤達夫によれば、本会議の質疑の前に、質問者から要点を知らせてもらい、参考答弁案を事務局で準備していた。そこには、前述した引用部分への回答も存在し、「政府はさういう意思は持っていない」とある[32]。政府側は森戸の質問がなされることを前提に答弁を作成していた。おそらくはGHQと直接やり取りしたことを森戸が隠すために、婉曲な表現を用いたのではないか。

ちなみに、六月二十五日にマッカーサーは対日理事会の英国代表マクマホン・ボールと会見した。その際、ボールが二年以内に改正するという条項を入れるべきだと提言したところ、マッカーサーは「席を立って興奮気味に部屋の中を歩き回り、激しく身を震わせながら非常に早口で自説をまくしたてた」。その「有害な」提言の背後にロシア人がいる、という調子だった[33]。このようにマッカーサーが不要と判断していた条項を盛り込むことは、GHQとしては絶対に認められなかったのだろう。

ともあれ、森戸が憲法改正条項を修正案に盛り込まなかったのは、GHQの反対を知ったからであった。そうしたことを踏まえると、森戸の「占領下にありまして、司令部の強力な指導もあつたのであつて、国会ですらも完全に自由な審議はできなかつたように思う」との発言は重要であろう[34]。

この森戸証言から分かる通り、社会党は事前にGHQの意向を踏まえて、修正案を提出するか否かを判断していた。森戸の憲法改正条項の取り下げは、GHQの事前審査を通らず、提出前に廃案になった事例と評価できよう。このように、憲法改正の過程においても、通常の法案審査と同様、GHQの事前審査がなされていた。実は、森戸と似た発言を、鈴木も残している。

鈴木は、GSのケーディス大佐に働きかけた際のやり取りとして、「反動的に、封建的に直すのはどうも賛成できないが、直すことはけっこうなことなんである。少しも拒むつもりはない。ただ天皇の性格を象徴でないものに変えるということ、及び軍隊を再び持つということは、これは極東委員会及び司令部の方針として賛成ができないんだ、こういう話があつて、〔他は〕大いに修正してよろしいと、こういうことであります」と述べた[35]。ケーディスと会談した時点で、GHQが重視する天皇と戦争放棄を除外すべきことが伝えられている。それ以外の問題ならば自由に議論してよい、という話でしかない。GHQから条件付きの許可を得たことをもって、果たして「自由な審議」と呼べるのだろうか。

さらに鈴木は続ける。自由党や進歩党が賛成しさえすれば、芦田小委員会の修正案となる。それを「GHQに持つていつたとすれば、私は百パーセントGHQはこれを容認したと信ずる」という[36]。これもまた凄まじい発言である。

一般論としてはGHQが拒否することもありうる。議会で決定したものをGHQが拒否して介入した事例が存在する（後述）。森戸証言から明らかな通り、社会党は事前にGHQの意向を把握していた。第四章で触れた非公式会合に鈴木も出席している。その記録を紹介したい。

第一回両議院有志懇談会での鈴木発言

六月五日の第一回両議院有志懇談会には、政府や貴衆両院から多数が出席し、そのなかには社会党の鈴木義男代議士も含まれていた。第四章で紹介した通り、懇談会の場では、そもそも憲法草案を帝国議会で修正可能か否かが話題となった。出席者に確たる情報がないなか、社会党代表の鈴木は注目すべき発言を行っている。[37]

米国が修正を許すか否かと云ふことだが先般社会党を代表して、マ司令部に行つた時、二三時間懇談したが結局まあやつて見給へと云ふ様な事であつた。夫《そ》の内容は社会政策的修正で、例へば「国民の最低生活は保護される」「全国の青年の教育は国費である」「凡《すべ》て国民は健康的にして文化的生活をなす権利を有す」「健全なる国民は勤労の義務と権利を有す」と云ふ様なことで、其の他、休息の権利、寡婦の生活保障、財産権を補償を給さずして収容し得ること等を含み、参議院は職能代表にする

このように鈴木は、事前にマッカーサー司令部の了解を得た旨を披露した。

第一に、この鈴木発言は、第四章で紹介した他の出席者たちとは格段にレベルが違う。すなわち、大臣を含め他の出席者たちは修正可能かという段階で議論していた。一方、鈴木は修正可能であることを確認したうえで、さらにその修正内容にまで踏み込んでいる。繰り返すが、社会党が憲法改正の内容について、事前にＧＨＱと交渉を行っていた事実はきわめて重要である。

第二に、GHQが修正を止めていないことである。それどころか「まあやつて見給へ」というのは、むしろ社会党の修正案を応援していることに他ならない。国務大臣や貴族院側を前にして、社会党がGHQの支援を受けていることを周知したことは、大きな意味を持ったであろう。この当時、GHQと交渉できることの価値は大きかった。衆議院で議論する前にGHQの了解を得ていたため、残るは他政党を説得するだけだった。その後、傍線部の生存権に関する部分が、芦田小委員会で提起され、採用されたという経緯になる。

鈴木発言が意味すること

衆議院で審議入りする前の鈴木発言は、いかなる意味を持つだろうか。

本書で取り上げた両議院有志懇談会（両院有志憲法懇談会）の記録を確認する限り、他には、GHQから推奨されたという話は記載されていない。その意味で、GHQから社会党が特別扱いされていたことは明らかである。共産党は呼ばれていない。社会党以外の政党や貴族院、政府も含め、修正が可能か否かを疑問視していた。記録全体を通しても、社会党の特別扱いは印象的である。

そのうえで、前述した森戸や鈴木の発言と組み合わせると、社会党議員は事前にすべての案件をGHQに見せ、了解が得られた事項だけを議会に提出したと考えられよう。事前に了解を得ていたからこそ、鈴木は社会党の修正案がGHQに容認されるのは間違いないと断定できた。事前に相談してGHQの了解を取り付けた案件だけを提案すると同時に、GHQが嫌がった案件はすべて取り下げたのだろう。

以上、森戸や鈴木の発言を踏まえると、社会党議員が「自由な審議」を行えたわけではないと結論づけられる。生存権条項の挿入だけを取り上げれば、議場で「自由な審議」がなされたかのように見えるかもしれない。しかしそれは事実の一面しか伝えていない。社会党に関しては、森戸が証言したように、すべてＧＨＱが事前審査を行い、可否を判断したうえで、問題ないとされた事項のみを議会で論じたのが実態であった。このように、ＧＨＱと社会党が事前に調整していた事実を明らかにした。森戸と鈴木の証言からは、ＧＨＱと社会党の密接な関係が浮かび上がる。

視点を変えると、社会党はＧＨＱの先兵として、あるいは走狗《そうく》として活動していたと評価できよう。だからこそ、社会党の提案が採用された場合にＧＨＱが否定するはずがない、そう鈴木は断言できた。

一歩引いてみると、生存権の挿入は、ＧＨＱにとっても、社会党にとってもまことに都合のよい成果であった。ＧＨＱは日本側が「自由な審議」を行った証拠と主張できるし、社会党は彼らの功績として宣伝できる。こうしてＧＨＱと社会党、双方が歓迎する物語が出来上がったのである。

第一条と国民主権

では、ＧＨＱと昭和天皇が注視していた第一条はどうなったのか。

前述した鈴木発言の通り、ＧＨＱは「象徴」を変更することを禁じていた。ただし、衆議院に掛けられた時点で、国民主権は明示されず「国民至高の総意」という聞きなれない日本語が用いられていた（第一章）。また、政府が帝国議会の前に準備した答弁案には、「見方によつては、天皇は元首であり、またわが国は君主国であるといひ得る」という趣旨が書かれていた[38]。

第九十回帝国議会冒頭から、国体が変わったか否かが取り上げられた。該当部分を抜粋する（「第九十回帝国議会　衆議院　本会議　第五号　昭和二十一年六月二十五日」）。

北昤吉　一部の人々は現行憲法は主権天皇に在り、主権在君を建前にして居る、憲法改正案はそれとは反対に主権が国民に在りと称せられて居る、一種の国体変革であると驚愕《きょうがく》し、憤慨して居る者もなきにしもあらずであります、私個人はさう云ふ憤慨も驚愕も持つて居りませぬ、私は日本は昔から君民共治、君民同治の国柄で、若し主権と云ふ言葉を用ひるならば、君民を綜合せる全体に主権があつて〔中略〕此の憲法は国体変革にあらずと云ふことを、懇切丁寧に国民に徹底させる必要と責任がありはしないかと感ずるものであります

吉田首相　国体は新憲法に依つて毫《ごう》も変更せられないのであります

北昤吉の質問に対し、吉田首相は国体変更はないと断言したのである。

一方で、本書で議論している King in Parliament の視点から、興味深い発言が存在する。七月三日に、無所属の大島多蔵は象徴と元首の問題に言及し、「少くとも私達は諸外国並――諸外国並まで行かんでも「イギリス」の「キング」位にまでして行きたいと云ふ熱望を持つて居る」と発言した[39]。これは第四章で紹介した貴族院議員の馬場恒吾の発言とほぼ同じである。馬場と同様、憲法で規定された象徴がイギリスのキングとは違うものという理解を披露したと位置づけられよう。なお、

両議院有志懇談会（両院有志憲法懇談会）には無所属の笹森順造が出席している。それゆえ、昭和天皇の希望が無所属の議員にも共有されていた可能性を示唆するのではないか。

だが、象徴の語句が変更されることはなく、幣原首相の修正のまま進むかと思われた時、極東委員会が七月二日に「主権が国民《ピープル》にあることを認めるべきである」と要求することを決定した。[40]ケーディスはまず佐藤達夫法制局次長らを、次に金森国務相を呼びだした。[41]ケーディスとの交渉の過程で、いわゆる「金森六原則」が提示された。その第一と第六のみ引用したい。

第一　従来の天皇中心の基本的政治機構は新憲法では根本的に変更されてゐる。（従来の天皇中心の根本的政治機構を以てわが国の国体と考へる者があるが、之は政体であつて、国体ではないと信ずる）

第六　政治機構とは別個の道徳的、精神的国家組織に於ては天皇が国民のセンター・オブ・デヴォーション〔＝あこがれの中心〕であることは憲法改正の前後を通じて変りはない。（国体が変らないと云ふのは此のことを云ふのである）

ここでは変わったのは政体であること（第一）、天皇が国民のあこがれの中心であることをもって国体が変わっていないと主張すること（第六）とまとめられよう。後者は、国体不変論の論拠となった。このように金森国務相は「国民至高の総意」の変更に抵抗を試みたものの、七月二十三日の会談で力尽きた[42]。金森によれば、ケーディスは交渉の場で「そっぽを向いて、我々は天皇を軍法会議にかけることもできるし、証人に呼ぶこともできる、ふふふ」と、独り言を言うふりをしながら天皇を引き合いに出したという[43]。こうして、幣原が苦心惨憺《さんたん》して変更した「日本国民至高の総意」は、「主権の存する日本国民の総意」へと変更された。金森国務相はケーディスの恫喝《どうかつ》に屈したのである。

政府の方針転換は、連立与党にも影響した。自進両党が〝自発的〟に修正を申し出て、社会党が賛同するならば、衆議院の賛成多数で修正が成立する。前文と本文に国民主権を明示することについて、芦田小委員会での審議を引用したい。第一回、七月二十五日に、北昤吉がこう発言した。

「ここに主権が国民に存することを宣言」する、どうして「主権が国民に存する」と思切つて訳したかと云ふと、英文の方では可なり国民の意思の主権性と云ふものが書いてあります、是は議会でも、社会党、共産党方面から、主権論がはつきりしない、国民主権と云ふことがはつきり出て居らぬぢやないかと云ふ主張があつた、御尤《ごもっと》もで、此の場合に「国民の総意」と云ふと、唯国民の多数決と云ふ意味に取られるから、思切つて「主権が国民に存する」、是は社会党、共産党は絶えず主張をして、非常に賛成して居る、我々は斯《こ》う云ふ問題に付ては全国民が一致して支持して貰ひたい、唯人民主権と云ふ言葉を避けた〔中略〕、人民を避けて、天皇を含んだ国民全体に主権が存する、之をはつきり此処《ここ》で述べた方が宜《よ》からう、「主権が国民に存することを宣言」する、斯うすれば聯合国なども相当に納得しはしないか、政府も国民主権

は認めて居る、国家主権と国民主権は実質に於てさう違ひはない[44]

ここでは「国民の意思の主権性」が英文で明確に書いてあるのに対して、日本語で曖昧にされたことを問題視している。つまりＧＨＱの意向が重要であることが審議の場で明示された場面と評価できよう。後段も、明らかに連合国を意識した発言となっていることが分かる。

翌七月二十六日の進歩党の提案では主権在民が明確に書かれていたため、自由党から「めんどうでも「主権在国民」といいたい」という発言も出た[45]。当時は、引用した北発言の「天皇を含んだ国民全体に主権が存する」意味で「主権在国民」と表現していた。換言すれば、天皇に主権が残ることを、表現したかったのだと考えられよう。

この点に関して「芦田小委員長から、主権在民の問題に関する政府と司令部との折衝の経緯を付言した」という[46]。実際の議事録では、次のようになっている[47]。

芦田委員長　一寸速記を止めて……

〔速記中止〕

北委員　林君、其の事情を打《ぶ》ちまけると穏かでないから、色々国際情勢に鑑みて、国民主権と云ふ言葉をはつきり出さぬと工合悪いのだ、各派もさう云ふ考へを持つて居ると云ふやうに御報告をして、御諒解を求める訳にいかぬでせうか

林〔平馬〕委員　それは出来ないこともないです、努力して見ますが、併し中々難かしい所です

笠井〔重治〕委員　それが一番の根本です、向ふとしても一番根本ですが、こちらとしても一番根本です

林委員　委員長のお考へでは、政府案も困難だ

当時、政府とGHQとの折衝は秘密とされていたため、芦田委員長はこの段階で初めて経緯を自進両党以外の委員（林《はやし》平馬《へいま》は協同民主党、笠井《かさい》重治《じゅうじ》は無所属倶楽部）に伝えたと推測されている。[48]芦田には金森国務相が小委員会外の懇談で伝えたこともあるという。[49]北の「其の事情を打ちまけると穏かでない」という発言からは、GHQの指示を公開できないと受け止めていたことが理解されよう。

芦田小委員会の議事録を見ても分かる通り、表に出ている記録だけでは、自進両党の突然の方針転換について、全く理解ができない。「自由な審議」どころか、何が起こっているのかも分からないのである。実際は「速記中止」のところで、詳細が説明されたのであった。国民主権の明示は、GHQの介入に対して、衆議院が屈服した典型的な事例に他ならない。見方を変えると、GHQは金森国務相とやり取りし、事前審査を行っていた。一旦はクリアしたものの、再度の審査により、急遽《きゅうきょ》アウトとなった事例と位置づけられるだろう。それを敷衍すると、事前審査を行っていても、GHQの意向によって引っくり返すことが可能だった、と評せよう。要するに、最終決定を下すのは、あくまでもGHQだった。

自進両党が国民主権に修正すべきとの提案をしたことは、当然ながら、日本の新聞でも報じられ

吉田茂

た。それは、三月の幣原首相らの奏上に満足した昭和天皇にとっても、寝耳に水の事態であったろう。七月二十九日に事の次第を知った昭和天皇から稲田《いなだ》周一《しゅういち》侍従次長に、「憲法のことに付御下問があったので、吉田首相が拝謁奏上するよう取計った」[50]。翌三十日に、昭和天皇は吉田首相から憲法改正の「主たる修正意見、及び聯合国最高司令部からの修正要望等につき奏上」を受けた[51]。

金森国務相が作成した、吉田首相の奏上用メモには、七月初めから二十三日までに「前文又は本文中の何《いず》れかに於て主権は国民に在る旨を規定すること」、二十六日頃に「主権は国民に在りとの規定を本文中にも設くること」といった、GHQからの具体的な指示があったことが明記されていた[52]。このように、昭和天皇は主権に関する表現に、非常な注意を払っていた。政府も、その関心に対応していたことが分かる。こうしたことから、吉田首相は昭和天皇が象徴に納得していないことを知っていた可能性がきわめて高いと考えられる。しかしながら、後年、吉田は『回想十年』で「第三の聖断」を明記した[53]（第一章）。それは吉田が、幣原の創作する聖断物語に加担したことを意味する。要するに、吉田も幣原同様、日本国憲法と昭和天皇との関わりを、意図的に糊塗したのだ。

一連の経緯を踏まえると、マストビルである天皇条項は、GHQの意向により左右され、かつGHQは積極的な介入を厭わなかった。一方で、社会党が事前に相談した生存権等はGHQにとって成立しようがしまいがどうでもよい修正であったため、事前審査で了承を与えた。審議過程では、GHQの事前審査をクリアしていた案件が再び蒸し返された事例も存在する。最終的にはGHQの了解が得られなければ修正は成立しない。ゆえに全体を通して「総司令部が考えた基本原則からの逸脱はとうてい認められなかった」との大石眞の評価は妥当であろう[54]。

こうして、昭和天皇が期待したであろう衆議院での修正は不発に終わった。それどころか、GHQの介入に対して、自進両党を含め、反対はできなかった。衆議院は、新たなる権力者であるGHQに対する、日本側の抵抗の拠点とはなりえなかったのである。

樋貝詮三議長の辞職と社会党の役割

なぜ、GHQはこれほど社会党を重視したのだろうか。

結論を先取りすれば、衆議院での審議過程における芦田や社会党は、GHQに呼応する勢力として、重要な役割を果たしたと評価できよう。

端的には、衆議院で「自由な審議」が行われた、「自主的に憲法を改正した」という物語を裏付ける役割を果たした。

当時の政治状況を踏まえると、社会党に現実的な役割が与えられていたことも分かる。すなわち、当時の衆議院の勢力は、自由党一四〇、進歩党九四、社会党九二議席と、三党が割拠していた。これは権力者にとって実に都合がよい。過半数を占める政党がないのだから、様々な案件でこじれた場合、調停者のような顔をして、権力者が介入できる。そこに、社会党というGHQにとっての御用政党を手なずける重要性が存在する。ひょんなことから、社会党首班が出ることもありうるかもしれない。その場合は、社会党の重要性はさらに増すだろう。実際に、鳩山追放後には、片山首班が実現するという情報も飛び交い、稲田侍従次長は政局の混乱を逐一確認している。[55]最終的に、自進両党の連立内閣（第一次吉田内閣）が成立し、社会党は野党となった。それでもＧＨＱの威光を背景に、いろいろと行動できる。

実際に、ＧＨＱは社会党を重視するように日本政府に指示していた。七月四日に外務省の大野参事官が作成した「憲法改正審議についてのＧＨＱ部内一般の意向は左の通りと推定される」というメモの八番目には、「政府としては、以上の諸点に沿いつつ、社会党と妥協工作に努めて、多数で通過するように努力すべきである」と記されていた。[56]そのため、連立与党が数の力ですべてを押し切れたわけではない。社会党も拒否権を持っていた。

一例をあげよう。審議過程で、社会党が問題視し、実現したこととして、樋貝詮三議長の辞職がある。佐藤達夫は「最終段階における予想外の大きな波紋」と評した。[57]

第四章で取り上げた両議院有志懇談会の出席者でもあった樋貝議長が、皇室財産（第八四条。最終的に、日本国憲法第八八条「すべて皇室財産は、国に属する」となる）の件で勝手な行動をとったとして、社会党が問題視した。議長の不信任決議案が否決されたこともあり、自進両党は審議が終わるまで樋貝議長を在職させるつもりであったが、社会党の要求通り、審議途中で辞職に追い込まれた。[58]このように、社会党はすべてを実現できるわけではないが、一定の影響力、とりわけ拒否権を行使できるくらいの政党ではあった。

そもそも第八四条はＧＨＱがきわめて重視した条文であった。佐藤達夫は、衆議院での最大の論点として「国体・主権の問題、戦争放棄の問題、皇室財産の問題など」を挙げた。[59]皇室財産がかなり重要な論点だったことが分かる。法制局の入江俊郎によれば、三月六日の憲法改正草案要綱発表以降、皇室財産に関して交渉すると、ＧＨＱは「議会のオープン・ディスカッションにまかせる」と言っていた。[60]もちろん建前にすぎず、実際は議会に介入した。

第八四条の政府原案「世襲財産以外の皇室の財産はすべて国に属する。皇室財産から生ずる収益はすべて国庫の収入とし〔以下略〕」のうちの「皇室財産から生ずる収益はすべて国庫の収入とし」を削除する、つまり皇室が自由に使えるお金を与えたいという自由党の修正案について、七月二十九日時点でＧＨＱが「この修正は絶対に注意を要する」「一体、何故にこの修正を行うのか」と尋ね、強く否定的な見解を示した。八月五日以降もＧＨＱは強く要求を繰り返した。一方、小委員会でも議論が重ねられ、十六日には各党共同提案の案文を決定した（「すべて皇室財産は、国に属する」）。この案文では世襲財産も国の管理となるから政府原案より改悪されたとして、翌十七日に、樋貝議長らが吉田首相に修正を申し入れるという事件が発生した。[61]この間、委員の森戸は「Ｇ、Ｈ、Ｑ強硬」とメモに記しており、[62]委員にも強硬姿勢が伝わっていたことが分かる。

この申し入れ時の吉田首相の発言が引き金となり、樋貝議長の辞任が問題化した。入江俊郎法制局長官は、樋貝議長ら自由党幹部が、皇室財産に関して、原案より不利な修正案を決定することに「臣子の分としてかかる修正を行うことを忠誠心上忍びがたい、自由党としてはさような修正案をのむわけには行かないという考え方が根底となつておつた」とする。その結果、樋貝議長と大野伴《おおのばん》睦《ぼく》幹事長、葉梨新五郎《はなししんごろう》総務の三名が吉田首相に申し入れ、吉田首相が「考慮をしてみよう」という趣旨の発言をした[63]。この間、小委員会でGHQの意向を伝えられた自由党議員の廿日出《はつかで》厖《ひろし》は涙で声を詰まらせたという[64]。このように自由党の中に強く問題視する雰囲気が存在したのも事実である。

芦田小委員会の芦田委員長は、八月十六日から活性化した樋貝議長らの動きを「私に対する嫌がらせ」と認識していた。翌十七日、芦田は自由党の緊急総務会や幹部会に出席して、樋貝議長らの修正案に反論した。樋貝議長らの吉田首相への申し入れに対しては、芦田は社会党の鈴木らを含め、芦田小委員会の議員らで吉田首相を訪問した。吉田首相が小委員会の案で「直進して下さい」と発言したため、「吾等はあきれた」。鈴木が芦田を擁護し、芦田は「私のとつた措置を正しいとして支持されなければ私はやつて行けませぬ。それでなければ私は委員長をやめます」と最後通告したところ、「吉田氏はやや不明乍《なが》ら之を承諾」という結果になった[65]。結局、十八日朝に、自由党は小委員会の修正通りと党議決定した[66]。こうして、第八四条の再修正はなされずに決着した。

後に入江は「〔吉田〕首相が断固樋貝氏等の意見を否定してしまえばよかつた」のに、この発言がもととなり事態が紛糾、ついには樋貝議長の辞職にいたったと、まとめた[67]。

だが、それは当時の吉田首相には難しかった。樋貝議長らの申し入れ、芦田ら小委員会一同の吉田首相訪問はともに八月十七日午後である。翌八月十八日の党大会で、吉田はやっと自由党総裁に就任することが決定した。その前日というタイミングで、大野幹事長ら自由党幹部から申し入れがあったのだから、吉田総務会長（当時）としては、拒否することが難しかったと考えられる。一方、筋から言えば、小委員会の決定を尊重せよとする芦田らの言い分はもっともである。吉田は芦田らの申し入れを拒否することもできなかった。並行して、芦田は党内で役職公選論を唱えて、大野幹事長ら幹部派と対立していた[68]。要するに、吉田首相が自由党を統制できていないことが、結果的に、憲法審議過程での混乱を引き起こし、樋貝議長の辞職につながったのは間違いない。

この第八四条に関しては、昭和天皇も強い関心を示していた。

前述した七月三十日の吉田首相の奏上の折、昭和天皇は、首相の奏上前と後に、松平慶民《まつだいらよしたみ》宮内大臣に「憲法改正案、特に皇室財産規定等につき」話している[69]。おそらく松平宮相から、天皇の希望を吉田首相に伝えさせる意図があったのではないか。それから八月十二日に、昭和天皇は加藤《かとう》進《すすむ》宮内次官らから第八四条の修正問題について説明を受けている[70]。こうした昭和天皇の希望が、樋貝議長らに伝わっていた可能性は否定できないと思われる。だが、極東委員会の動向を踏まえて、マッカーサーは第八四条に関して「皇室財産の国家帰属を明確化」するよう要求していた[71]。いかに衆議院で抵抗しようにも、GHQの指示に逆らうことはできない。結局、昭和天皇の希望が通ることはなかった。このとき、貴族院議員だった松本学《まつもとがく》は、入江法制局長官と話し「八十四条のM〔＝マッカーサー〕の修正案を示された。改悪なり。結局藪蛇《やぶへび》となった」と記した。また、幣原国務相が「もうこれはディレクチーブ〔命令〕だと云」ったことも松本に伝わった[72]。GHQの強硬姿勢に、日本側が屈服したことが分かる。そして、八月二十一日、昭和天皇は、吉田首相から第八四条含め、憲法改正案に関する奏上を受けた[73]。

話を戻すと、このように政府が連立与党の統制力に欠ける状態であったからこそ、本章冒頭で触れたように、金森国務相は修正に否定的だったと考えられよう。そもそもGHQによる事前審査を通過しなければ、修正は不可能である。GHQと交渉した佐藤達夫は、「思うとおりになればいいんですが、なまじっかなことを持ち出したために、また逆効果になるというおそれが、非常に一方においては濃厚にあった」とする。[74]さらに帝国議会で何が起こるか、予想がつかない。社会党が、政府が希望しない修正を行う可能性も高い。そこで紛糾するとGHQが介入してくる。第八四条の場合、小委員会が修正案を決定したものの、GHQの介入を招いた。原案を維持し、解釈で補いたい政府としては、かなり厳しい状況に置かれていたことが理解できよう。この間「司令部の要求は、皆表面に出さず専ら日本側が自主的に修正するという形式にし」ていた。[75]

第八四条が紛糾する間、GHQと社会党議員が連携して対応したのかは判然としない。少なくとも芦田はGHQや政府と連絡しており、その意向を知る立場にあった。[76]一連の経緯を踏まえれば、樋貝議長らによる再度の修正が小委員会で認められても、GHQが了解したとは考えがたい。断固としてGHQは再度介入したであろう。その意味では、芦田や社会党議員らが樋貝議長らの修正要求を潰したことは、GHQの視点からすると、低コストで彼らの方針を実現したことを意味しよう。

余談であるが、皇室財産に関連して、GHQは皇族範囲の縮小を日本側に要求した。八月十五日には、GSのケーディスや佐藤達夫法制局次長らが会談した席で、「Imperial House ハ狭く考へてゐる、直宮《じきみや》程度で、東久邇宮と云ふが如きは之に含まず、一私人となるものと考へてゐる」と伝えられた。このGHQの方針を受けて、日本側は直宮を除いて、十一宮家の皇籍離脱を決定したのであった。[77]皇籍離脱後の旧皇族については、宗家格である、旧伏見宮家の伏見博明《ふしみひろあき》氏のオーラルヒストリーに詳しい。[78]

公職追放を全面擁護した鈴木

吉田内閣期から時計の針を進め、ＧＨＱと社会党、とりわけ鈴木との関係を叙述したい。

社会党結党の中心人物であった西尾末広は、初の社会党内閣である片山内閣（一九四七年五月〜四八年三月）の頃を、「事実上占領下におかれている日本においては社会主義政党であっても社会主義政策を行うことはできないし〔中略〕。結局はＧＨＱがなにを求めているかということをにらみ合わせてやるより手はないんじゃないかという、心に諦めを持っておりました」と振り返った[79]。占領という現実を前に諦観の心境にあったとする。これに対して、鈴木義男は、積極的にＧＨＱの指示を実施しようとした。鈴木は片山内閣に司法大臣として入閣した。官房長官兼国務相を務めた西尾によれば、片山首相が「これ〔＝鈴木〕を入れろ」と指示したという[80]。片山内閣の頃、ＧＳは保守派（吉田前首相や幣原元首相ら）に警戒的だったが、反面、鈴木を含む社会党の人々に「信頼感をもち、協力的であった」との指摘がある[81]。

鈴木はこうした期待にこたえようとした。御用政党たる社会党のなかでも、鈴木の傾倒ぶりは群を抜いていた。その端的な例が、ＧＨＱによる公職追放を全面擁護したことである。

片山内閣期に問題となったのは、平《ひら》野《の》力三《りきぞう》農林大臣（社会党）と林平馬国務相（民主党）の二人の過去だった。この二人は入閣時点で資格を問題視されていた[82]。最終的に入閣が認められたものの、ＧＨＱ内部のＧＳ（民政局）とＧ２（参謀第二部）との抗争と相俟って、公職追放の適用の可否という形で表面化したのである。とりわけ社会党の有力者だった平野農相の追放は政治問題化した。一方、鈴木法相が閣議で林国務相の追放問題を取り上げたことに林が激怒し、閣僚同士で言い争う泥仕合となった。[83] 同じく閣内にいた芦田外相は「アンナ事は閣議で言はない方がよい」と、鈴木法相の軽率さを批判した。[84] ともあれ、林国務相の批判に対して、鈴木法相が反論する事態に陥ったのであった。最終的に、林と平野の二人は公職追放された。

鈴木法相は『読売新聞』一九四七年十二月五日朝刊に寄稿した「追放は厳粛な民族的責務」という手記で、追放を正当化した。この手記は仁昌寺『平和憲法をつくった男 鈴木義男』でも引用されている。

わが国には追放問題を十分厳粛に考えないものがあるのは遺憾である。独逸《ドイツ》においては五十万人は投獄され、百五十万人は裁判を受けつつある。そして多くは公民権を剝奪され重労働を科せられておるのである。わが国においては国民を戦争に駆りたてた者はたゞ公職に就けないだけである。これ偏《ひとえ》にマッカーサー元帥の寛容なる占領政策の賜《たまもの》であることを銘記しなければならない〔以下略[85]〕

要するに、ドイツと比べて、日本の公職追放は大したことはない、寛大な占領政策をとるマッカーサーに感謝せよ、という趣旨である。

この時期の空気として、新聞記者だった田村祐造《たむらゆうぞう》は「一九四七年の一二月ごろの空気は、追放というものに対する日本人の反発が鬱積《うっせき》しており、一方、米国側でも〔中略〕ハリー・カーン〔Harry

Frederick Kern〕やコンプトン・パケナム〔Compton Pakenham〕などが『ニューズ・ウィーク』誌で占領政策、とくにパージに対する批判論文を盛んに書きはじめたころだった」という[86]。このように内外で批判が高まっている時に、内閣の方針とはいえ、堂々とGHQを擁護したのだから、鈴木がGHQに良い印象を与えたのは疑うべくもない。反面、鈴木の言説はもはや日本国民に支持されなかったと考えられる。それは平野の公職追放に関する裁判所等の判断からも推察可能である。

平野の公職追放について、当初、日本側の審査委員会や裁判所は該当しないと結論づけた。最初の審査委員会で平野を該当としたのは、社会党の委員と、片山首相の親友であり入閣も要請された海野普吉《うんのしんきち》（弁護士）の二人だけだった。しかしながら審査委員会は態度を一変し、裁判所もGHQの圧力に屈した[87]。占領下では、GHQは日本の裁判所などよりも上位の権力だったからである。こうして平野は公職追放された。

もはや社会党だけがGHQの意向を全面的に支持する状態であった。その状況下で、GHQによる公職追放を全面擁護する鈴木は日本社会で完全に浮いていたといえよう。異常と思えるほど、鈴木はGHQに言われるがまま動いた。あるいは毒を食らわば皿までの心境であったのだろうか。

なお、当時、社会党渉外部長（＝GHQ対応）を務めていた細川隆元《ほそかわたかちか》は、平野農相の追放問題で興味深い事実を記している。平野農相の言動により、当初承認を与えたGHQが態度を翻し、追放へと傾いた。それを踏まえ、十月二十九日に片山首相が平野農相に辞任を勧告し、同日夜、鈴木法相もGHQの「追放の意向は非常に強いからこの際自発的に辞任した方がよいではないか。そうすれば追放の方は回避の道があるだろう」と勧告したという[88]。このように、鈴木法相は公職追放の舞台裏を知る立場にあった。しかし、表向きは、そうした事情を知らぬかのように振る舞ったのである。

こうした鈴木の貢献にGHQもこたえた。片山内閣が総辞職した後、芦田が内閣を組織すると、鈴木の法務総裁留任が決定した（一九四八年二月から「法務総裁」）。当初、芦田は鈴木を留任させるつもりはなく、「船田《ふなだ》〔中《なか》〕君と一松《ひとつまつ》〔定吉《さだよし》〕君とが候補者」であった。GSの意見を踏まえ、かつ三党首会談で「法務長官は鈴木にしようと片山〔哲・前首相〕君が言明した」ことで、最終的に鈴木留任が決定した[89]。福永文夫によれば、その背景としてGSが鈴木を「公平かつ誠実な人物」として強く推薦したからだという[90]。GHQは閣僚人事にも介入していたのである。

このようにGHQの方針を全面擁護した鈴木であったが、片山・芦田と続いた中道連立政権は崩壊した。芦田政権末期、中道連立政権を支えたGSは最終段階でも諦めなかった。野党の吉田総裁に政権を渡すことを阻むべく、山崎《やまざき》〔猛《たけし》〕首班工作を仕掛けたが、失敗に終わった[91]。こうして、中道連立政権は終わりを告げ、吉田茂による長期政権が幕を開けた。

公開されなかった議事録

その後について、簡単に紹介しておこう。野党となった社会党が再び政権を担うには、一九九三（平成五）年の細川護熙《ほそかわもりひろ》首班まで待たねばならない。

本章で明らかにしたように、日本側が自発的に挿入したかに見える生存権にせよ、GHQの事前審査がなされ、了解を得ていた事実は、憲法がいかなる状況下で改正されたかを雄弁に物語る。国民主権への変更のように、衆議院における修正が認められず、提出後の再度の審査により、変更を余儀なくされた事例も存在する。ＧＨＱが決定する枠内で、一見すると自由に修正がなされたかのような一部分を取り上げて、「自由な意思の発露」とみなすのは、実態に反する議論であろう。

後年、入江俊郎は「国会においても若干の点は修正されたが、それも主要な変更は殆んど総司令部側の要求によつたものであつて、結局現行憲法は、その体裁原則等すべてマッカアサア憲法草案〔＝ＧＨＱ草案〕によつたものという外はない」と評価した[92]。貴族院議員として審議に参加した宮沢俊義も「何といっても、占領時代ですから、いろいろな問題が最後は司令部の鶴の一声できまったのです。衆議院でも貴族院でもいろいろな修正が行なわれましたが、これも司令部の承認を得た上で行な」ったと明確に述べている[93]。当事者はＧＨＱの承認なくして修正が行えなかった事実を語り残した。

そうした事実を踏まえ、西修《にしおさむ》は「日本国側の新たな提案が通ったものもある。〔中略〕これらの規定も、総司令部の同意なしには日の目をみることのないもの」と評価した[94]。

実際のところ、芦田小委員会の議事録は、秘密会という理由をもって、公開されることはなかった。一九五五年に再統一した社会党は議事録公開に反対した[95]。本当に「自由な審議」が行われていたのであれば、「押しつけ憲法論」を否定する有力な根拠になったであろうに、不思議なことである。こうしてＧＨＱへの迎合者たちが語る「自由な審議」の神話が広められた。結局、芦田小委員会の議事録が公開されたのは、日本社会党が消滅する直前（一九九六年に「社会民主党」と改名）、一九九五年のことであった。

第六章　元首を目指して——貴族院の闘い

　ここまで貴族院を中心とした非公式会合（第四章）と、衆議院における「自由な審議」の実態を議論した。衆議院ではＧＨＱの介入により政府の憲法改正案は修正され、国民主権が前文と第一条に明記された。また昭和天皇が重視していた第八四条（皇室財産）も修正はできなかった（第五章）。

　本章は皇室の藩屛とされた貴族院の対応を確認したい。憲法改正案は八月二十六日に貴族院本会議に上程された。ここからは、時間はやや前後するが、東京帝国大学教授をはじめとする勅選議員に注目しながら、貴族院での審議を確認したい。

ＧＨＱの圧力

第三章でも触れた、公職追放が貴族院に与えた影響について、再度簡単に紹介したい。

貴族院議員の場合、戦犯容疑者や公職追放などにより、四二〇名中一七八名が辞職した。大量の欠員の補充のために、勅選されたのが、南原繁や宮沢俊義、我妻栄、高柳賢三、高木八尺ら、帝大教授陣であった。[1] もちろん、これで公職追放が終わったわけではない。その後も恣意的な運用が続く。つまり、貴族院議員たちが直面していたのは、GHQに逆らった場合に、なにがしかの理由と強引に結び付けて、公職追放該当者とされる恐怖だった。

貴族院議員だった久松定武《ひさまつさだたけ》によれば、憲法の議論の際「連合軍で国会を担当している者が、この重要法案を通さなかったら、無責任に扱ったらば、お前たちは反逆罪として逮捕するとまで言った」という。第五章に登場した、ウィリアムズのことである。あわせて、法律改正はすべて「アメリカ、連合軍の指令ではあるのに、表面は日本が凡てを改正するんだという形式をとらされていました。そして表面には連合軍の名前が出ないようにしていました」とする。[2] 貴族院も衆議院同様、「自由な審議」を行ったという体裁をとらされた、という証言である。

貴族院における審議について、最大会派の研究会の水野勝邦《みずのかつくに》は、GHQが審議内容を把握しており「我々の審議は非公式に注意を受けていた」と証言する。そのうえで「修正とは総司令部を非難することになりかねない。修正は占領政策ひいてはポツダム宣言への反逆ととられる恐れがあったから」とし、「敗戦の惨めさと諦めがいつも脳裏を往復していた」とまとめた。[3]

他方、貴族院関係者には、憲法草案が作成される過程について、その実態が伝わっていた。松本烝治国務相の秘書官を務めた、女婿の三邉謙（貴族院議員）の日記には、三月二十二日「2.00p.m. 火曜会、議長官舎」とある。手帳の後ろに、貴族院の火曜会で説明したであろう憲法草案作成の過程の記述が存在する。そこには「二月上旬の末に一段落せり。然るに一部改正では済まなくなれり。全般に亘り根本的に改正せざるを得なくなつた」とし、「内外の情勢上、全部改案せり。努力はした――その効果は多少あつたとは思ふが、あの不完全なものとなつた。不完全といふたといふ事も内密に願ひ度《た》い」と説明したようである。[4] 松本国務相側としては、GHQ側から強制され、全面的に改正案を作成せざるをえなかったこと、それは「不完全」な案となったことを認識しているがそれを「内密」にしてほしいことが、三月下旬の時点で赤裸々に語られていた。三邉の記述は、五月の貴族院有志研究会での松本国務相による説明と符合している（第四章）。

河井弥八の暗躍

貴族院に、活躍する高木八尺東京帝大教授に目を付けた人物がいた。河井弥八である。

河井は戦前に侍従次長を務め、戦後まで貴族院議員を務めていた。河井が憲法改正で果たした役割は大きいと、政府から評価されている。奈良岡聡智《ならおかそうち》によれば、日本国憲法が公布された一九四六年十一月三日、吉田茂首相と両院議長主催で公布記念式典が開催された。その後、首相官邸で祝賀晩餐会が開催された。「この会は、吉田首相が憲法制定にあたって特に貢献度が高いと評価した者のために開催したもの」で、貴族院から二十数名程度が招かれた。その中に、河井も含まれていた。[5] 貢献とは具体的には、安倍能成《あべよししげ》を帝国憲法改正案特別委員会（通称：安倍委員会）の委員長に据えたことであろう。研究会が委員長を出すのを躊躇っていたところ、同成会の河井の推薦で安倍に決定したという。[6]

その一方で、昔の職場である宮内省と呼応して、宮中の出先としても活動していた。貴族院の非公式会合の準備を行ったのが河井だった。五月十六日の『河井日記』に曰く、「会名を無名会とし

第一回を二十二日十時半〔以下略〕、又金森氏を煩すため依頼状を発したり」[7]（実際は、第一回は五月二十一日開催。第四章を参照）。以降の会合に出席した形跡はないが、河井は憲法審議に向け、情報収集を怠らなかった。

　五月二十日には、関屋貞三郎枢密顧問官（元宮内次官）を訪問し、枢密院審査の状況を確認した。六月十一日には、松平康昌《まつだいらやすまさ》宗秩寮総裁を訪問、憲法改正や皇室典範関係の質問をした。衆議院で憲法改正案が議論されるなか、六月二十六、二十七日と連日、宮内省関係者や貴族院議員らと「非公式会談」の準備をし、意見交換をしている。七月一日に、吉田首相や金森徳次郎国務相が同席するなか、幣原喜重郎国務相から憲法草案提出に関する説明を聞き、翌二日にはその内容を貴族院議員の大谷正男《おおやまさお》（元宮内官僚）に伝えた。七月十五日には、安倍と「憲法改正案の修正取扱に関し」内話して、「配慮を求」めた。さらに十三時には幣原国務相と意見交換し、その結果を安倍に伝えた。八月二日も、幣原国務相を訪問し、皇室財産に関する「第八十四条修正に付質問」、三日にも衆議院の様子を聞きに幣原国務相を訪問した。九日には、河井の所属する同成会の総会で意見交換をし、その後に幣原国務相に「元首問題、皇室財産問題に関し政府のＧＨＱと交渉の経過」を聞いている。十三日には、幣原国務相に第八四条について「其後の経過」を質問し、結果を加藤進宮内次官に電話で伝えた。[8]

　一方、八月二十九日には、幣原国務相から小坂順造《こさかじゅんぞう》経由で「憲法改正案委員を招待して緊要なる説明を為したき旨申入」を受け、三十一日に「懇談会」を実施した。[9]この間、三十日には関屋枢密顧問官と会い、「天皇御譲位規定の要否、天皇御財産取扱規定、皇族の範囲、臣籍御降下皇族取扱等」を話している。[10]

このように、河井の日記を読むと、河井が宮中や貴族院、政府との接点にいたことが分かる。河井は、宮中関係者の意向を知り、かつ政府の意向をも知る立場であった。

その河井が力を入れたことの一つに、高木の憲法改正案特別委員会委員への起用が挙げられる。河井によれば、高木を勅選議員に推薦し、かつ高木が同成会入りした場合、既にいる委員と差し替えて、高木を委員とすることを約束する旨、山田三良経由で打診した。さらに、幣原国務相に面会、高木を委員に差し替えるために、「勅選発令を急速にせられんことを請」うた。[11]

高木の勅選への推薦をめぐり、河井はかなり積極的に動いていたことが分かる。その背景にあったのは、宮中関係者（元を含む）と話した元首問題や皇室財産などの修正への関心であろう。昭和天皇の意を踏まえた宮中関係者を通じて、河井はこれらを重要な問題と認識していた。貴族院で議論させるために、わざわざ委員を差し替えてまで、高木を起用したという経緯が浮かび上がる。

高木は勅選議員になると、約束通り、既存の委員と差し替えられて、憲法改正案特別委員会の委員に就任した。その時期は「九月の二十日くらい」「ほとんど貴族院での憲法の審議は終りのころ」であった。もはや言うべきこともなくなっていたが、「同成会の世話役〔おそらく河井〕」が、「やっぱり何か述べた方がいいのじゃないかと言うので」、最高法規の章が不要という議論を行った。さらに、主権に関しても、衆議院での修正により、金森国務相ら政府の「解釈論というのが不可能になってしまうのじゃないか、私はむしろ逆な方に修正をしたいと思っているのに」という趣旨を、質問の形で述べようとしたとする。[12]

他にも、貴族院では「象徴」を「元首」に改めることを希望する発言もあったが[13]、修正はもはや不可能だった。
こうして河井の試みは挫折した。

国民主権と国体変革

衆議院で前文と第一条に国民主権が明示されたことを踏まえ、八月二十九日に佐々木惣一が主権の議論を行った[14]。佐々木は主権と「キング・イン・パーリアメント」の関係に言及している。

「イギリス」は王、「キング」でありまして、それが君主々々と云ふけれども、元来所謂歴史的にも、又今日の法制的に申しましても、「キング・イン・パーリアメント」、歴史的に言へば実は遡りまして、君主と云ふ地位には国民が就けると云ふ歴史的な事実があるのであります、さう云ふ意味に於きまして「イギリス」の「キング」は主権的君主ではないと云ふことに学説上考へられて居るのであります、今回天皇と云ふ名は保存するけれども、さう云ふ性質を与へられむとするのでありますとすれば、其の主権と云ふ文字を使はれて居ることと、其の根本思想とは矛盾だと云ふことを決して言ふのぢやありませぬけれども、唯其の主権と云ふ文字自体が非常に不明確な文字であるに拘らず、何故特に第一条及び前文に殊更主権と云ふ文字を御使ひになつたのかと云ふことをちよつと御尋ねする

このように主権を明示する必要性があるかを議論した。本書の文脈からすれば、国民主権の明示を避けたい、昭和天皇の意向を汲んだ質問と位置づけられよう。しかしながら、GHQの強い意向により国民主権が明示された今（第五章）、佐々木がいかに学問的に議論しようとも、もはや変更の余地はなかった。

その後、九月五日の席上、議事録から削除される、ある事件が発生した[15]。佐々木が内大臣府の憲法改正作業について宮沢から批判されたことに言及し、激昂したのである。宮沢によれば、佐々木の発言は次のようなものであった[16]。

天皇陛下、上御一人がおつしやつたことをいかぬと言うので、これは実に不当であるということを、〔佐々木が〕少し興奮されたものですから言われた

内大臣府案が昭和天皇の信任を得ているにもかかわらず、政府側がそれを無視したこと、内大臣府案の公表を妨げられたこと、なにより国民主権が明示されたことに、佐々木は怒りがおさまらなかったのではないか。

主権の所在と関連し、国体変革について、金森国務相はこう振り返った。

天皇は主権者ではなくなった。つまり国体は変ったといえる。しかし天皇と国民との間に微妙な深い心理的連関がある。この事実は変らない。つまり国体は変らないとの説明も成立ち得

る。この説明はイバラの道であったが、苦心の道であり、またどうやら一応成立した道であったと思う。

金森国務相が国体は変わっていないと強弁したものの、貴族院の委員会では「金森は二刀流なり国体を変えて置きながら変らぬという」と書かれた紙片が回っていたという。委員は金森国務相の答弁に疑問を持っていたことが分かる。[17]

元首化の試み

注目すべきは、山田三良と高柳賢三による、元首化と見られかねない権限強化の修正が試みられたことである。具体的には、天皇が大公使を「任命」すること、条約を批准することなどであった。日本国憲法第七条は国事行為を定めており、「五 〔前略〕大使及び公使の信任状を認証すること」「八 批准書及び法律の定めるその他の外交文書を認証すること」となっている。「認証」はGHQ側が主張して加えた文言であった。[18] 要は、天皇が実質的な権限を持っていないことを表現していた。これが他の修正と違うのは、GHQの事前了解が得られていたとされることである。「第九十回帝国議会　貴族院　帝国憲法改正案特別委員小委員会筆記要旨　第四号　昭和二十一年十月二日」から抜粋して引用したい。引用中に出てくるFECとは極東委員会（Far Eastern Commission）を指す。

山田三良君　高柳君と共同提案し第七条修正案を説明したい。

本案は前に高柳君がＧＨＱと何度も折衝して英文と日本文との双方に付協定が出来、「ホイットニー」から吉田総理に対し「修正しても宜い」と通知してあるものである。八号が最も主眼とする所であり、第一回の交渉では斯《かか》ることは天皇の権力に関係のないことであり又総理が批准すること及び天皇が居りながら天皇が批准しないことの二点は共に世界に例のないことだから、強ひて固執する要のないことを先方も諒解し、其の後高柳君の交渉で、本案の如くなった。

霜山精一君　此の修正の為に外国から疑惑を招き、又ＦＥＣから指令が来ると云ふことになれば修正が政治的紛糾の種になるのではないか。

山田三良君　ＧＨＱでも其の点を非常に心配して一月もかかって、米本国、「ソ」、英、華〔＝中華民国〕の諒解を得た上で、「修正しても宜い」と云ふことになったのである。

以上のように、ＧＨＱの了解が得られたことが明記されている。山田は前日の十月一日に、

外国に対して其の国家を代表する者でなければ条約を批准は出来ない。

と指摘しており[19]、天皇について対外的に国家を代表する元首としての扱いを求めたとまとめられよう。貴族院も会議録の英訳をＧＨＱに毎日提出せねばならなかった。貴族院事務局の近藤英明《こんどうひであき》によれば、「小委員会だけは内緒にしてコッソリ審議する為に修正案なんか論議するから速記はつけ

なかった」という。近藤曰く、帝国憲法改正案特別委員の橋本實斐《はしもとさねあや》小委員長に「速記をとってはいけないと。しかし委員課長の責任においてお前がメモをとるのはよろしいと。〔中略〕いろんなことを言うから占領軍にみられた時はタタキ出されてしまうから」と命じられたそうである。[20] そのため貴族院の小委員会の記録は「筆記要旨」となっている。

ここで壁となったのは、なんと日本側の金森国務相であった。山田曰く、金森国務相は「原案修正には総て反対」だった（筆記要旨）。後年、「金森国務大臣は辞職する旨を明かにし、幣原国務大臣もこれに同調する意向を示したので、吉田総理も如何ともすることが出来なかつたやうであつた」と振り返った。[21] こうした山田らの活動について、金森国務相は天皇を元首化するものとして批判的だったことは既に述べた（第四章）。ちなみに、筆記要旨では、山田はGHQと折衝した者として高柳の名前だけを挙げているが、山田の『回顧録』では、ホイットニーらと交渉した際には、山田と高柳と高木が同席した旨、記されている。[22]

この修正案は特別委員会で否決されたが、貴族院議員の一定の支持があったため、本会議にも提出された。しかし、最終的に否決された。[23] この修正案を山田と共同提案した高柳は「当時の貴族院議員の中には、政府が修正案に反対である以上、それは司令部のつよい意向でもあろうと考えた人が相当あったことが、この修正案否決の一つの原因」と記した。[24] 興味深いこととして、高柳によれば、吉田首相は大公使に関する問題の時は棄権したという。高柳は、吉田について「外務大臣の資格とそれから内閣をまとめているまとめ役の資格とは矛盾する」と指摘した。[25] 外相の立場では外交形式を整えるためにすぎないのだから賛成すべきところ、首相という立場にあるため、修正を行わず、解釈で補うという政府の基本方針を逸脱できなかったのだろう。

以上、第七条に関係する修正について、赤坂幸一は次のようにまとめた。山田らの修正は「外交形式を整えるための修正」にすぎなかったが、「天皇の権力を増加させるかのような誤解を与える修正」に貴族院の小委員会内部に異論があり、かつ金森国務相も反対、衆議院を通る見込みもなかった[26]。

山田らの修正案に対して、真っ向から反対する議論もなされた。十月三日に、大河内輝耕が「大公使の任命、或は批准の問題に付きまして意見を申述べたい」と話し始めた。重要な箇所を引用する（「第九十回帝国議会　貴族院　帝国憲法改正案特別委員会　第二十四号　昭和二十一年十月三日」）。


「イギリス」の統治権の総攬者は「キング・イン・パーラメント」、即ち「キング」が国会と共に統治権を総攬するのであつて、日本は天皇が統治権の総攬者ではなく、議会と国民とが統治権を総攬する、それでありまするから、国際儀礼に何も違つては居ませぬ、日本には日本の風がある、日本は議会国とでも申しますか、あちらは君民同治国でありまして、こちらは君民同治国ではございませぬ、議会国でございます、それは民主国と名づけて宜いかどうかそれは知りませぬ、兎に角統治権の所在は違つて居ります、統治権の総攬者の地位、詰《つま》り主権者の地位が違つて居ります

要するに、イギリス流の「キング・イン・パーラメント」は日本には適用できない、と断言した

のであった。大河内は十月六日の貴族院本会議でも同様の議論を展開した[27]。ちなみに、大河内は、貴族院の非公式会合のうち、五月十六日の準備会合の出席者であった。前述した通り、天皇の権能について「国政に関する権能を有しない」と縮小すべきだと主張していた（第四章）。

こうして貴族院では天皇の権限強化は成功しなかった。

GHQの「サゼスチョン」と「八百長」

これまで、宮沢や高木や高柳ら、東京帝大の教授に注目してきた。彼らは公職追放により政界に登場した人々が多く、貴族院の中心ではありえなかった。そうしたことを踏まえ、貴族院全体の空気を紹介したい。

内藤一成《ないとうかずなり》が著書『貴族院』で引用した、憲法改正当時の貴族院議員の肉声を紹介する。岩倉具栄は「発言は自由にできなかった。云いたくても云えず、云うことは制限を受けて、形は自分で云っているけれども力におされて動いただけ」とまとめた[28]。全体を支配した空気としては、天皇制を護持するために、議論など不要と考えていたという。久松定武は「もし、これ〔憲法改正案〕を否決するようなことをしたら、連合軍がどう出るか分からない、まずやむを得ないのではないかという考えを通しました」と語っている。他にも、三宅直胖《みやけなおひろ》は「あの当時はアメリカが決めてきたことは従わないと駄目だという時代でしたから」と述べた。内藤は有力議員の多くが追放され、水準が低下したことを指摘する[29]。

以上の証言では、直接的にGHQとの接点は出て来ない。ここからは、高木の証言を踏まえ、一体ＧＨＱの指示がどのようなものであったのか、触れておきたい。

いわゆる文民条項、「シビリアン」という文言を挿入した事例が典型的であろう。

九月二十四日、ＧＳのホイットニー局長とケーディス次長が吉田首相に修正するよう、申し入れを行った。具体的には内閣の組織等を定める第六六条の欄外に「THE PRIME MINISTER AND ALL MINISTERS OF STATE SHALL BE CIVILIANS.」と修正点が記されていた。これは極東委員会からの強い要請であり、しかもＧＨＱとしては取り次ぐだけで対応できないと伝えてきた。[30]ＧＨＱは占領の最高政策決定機関である極東委員会の指示を無視や修正することはできず、そのまま、日本政府に取り次いだのであった。最終的に、この修正点は、日本国憲法の第六六条二項「内閣総理大臣その他の国務大臣は、文民でなければならない」に結実する。

当然ながら、日本政府が拒否するという選択肢をとることはできない。そこで政府としては貴族院で自主的な修正をすべく対応を検討したが、追放で様変わりした貴族院の有力会派と連絡が取れず苦慮した。白洲次郎が紹介を受け、研究会幹部の織田信恒《おだのぶつね》と会い、最終的に小委員会を設置して、修正することになった。[31]貴族院議員の松本学は、日記に「金森、植原両相から連絡員に懇請あり。貴院としては迷惑なことながら又已《や》むなき仕儀なり。結局八百長として修正意見を出すの外なしと云ふことになった」と記した。[32]「自由な審議」どころか「八百長」と評される始末であった。ともあれ、その小委員会の委員となったのが高木であった。

九月末日に、高木はＧＳのホイットニー局長と交渉した。高木はホイットニーを知っており、「何か話があつたら遠慮せずに来てくれ、上べではあると思いますがそういうことを言つている間柄で」したとする。シヴィリアンを撤回すべきだと高木が伝えたところ、激怒したホイットニーと以下のやり取りが繰り広げられた。[33]

〔ホイットニーは〕おれがやっていることは決してディレクティブ〔命令〕を出しているわけでなく、ただ一つのサゼスチョン〔示唆〕だ、あと受けると受けないとは日本政府の自由だと言うのです。それに対して、こちらは、それはあなたがどんな名前をつけても、あなたが乗り込んで行つて首相に承諾させているということは、名前はサゼスチョンでも、ディレクテイブと違わない、あなたの方からそれを撤回してくれることが一番賢明な道だ。〔中略〕〔ホイットニーは〕あれはサゼスチョンだけだの一点張りなんです。

結局、「文民」という新しい日本語を造り、条文に反映させた。[34]

「サゼスチョン」は「示唆」であり、指示ではないと受け止める向きもあるかもしれないが、実態は全く違う。GSの元局員が証言している通り、占領軍のサゼスチョンに反対するのはきわめて困難だった。当時の文脈を十分に斟酌《しんしゃく》する必要がある。[35] 高木がホイットニーに反論したように実質的にはディレクティブなのだから、サゼスチョンを字義どおりに受け止め、示唆にすぎないから拒否可能、ゆえに貴族院が自主的な修正を行った、というのは、実態に反する暴論でしかない。

文民条項が取り上げられた小委員会における、高木や宮沢を含めた議員たちのやり取りを抜粋して、引用する（「第九十回帝国議会　貴族院　帝国憲法改正案特別委員小委員会筆記要旨　第三号　昭和二十一年十月一日」)。

高木八尺君　此の問題を扱ふに付ては、最後の段階に至って突如として斯る修正が憲法に何故入ったかは、一般の公然の秘密として問題にならなければならないものと思ふ。すると貴族院が外部の要求に依って修正したことになると、之が自由に審議された憲法であると云ふ事実を傷つけることになる。そこで斯る不必要な規定挿入の要求を貴族院としては拒んで宜いではないか。

田所美治君　吾々の本意は此の憲法を初めから全部お断りしたい所であるが、それはとても出来ることではない。

宮沢俊義君　高木君の意見は一応御尤だが、憲法全体が自発的に出来て居るものでない、指令されて居る事実はやがて一般に知れることと思ふ。重大なことを失った後で此処で頑張った所でさう得る所はなく、多少とも自主性を以てやったと云ふ自己偽瞞《ぎまん》にすぎない〔後略〕。

高木八尺君　それならば議会で審議せぬ方が寧ろ宜かった。審議をする以上は自由な立場に於て審議する建前をとりたい。

貴族院議員たちは「憲法全体が自発的に出来て居るものでない」ことを痛いほど理解していた。
また、安倍委員会の副委員長だった橋本によれば、「修正するには一々アメリカ側にお伺いを立てねばならない。それでいよいよ最後に文民のことが決まる頃であったかね、審議中にいろいろ皆んながね、アメリカ側にたいして、もっと強く押すべきだという議論が幾つか出た。そこで、貴族院ではこれだけのことを直したいのだと、マッカーサー司令部へ相談のために会見を申し入れた。それは僕一人ではなく、大勢で行きました。当時は占領下でしょう。なんでも夜の十時に来いというんで、言ったら三十分も待たされ、ようやくはいって見ると、おかしいですよ。三尺（＝約九〇センチメートル）位の台ができていて、その上にソファを並べて、司令部のホイットニーとか、ケージスとかのお歴々三、四人が得意になって、ふんぞり返えっていてね、我々は下にいてね、交渉をやったわけで、あれはおかしい芝居見《ママ》たいでね。そんなにまでして、丁度戦勝者が戦敗者を見下すような態度をとりたかったのだね」、その時の交渉は「駄目なことは駄目だといい、大体駄目なことが多かった。かまわないということもあった」という[36]。貴族院書記官長だった小林次郎も「表向きの話はこういうよう（＝日本文の修正等はもちろん当然の儀と考う）にしておいて、実際はこっちの言うことなんか何にも聞かなかった」と振り返った[37]。

　日本側から訪問しただけではなく、ＧＨＱ側から呼び出されることもあった。勅選議員となった我妻によれば、南原が貴族院で政府を追及していたころ、ホイットニーが貴族院の教授グループを招いて懇談した。我妻曰く、「南原さんの質問に政府が困り抜いていることを耳にはしていたが、当夜の催しで事のすこぶる深刻なことに驚いた」。この我妻の回想は、既に触れた水野の指摘と一致する。そうしたＧＨＱの監視のもとにあり、追放の脅威に直面しながらも（第三章）、南原は断固として持説を披露した。それがＧＨＱの呼び出しにつながったという事実は、憲法がいかなる状況のもとで改正されたかを物語る。なお、我妻によれば「当の南原さんは出席しなかった」という[38]。

ちなみに、南原が展開したのは、第一に憲法改正過程における日本側の自発性の欠如、第二に主権と国体の問題、第三に第九条への疑問であった[39]。とりわけ、第一の指摘は、GHQにとって許しがたいものであったろう。

以上をまとめると、公職追放などにより恫喝され、自発的に決定したという体裁を取らされて、最終的に可決したというのが、貴族院全体の空気であった。採決は、起立採決で行われた。そのため、反対した議員が誰なのか、正式に確定されてはいない。佐藤達夫は、佐々木惣一、沢田牛麿《さわだうしまろ》含め「三、四人ぐらいではなかったか」と述べた[40]。本稿で取り上げた高木も「いろいろの点で憲法の改正案には賛成する立場にいないように自分では思うから、賛成の投票はしないからと安倍〔能成・帝国憲法改正案特別委員会委員長〕さんにも予め話をした」と語り、反対したとする[41]。ちなみに、宮沢の貴族院での議論について橋本は、「あの人は光った存在ではなかったね。〔中略〕あれは利口で、そう云っては悪いが、当時の彼の議論と今日云っていることは多少違っているように僕は思う。韜晦《とうかい》していましてね。あの頃は」と評した[42]。

対日理事会の英国代表マクマホン・ボールは、貴族院での審議が終わった後、十月十日に徳川家正議長と夕食をとった。ボールの観察では、徳川は「貴族院での修正も、憲法全体の性格も、しょせんは「国際情勢」の影響を受けたものだと考えているかの印象」だった[43]。

こうして、憲法改正における貴族院の闘いは終わったのであった。

以上の貴族院での審議を踏まえて、注目すべき論点がある。高木の認識である。

宮沢や我妻ら、東京帝大教授陣が貴族院議員に勅選されるなか、高木はなかなか任命されなかった。それについて高木は、前述の憲法改正私案を公表したことに触れ、「一己の憶測かと思いますが、そのためか、私の貴族院勅選議員任命は同僚諸氏の一団よりもはるかに遅れ」たと語った[44]。政府案と違う意見を持っていたために、政府が憲法改正の審議に間に合わないように高木の勅選を遅らせたのではないか、という疑惑を、控えめに話したのである。前述の通り、河井の強い推挙がなければ、高木は勅選されなかったかもしれず、この「憶測」は当たっているように思われる。別の機会には、内大臣府の憲法改正作業に関わっていたため、政府の憲法問題調査委員会（以下、松本委員会）に招かれなかった、と話した[45]。これは高木が、内大臣府案に関わったことで政府から疎んじられたという認識を示すものであろう。

それを踏まえると、なぜ金森国務相が、山田らの第七条の修正を受け入れなかったかも、推測可能である[46]。

大前提として、政府側の方針があげられる。すなわちGHQとやり取りした経験を踏まえるならば、一か所でも修正すると、追加の修正を余儀なくされる可能性がある。文民条項が要求された際に佐藤達夫の通訳を務めた藤崎萬里《ふじさきまさと》は、GHQとの折衝について、「最初、了解していたものが、部内で協議した結果、了解が取り消されたとか、逆に強硬な態度が豹変《ひょうへん》して、こちらの言い分が通ることもあ」ったとする[47]。つまり、GHQの対応の予想可能性は低かった。何が起こるか分からない状況で、GHQに修正を持ちかけるのは、きわめて危険な行為であったと評価できよう。それゆえ、第五章冒頭で確認したように、修正を行わず、解釈で補うことが政府の基本方針であった。

そのうえで、第一に、政府の責任問題が発生する可能性がある。

もし修正可能であったとしたら、金森国務相ら政府は何をやっていたのか、真面目に交渉したのか、という責任問題になってしまう。突き詰めれば、松本委員会がGHQとの交渉を無視して突っ走った結果が、GHQ草案を突きつけられるというハードランディングを招いた。それは幣原首相以下、当時の政府首脳の判断ミスを意味する。松本国務相も修正の機会はあり、昭和天皇からすら危惧を示されていたのに、何ら対応を取らなかった。金森国務相としては、以上のような、政府の活動に疑義が呈される事態を避けるためには、「政府案こそベスト」と主張し、修正を認めないという対応をせざるをえなかったのではないか。山田が「筆記要旨」では金森国務相のみの反対と語っていたのが、『回顧録』では金森国務相と幣原国務相が反対していた、と、幣原の反対が加えられたことも、こうした文脈から理解可能であろう。山田曰く、幣原は「憲法改正はすべて金森君に任せた」と言っており、「その金森が反対なら僕は金森に賛成する。若し金森が辞めるなら俺も辞めると言ったので、吉田総理はすっかり参ってしまった」[48]。他に、吉田首相は、貴族院が試みた第七条の修正に否定的でなかったことも重要である。明らかに金森国務相や幣原国務相とは立場を異にしたものの、吉田首相は修正賛成の立場で政府をまとめることはできなかった。これも吉田首相が閣内を十分に統制できていなかったことの表れであろう。いずれにせよ、金森国務相らが貴族院での修正に反対した事実は、政府の基本方針を変更するのが難しかったことが最大の理由であり、責任回避、セクショナリズムによるもの、と換言できるかもしれない。

第二に、金森国務相が衆議院での再審議を忌避したと考えられる。貴族院で修正が可決された場合、再度衆議院での議決が必要となる。佐藤達夫は金森国務相の反対について、「新憲法上の天皇の地位性格について衆議院でずつと説明して来たところと矛盾するというような理由」だったとする。[49]第五章で見た通り、社会党や芦田らGHQに呼応する勢力が活動する衆議院を、政府は十分に統御できていなかった。

第三に、金森国務相の立場の弱さである。金森は三月十一日に大臣を打診され、二十六日に内閣嘱託となった。つまり、三月六日までのGHQとの交渉には携わっていない。詳細な経緯を知らないため、政府の基本方針に異を唱えることは難しかったのではないか。

金森より前から、憲法担当大臣として対GHQ交渉に携わっていた松本国務相は、三月四日のケーディスとのやり取りで怒りに任せて退出し、一番大事な局面であるにもかかわらず「病気と疲労」を口実に佐藤達夫らの呼び出しに応じなかった。[50]そのため、佐藤らが松本に代わる担当大臣を欲した経緯がある。ところが、その松本は憲法担当大臣を継続するつもりであった。松本自身は「俄《にわか》に骸骨《がいこつ》を乞ふ〔=辞職を願い出る〕は誤解を惹起する虞あることを思ひ、草案の成文化、附属法令の起案等に努力する為め暫く奉公を続くることに決意せり（四月初旬稿了）」と記していた。[51]まだまだやる気があった。あるいは公職追放を避けるための一手であったかもしれない。一方、入江俊郎法制局次長によれば、幣原内閣の閣僚らは、松本が憲法を担当することに不安感を抱いていた。それが爆発したのが三月十五日の閣議の席上であった。すなわち、安倍能成文相が「内閣としてすべてを松本国務大臣一人にまかせ切つたという点は非常な不満を感ずる」と名指しで批判した。その中で、松本国務相は「憲法改正については自分の任務は一応終つたのであるか」と質問し、幣原首相が「一応終つたと思う」としつつも、民商法の分野を担当して貰いたい旨、発言した。これに対して松本国務相は、議会に提出されるまでの仕事はやらなくてもよいのか、と反論したが、幣原首相は各大臣に任せると述べるも、松本国務相は「私が言いつけられた仕事は任務終了したのであるか」と重ねて問うた。入江曰く「しつこい問答が続」いた。結局、楢橋渡内閣書記官長が今後相談するとして打ち切った。入江は、憲法改正草案要綱の決定時の松本国務相の振舞いを「極めて受身、消極的で、これでは将来この抜本的改正案を推進して行く上にいささか心配があるとの心持が、幣原総理はじめ各閣僚にあつたことはいなめなかつた」と、幣原首相らの信頼を失っていたことがその原因と考えていた。最終的に、幣原内閣が退陣したことで、松本国務相の所管の問題は解決したとする。[52]

こうした経緯を経て、金森は国務相となった。それまで形成されてきた政府の基本方針を、金森が個人で変更するのは、きわめて困難であったと考えられよう。さらに言うと、第一でも指摘した通り、吉田首相も十分な指導力を発揮できなかった。

ちなみに、山田らの第七条修正案について、一九五七年十二月十六日に、金森は「今、向こうの立場になってみるとね、大したことないじゃないか」と理解を示すような発言を残した。[53] 国務相という立場から離れたことで、自由な発言が可能になったのだろう。また、一九五四年十月八日に前任者の松本が亡くなっていたことも影響したかもしれない。

まとめると、金森は政府を代表する立場であることから、様々な制約に縛られており、そのために身動きの取れない状態だったのではないか。

なお、貴族院議員だった久松は、金森自身の発言として、憲法草案を作成した事実を公には言わなかったものの、個人の意見として「『これは将来変えられる時期が来ると、私（金森氏）は今は国賊といわれてもやむを得ない、しかし国民の心ある者の手で憲法が改正される時機が来るだろう、』ということを断言しています」と振り返った[54]。貴族院の内々の場で、政府としてはGHQ案を堅持する以外はないと話したことがあったのかもしれない。

＊

第六章では貴族院での審議を検討した。衆議院同様、貴族院でもGHQの意向が示され、それが修正に反映した。文民条項の挿入の際、形式上は「サゼスチョン」（示唆）だが、実質は「ディレクティブ」（命令）であり、強制であったことも論じた。審議過程を確認すると、やはり「憲法自律性の原則」は、基本的に逸脱していたと評価できよう。

ここまで第九十回帝国議会での審議を確認した（第五章・第六章）。内々に伝えられた昭和天皇の希望は実現できなかったと結論づけられよう。この間、政府は国体は変わっていないと主張し続けた。

その後、枢密院での審議を経て、一九四六年十一月三日に日本国憲法が公布され、翌四七年五月三日に施行された。

第七章　解釈による元首化――模索する昭和天皇

法律なり制度なりが出来上がったとしても、運用次第で扱いが変わる。金森徳次郎国務相ら政府が、解釈で補う形で対応するという基本方針をとっていたのだから、どのように運用されたかを検討する必要があろう。そこで、本章では、日本国憲法のもとで、天皇がどのような地位を与えられたのか、それに対して天皇はどのように対応したのかを講和独立前後を中心に論じたい。

マッカーサーの天皇に関する考え

ＧＨＱは天皇に関してsymbol（象徴）という草案を提示した。もとのマッカーサー・ノートには元首と明記されていた。それが象徴へと変わっていく。ＧＨＱ公式記録『Reorientation』は「天皇の役割は、社交的な君主《ソウシャル・モナアク》のそれでありそれ以上ではない」と解説している。[1]第七条の修正を事前了解するなど（第六章）、ＧＨＱの見解としては、象徴があらゆる権限を剝奪された存在とは考えていなかったとまとめられよう。その意味で、日本国憲法施行後に、マッカーサーがどのように天皇を処遇したかを論じなければなるまい。
マッカーサーの考えを明確に記したものは、一九四六年二月に書かれたマッカーサー・ノートであろう。その第一項目には「at the head of the state」とあり、通常「元首」と訳されている。[2]
結論を先取りすると、マッカーサーは昭和天皇にあらゆる政治的権能を剝奪された象徴となることを期待してはいなかった、とまとめられる。それゆえ、マッカーサーの昭和天皇に対する態度は、外から見ると不徹底なもののとなった。
分かりやすい例として、マッカーサーが昭和天皇との会談を行った行為があげられる。会見は日本国憲法の施行直後の一九四七年五月六日に行われた。象徴であるはずの天皇と会見する、これは政治的行為に他ならない。そうした文脈を踏まえて、山極晃《やまぎわあきら》は「憲法との関係でいえば、まだ三回まではやってもいい。しかし、四回目はひどすぎる（笑）。憲法が施行された三日目にやってい るわけでしょう。そこで日本をどうやって守るかなんてやっているんだから（笑）」と指摘した。[3]
「三回まで」は大日本帝国憲法下であり、天皇はいまだ象徴ではなかったことを指す。要するに、象徴になった天皇を、政治的主体としてマッカーサーが扱っていた事実が存在する。しかも会見の場で話されたのは、第九条や国連など、日本の安全保障に関する内容だった。さらに、AP通信が、マッカーサーが「米国は日本の防衛を引き受けるであろうことを保証した」と報じ、それをマッカーサーが否定するなど、大騒ぎとなったのだ。[4] どうみても政治的な内容としか表現できない。マッカーサーと会見する昭和天皇の姿は、政治と完全に切り離された象徴を想定しているとしたら、それとそぐわない。むしろ、実際の行動を踏まえれば、マッカーサーは天皇を元首的存在として尊重した、と解釈するほうが妥当である。[5]

もちろん、占領下において最高権力者であるマッカーサーが日本国憲法に従う理由はない。そのため、解釈を無視した形で自由に振る舞ったと考えることも可能である。結果的に、マッカーサーの振舞いは、「象徴」の曖昧さを印象づけたように思われる。

こうした振舞いについて、当時の記者も指摘していた。ジョン・ガンサー（John Gunther）は「天皇は政治の圏外にたつているので、総司令部の人々も（マッカーサーをのぞいては）かれと会見しない」とし、GHQが憲法に配慮していることを示している。[6] ガンサーは、マッカーサーが非公式に「天皇の機能は、アメリカにおける星条旗、イギリスにおけるユニオン・ジャックのようなもの」と述べたことを記す。[7] しかし、マッカーサーの行動は、そうした発言を裏切るように、その配慮の枠外であることも明らかであった。

内閣総辞職と内奏をめぐって

次に、象徴をめぐるマッカーサーの対応の例として、内閣総辞職の際の手続きと、いわゆる内奏について確認したい。

憲法草案で天皇は象徴と規定された。その後の帝国議会の審議では、天皇をいかにして元首に近づけるかが模索された。この間、政府は文言の修正に後ろ向きだった。それはGHQの介入を恐れたためであり、解釈で補うというのが政府の基本方針だったと論じた。

日本国憲法施行後に、そうした天皇と政治との関わりが再び議論されることになった。端的に表出したのが内閣総辞職の際の手続きと内奏である。とりわけ中道連立政権で外相や首相を務めた芦田均が内奏に違和感を覚えたのに対して、昭和天皇が強く要請したことが知られている。この内奏を日本国憲法の象徴にそぐわない行動として問題視する論者もいる。[8]

具体的には、片山哲内閣が総辞職するに際して、天皇に拝謁したことが問題化したことを重視する見解がある。例えば、東健太郎《ひがしけんたろう》は「GSは、明治憲法下の天皇関係の慣行が続くことに不満を持った」ために非難したとする。[9] 他に、片山内閣が退陣の際、辞表を昭和天皇に提出したことについて、冨永望《とみながのぞむ》は「GHQのとがめるところとなった」と書き、その後の芦田の内奏継続への抵抗を描く。[10] 一方で、後藤致人《ごとうむねと》や、その見解を踏襲する茶谷誠一[11]らは、GHQの動向には触れていない。

なにより先行研究はなぜかマッカーサーの見解に触れていない。

端的に、冨永が描くGHQが問題視した、という叙述は事実に反している。正確には、東が指摘するように、GHQの一部局でしかないGSが問題視した事実は存在する。しかしながらマッカーサーは、昭和天皇が内閣総辞職時の拝謁を受けることや内奏について寛容な対応をとった。所詮は一部局にすぎないGSが問題視したとしても、最高権力者たるマッカーサーが問題視しなければ、占領下において問題視されたとは評価できない。

そもそも、日本国憲法との関係で政治との関わりが問題視されるようになったのは、天皇が象徴となったという前提であろう。既に論じた通り、マッカーサーが天皇を元首と認識していた可能性は高く、天皇と政治とのあらゆる関係を問題視したとは思われない。

マッカーサーと首相の対応

問題となっている内閣交代時の手続きについて、『佐藤達夫関係文書』（国会図書館憲政資料室所蔵）中の資料を確認したい。

冨永の指摘は、鈴木義男法務総裁による「内閣総辞職の際の手続並慣行について（昭和二三、三、二閣議　法務総裁）」に言及し、「内閣交代の手続きの中に天皇への挨拶を組み込むもの」とするにとどまる。[12] それよりも経緯がまとまっているのは、「憲法第七十条に依る内閣総辞職の手続について（昭二四、一、二六　岩倉氏）」という書類であろう。[13] 周辺資料を用いながら、簡単に紹介したい。

そもそも根底にあるのは、牧野英一《まきのえいいち》が指摘するように、「日本国憲法では、内閣総辞職の場合における手続がはっきり規定してない」ことにあった。天皇が総理を任命するのだから、辞表も天皇に提出すべきと、牧野は指摘する。[14]

これは片山内閣が天皇に辞表を出したことで問題化した。「総司令部民政局（ＧＳ）代表は、昭和二十三年二月二十四日内外記者団と会見し、「人民の支配」と題する声明を発表し」た。天皇に辞表を提出したことをもって、「政府は、新憲法の規定を正当に理解していないのではないか」と疑義を呈したのであった。[15] これを受け、内閣法制局などで検討が重ねられたことが『佐藤達夫関係文書』から分かる。そのうえで、ＧＳの指摘に対して、片山内閣が一定の見解を示したのが、先の「内閣総辞職の際の手続並慣行について（昭和二三、三、二閣議　法務総裁）」である。そのなかでは「二、内閣総理大臣及各国務大臣の文書による辞表の提出はこれをなす必要ないものと解する」とあり、「三、従つて新憲法上の天皇の地位に鑑み誤解を生ずる虞あるを以て辞意を表明した首相の参内拝謁等はその除は行はざるを適当と信ずる」と続く。細かい手続きを記したのち、「五、天皇に対する儀礼上の慣行としては右任命式に参内の節、式前又は式後に於て御挨拶申上ぐることとするのが適当であろう」とされている。書類の最後で、「総辞職の場合に形式的にもせよ天皇に対する何らかの形式による辞意の表明、天皇の嘉納〔中略〕等を必要とするとの解釈はこれを採用し難い」と指摘した。[16] 要するに、総辞職の際に、首相や閣僚が辞表のみならず、事前や事後に辞意を表明する必要性や、天皇が何かを行うという手続きは一切不要と断じたのである。その結果、芦田内閣は、「法務総裁の意見に従い〔中略〕天皇陛下に辞表を捧呈すること無く」総辞職した。それを踏まえ、第二次吉田内閣が総辞職する場合は「芦田内閣総辞職の例に準じ、天皇陛下に辞表を捧呈することなく」総辞職するべきと指摘した。[17]『佐藤達夫関係文書』の資料だけを読むと、芦田首相が法制局考案の手続きに従ったように見える。しかしながら、実際は、芦田首相は総辞職の前日、十月六日に拝謁し、「辞職の決意を致しました。御許を願ひます」と辞意を表明していた。[18] 辞表を提出しないながらも、法制局が不要とした天皇に対する辞意表明を、芦田首相は行ったのである。

片山内閣総辞職時にあれほど厳しく内閣を批判したGSは、その後、内閣総辞職時の天皇との関わりについて批判することはなかった。

この点については、先行研究が触れていない資料により、理解可能である。それはマッカーサーの意向である。リチャード・フィン（Richard B. Finn）の著書や『マッカーサーの日本』で触れられている、副官バンカー（Laurence Eliot Bunker）のメモがそれを裏付ける。[19] すなわち、一九四八年二月二十七日付のメモによれば、宮内庁御用掛寺崎英成《てらさきひでなり》が、天皇が片山首相から辞表を受け取ってよいか、を質問した。さらに「片山〔首相〕が来た場合、陛下は、彼らからどのくらい政治の話を聞いていいのでありましょうか？」という質問も含まれていた。[20] 原文は「to what extent he should receive his information on Japanese national problems from the prime minister」である。[21] これに対するマッカーサーの返信は「この種の問題は、お前（バンカー）や寺崎のレベルで論ずべきではない。こっちの意見はいうな」であった。[22] マッカーサーはそれらの行為を問題視し、禁じることはなかったのである。

　以上の経緯をまとめると、寺崎は昭和天皇の意向を踏まえ、内閣総辞職時の手続きのみならず、内奏についても質問した。それに対して、マッカーサーは問題視しないこと、つまり容認の姿勢を示したと評価できよう。だからこそ、以後、GSが再度問題視することはなかった。いやGSが問題視することなど不可能であった。同時に、首相が内奏を行うことも、問題視されることはなかった。[23] このようなマッカーサーの態度について、後任のリッジウェイ（Matthew Bunker Ridgway）と比較し、「私はMC（＝マッカーサー）の方がよい。Ridgwayは元首といふ事の理解が少し足らぬ様だ」と評した。昭和天皇はマッカーサーが自らを元首として遇したと受け止めたのである。[24]

　マッカーサーが内奏を容認したことは、芦田首相の行動に影響を与えた。よく知られている通り、芦田は一九四八年五月十日に昭和天皇との会見で、宮内府長官を田島道治に交代させることを伝えた。さらに「新憲法によつて国務の範囲が限定せられ、旧来のように各大臣が所掌政務を奏上致さないことになりました」と述べると、昭和天皇から「芦田は直接に宮内府を監督する権限をもつてゐるから、時々来て話して呉《く》れなくては」と返され、首相の内奏は継続されることになった。[25] 前段の田島への宮内府長官の交代に対して、昭和天皇は反対していたことが知られている。一方、昭和天皇の意向に従い、内奏の完全廃止はできなかった。これについて、後藤致人は「天皇の不満を理解した上でなお、芦田が宮中人事を推進したのは〔中略〕皇室・国民のためであるという強い信念を持っていたことが大きい」とするが、なぜ内奏廃止が強行できなかったかには言及がない。後藤は、芦田首相が、閣僚による内奏の禁止、宮内府長官・侍従長ら宮中首脳の人事刷新、天皇退位の要求、の三点を求め、「日本国憲法の理念に基づいた厳格な象徴天皇制を推進しようとした」とまとめた[26]。後藤は、これらに関するGHQ側の対応には言及していない。後藤の見解を批判した冨永は、芦田は「新憲法について厳密な考えを持っていたとはいえまい」と評した[27]。

茶谷は、宮中改革に関しては、マッカーサーが芦田首相に直接指示を出した可能性が高いことを明らかにしている[28]。つまり、宮中の改革はGHQの後押しがあるから、昭和天皇の反対を排して実施しえた。このように、GHQの支持が明らかであれば実施するが、そうでなければ断行できないというのが芦田首相の基本姿勢だったと考えられる。その点からも、昭和天皇に対する閣僚の内奏に関しては、GHQ（マッカーサー）が容認の姿勢をとっていたと推察可能である。

要するに、芦田にとって重要なのはGHQの支持が得られるか否かであり、支持を得られない内奏の完全廃止はできなかった、とまとめられよう。

こうした芦田首相のGHQ頼みの姿勢はあまりにも露骨で、内閣総辞職を表明した後に、民主党内の批判を招きながらも、GSが推進する山崎首班工作に関与した[29]。この工作が失敗に終わったのは前述の通りである。

内閣総辞職時の手続きはどうなったか?

内閣総辞職時の手続きに関しては、第二次吉田内閣が総辞職する前、一九四九年二月一日の閣議で「憲法第七十条による内閣総辞職並に新内閣組織の手続案(二四、一、二九)」が説明された。一番目に「旧内閣総理大臣の天皇に対する辞表捧呈〔中略〕を要しない」と明確に記されている[30]。これを吉田首相が遵守したのかは不明である。なぜならば、吉田が再度組閣するため、新旧総理大臣は同一人物だった。それまでのように二人の新旧総理が同席したわけではない。ゆえに旧総理たる吉田がその場で天皇に何を行ったのかは誰にも分からない。例えば、一九四九年二月十六日には、吉田首相が「次期内閣首班指名に関する助言と承認」の内奏を行ったとされる[31]。辞表の提出の有無は記載されていない。

ちなみに、内閣総辞職の際の手続きを遵守し、天皇に辞表を提出しなかったのは鳩山一郎内閣が「初めて」で、鳩山、石橋湛山、岸信介《きしのぶすけ》の三代内閣で辞表を提出せず、やっと「慣例が続く」という証言が存在する。鳩山内閣が遵守したことについては、佐藤達夫が証言したようである[32]。前述した通り、芦田首相は辞表を提出していないため、鳩山内閣が「初めて」というのは正確ではない。だが、第五次吉田内閣の最後まで法制局長官を務めた佐藤の証言だけに、吉田は辞表を提出していたのかもしれない。

内閣総辞職時の手続きをまとめるならば、片山内閣の時点では、新憲法下における天皇との関係が明確化されていなかった。そこで首相が天皇に辞表を捧呈する形でよいのか、内閣法制局が検討した。芦田首相は辞表を提出せず、法制局考案の手続きに従ったかに見える。しかし実際には、芦田首相は天皇に辞意を表明しており、手続きを無視していた。それに続く吉田首相が、法制局考案の手続きに従ったのか定かではない。佐藤の証言が事実ならば、遵守しなかった可能性が高い。いずれにせよ、GSとは違い、マッカーサーが天皇と政治との関係すべてを問題視したとは評価できないだろう。

内奏はどう位置づけられたか？

一方、内奏は吉田首相以降、歴代内閣でも続いた。

ところで、昭和天皇の希望（第四章）を踏まえるならば、内奏はどう位置づけられるだろうか。英国流の立憲君主制におけるキングにどう近づけるかと考えた場合、バジョットのいう「相談を受ける権利[33]」を実現したものと評価できるだろう。芦田首相のように内奏を問題視する政治家も存在した。しかしながら、マッカーサーの後押しを得られず、内奏はキング同様の権利として定着したと言えよう。正確にはキングと完全に同じではない。英国王の謁見は首相だけが説明するのに対して、天皇には首相以外の閣僚も内奏しているからである。むしろ、スウェーデンの国王が年に三回、全閣僚から説明を受けるという事例に似ているかもしれない[34]。後年のことになるが、一九六〇年に御進講した憲法学者の佐藤功に対して、昭和天皇は様々な質問（御下問）を行った。そこからは昭和天皇が世界各国の君主制に強い関心を有していたことが分かる[35]。

その後、内奏における閣僚との会話が表に出たとき、昭和天皇が厳しく批判された。例えば、田《た》中角栄《なかかくえい》内閣の時、増原恵吉《ますはらけいきち》防衛庁長官が内奏の中身を漏洩した（増原事件[36]）。この時、昭和天皇は「もうはりぼてにでもならなければ」と嘆き、入江相政《いりえすけまさ》侍従長には「英国首相は毎週一回クキーンに拝謁する」と伝えた[37]。このように昭和天皇は内奏を、英国流の立憲君主制と重ねて理解していたのである。ともあれ、田中首相らはあらためて内奏を「公的な任務」と定義して幕引きとなった[38]。

寺崎英成の更迭

ここまで、吉田首相が内閣総辞職の際の手続きや内奏について、日本国憲法下での天皇の扱いを、戦前来の枠組みで継続しようとしたことを論じてきた。だがそれは、吉田首相が、昭和天皇に政治的活動を期待したことを意味しない。それを端的に示したのが、一九四九年六月の寺崎英成の罷免ではなかろうか。

よく知られている通り、天皇の意を体して、GHQと交渉していた寺崎が、突如として罷免された[39]。この件については、吉田が外務省の行政整理にかこつけて、寺崎を馘首《かくしゅ》しようとし、それに田島長官が応じたとされる[40]。一方で、田島長官の意向をより重視する議論も存在する[41]。

ともあれ、加藤恭子《かとうきょうこ》は、寺崎の振舞いが「吉田の側からすると、〝二重外交〟ともとれるような出すぎた行動と映ったのかもしれない」と推測した[42]。それから茶谷も、吉田が「象徴天皇による度が過ぎた国政関与を控えさせるべく、天皇の情報源である寺崎の首を切っ」たと解釈する[43]。このように二重外交を忌避したという見解が主であるが、正確ではないように思われる。

周辺事情を踏まえつつ、私見を披露したい。

寺崎更迭時の吉田首相の発言を田島長官が残している。一九四九年四月二十二日の田島の日記に「総理大臣来訪、寺崎のこと、追て返答の旨申す」とあり[44]、これが寺崎罷免の一報であった。四月二十九日には、田島は天皇に対し「外務省一掃の為寺崎も免官、宮内府としても自然やめること言上」した。田島によれば、吉田首相は「MCもBunkerにも左程信用なし」と、寺崎がマッカーサーや副官のバンカーに信頼されていないと伝えたという[45]。この吉田首相の寺崎評に対して、茶谷は寺崎の日記を用いて、バンカーやシーボルト（William Joseph Sebald）らが寺崎を励ます発言をしたことを紹介し、留保付きながら「少なくとも占領軍側に寺崎更迭を望むような声があった形跡はうかがえない」と結論づけた[46]。他に、田島に届いた田辺定義《たなべさだよし》の書簡でも、豊川良之助《とよかわりょうのすけ》がバンカーから聞き取った発言が記されている。それによれば、「寺崎が宮内庁をやめたのは実に残念」「寺崎がいなくなつたので、いわば元帥や陛下とのパイプラインが無くなつたので困つている」と発言したという[47]。重要なのは、GHQが寺崎をどのように評価していたかではない。そうではなく、吉田首相の発言を確認できる手段が他にない、それこそが吉田が望んだことであろう。

寺崎英成の兄である太郎《たろう》は、第一次吉田内閣で外務次官を務めた。その太郎は、益谷秀次《ますたにしゅうじ》が「爺さん（吉田のこと）は、コンガラかると、これは元帥（マッカーサーのこと）のいったことだ、という。そばで誰も聞いているものがいないのだから、手がつけられない」と述懐したとする[48]。ここからも分かる通り、GHQ（マッカーサー）と直接交渉できることこそ、吉田にとって最大の政治資源に他ならない。時に「これはマッカーサーの発言だ」と聞き手が確認できない発言を行いながら、政局を自らに有利に運ぶというのが、吉田首相の政治手法だった。実際に、第二次吉田内閣が発足する直前に起きた山崎首班事件では、吉田は動揺する民主自由党議員に対して、マッカーサーの発言を誇張しながら説得している。[49]

そうした吉田の政治手法を踏まえるならば、加藤や茶谷が主張するように寺崎が天皇の外交を担っていたかどうかは問題ではない。そうではなく、吉田首相の発言が正しいかどうかをGHQ（マッカーサー）に確認できる寺崎という人物の存在は、吉田にとって目障りであった。であるがゆえに、寺崎を排除にかかったというのが実態に近いのではないか。

さらに言うと、一九四九年四月は、一月の総選挙で吉田総裁率いる民自党が単独過半数を確保し、二月に第三次吉田内閣が発足した直後の時期である。第一次吉田内閣の頃は、各省次官らがGHQと交渉し、さらに石橋湛山大蔵大臣ら閣僚も個別にGHQと交渉する状態であり、要するに吉田首相のもとに権力が一元化されていなかった。[50]その反省を踏まえ、第二次政権以降、吉田は首相である自らのもとにGHQとの交渉なり、情報なりを一元化することを企図した。宮内庁（一九四九年六月一日までは宮内府）における寺崎更迭は、そうした吉田の権力確立過程における一事例と位置づけるべきだろう。

講和独立前後の模索

マッカーサーや政府の対応を確認した。一方、昭和天皇は日本国憲法にどのように対応したのか。田島道治著、古川隆久《ふるかわたかひさ》ほか編『昭和天皇拝謁記』全七巻（岩波書店、二〇二一―二三年。以下『拝謁記』）を中心に検討したい。

茶谷誠一は「天皇は新憲法の制定を受け入れつつ」、「象徴天皇となった後も、みずからをイギリスの立憲君主と同等の地位、権限を持つ存在とみなし、国家元首とする強い自覚を持ち続けていた」と指摘する。[51] ここまで論じてきた通り、昭和天皇は自らが主権者であることにこだわり、イギリスのキング同様、元首であることを希望していた。その姿勢がGHQ草案の提示以降に、徹底的抵抗として表出したと評価できよう。その意味で、新憲法を受け入れたという茶谷の指摘は当てはまらない。そうした誤った前提に立ち、『拝謁記』の編集に関わった古川隆久は「象徴天皇制」の確立過程が分かると評した。[52] 茶谷や河西秀哉《かわにしひでや》らは、昭和天皇は日本国憲法のもとでも自らを元首と認識していたと指摘する。[53] しかし、昭和天皇が元首と認識していたことが、いかなる影響を与えたのかを論じていない。一方、古川らの『拝謁記』解釈に対して、原武史《はらたけし》は「かなり異なる解釈」を打ち出した。例えば、昭和天皇が象徴を東洋の「天子」と同一視している、といった指摘があげられよう。[54] しかしながら原の解釈にも疑問が残る。本書は、新たな昭和天皇像を示したい。結論から言えば、『拝謁記』から浮かび上がるのは、日本国憲法への挑戦者としての昭和天皇である。

実際のところ、日本国憲法のもとでも、憲法改正論議で元首であることを希望した昭和天皇の姿勢は一貫していた。

そもそも、昭和天皇は日本国憲法を厳密に解釈すれば政治外交に関与できないことを十分に理解していた。一九四九年十月三十一日に田島長官に対して、「憲法の正文で政治外交に関係せぬことは文理上そうだが、GSなど厳格にそう考へてる様だが、あれはもう少しゆとりを持つ様にしたい」「英王の如きもあの英国の憲法下で充分御承知のやうに」と発言した。憲法の条文では政治外交には関与できないが、その解釈を広げられないかと相談し、具体的には英国のキングの例を挙げたのである。田島長官は「私立学校に国家補助のこと等、憲法の明文は兎に角少しも変らぬに解釈は最近緩和されたることもあり、非常に誤解を招き易き delicate な問題ながら、そうなれば結構と存じます」と、私学助成などを例に挙げつつ、憲法解釈が緩和されたことを踏まえ、昭和天皇の希望通りになればよいですねと回答した。この流れで、昭和天皇が評価したのが、更迭された寺崎英成である。曰く「今迄寺崎のやつたことは実によかつた」と。昭和天皇は日本国憲法成立後も、寺崎を使って情報収集を行い、寺崎更迭後には寺崎と同じ役割を田島長官に求めた。要するに、昭和天皇は日本国憲法を理解できずに様々なことを要求したわけではなく、むしろラインを踏み越えていることを十分に理解したうえで要求したのである。当然ながら、田島長官もその危険性を十分理解していた。この日「G.S.、憲法の解釈厳密故、余程注意を要し、やり方は六ケ敷《むつかし》いと存じますとも申上ぐ」と、GSは憲法解釈が厳密だからと述べ、情報収集に後ろ向きな姿勢を示した。さらに翌十一月一日には「昨日の情報集めのことも delicate にて、陛下は憲法上厳格に申せば、政治外交に御関係なれば憲法違犯となります」と、田島長官は対応できない旨を伝えた。[55]

また、一九五三年三月に、昭和天皇は「旧憲法でもどうかと思ふが、新憲法ではとても出来ないが、私が思ふに、真に国家の前途を憂ふるなら保守は大同団結してやるべきで、何か私が出来ればと思つて」と述べたのに対して、田島長官は「新憲法では違反になります」から政治に関して何も出来ないと伝えた。[56]

このように、昭和天皇は明らかに日本国憲法のもとでその権限を踏み越えていることを自覚しているにもかかわらず、田島長官らに対応することを要求した。

モデルとしての英国のキング

昭和天皇は戦後も元首であり続けようとした。しかし日本国憲法が成立する過程で、その希望が通ることはなかった（第四章・第六章）。昭和天皇の言動からは、日本国憲法が成立した後、憲法改正を待たずして、英国のキングをモデルとし、元首としての権限を拡張すべく活動した様子が浮かび上がる。

一九四九年九月の時点でも、昭和天皇は「英国皇室を参考にしたきも本では分らぬ」と話していた。[57]そこから、松平康昌式部官長が英国等を訪問し、調査することが決まる。[58]その調査内容に関して、興味深い点に触れておこう。

一九五一年三月十五日には、米国の軍隊が駐留するとなった時に「どういふ態度で之に臨んだらいゝか。名誉隊長といふ様な事があるかしら。又英国の皇室は、此米国軍隊に如何なる御態度か。そういふ事はどうだらう」と話し、四月十八日にも平和条約に関連して「外国軍隊に元首として如何なる事をすべきかせぬでもよきか」「元首及皇后として傷病兵の見舞など如何にするのがよいか、これも研究して貰はぬと」と話した。[59]昭和天皇は英国のキングをモデルに、元首として振る舞おうとしていることが分かる。もちろん、イギリスにとどまらず、スウェーデンといった世界の王室に関心を示している。[60]一九五一年十二月、松平式部官長が外遊する前に、調査事項の一つとして昭和天皇が求めたのが「外国軍隊と王室」の問題であった。[61]具体的には、「外国軍隊に対する駐留国の元首の之に対する態度」であった。一九五二年三月に昭和天皇は、「儀礼だが、私はやつた方がよいと思」うと述べた[62]。昭和天皇は諸外国の元首や君主を模範として、元首の権限についてかなり重視していることが分かる。

このような英国王室や立憲君主制への関心を踏まえるならば、後藤致人による戦前の立憲君主認識の延長線上に戦後の天皇のあり方を位置づける見解は[63]、当たらないと評価できよう。本書で取り上げた通り、昭和天皇は日本型立憲君主制を模索したものの（第二章）、実現不可能となったため、英国の立憲君主制をモデルにするよう路線転換した（第四章）。それが松平式部官長の英国を中心とした実態調査につながったのである。

元首へのこだわり

以下、日本国憲法の国事行為に関係する条文を引用する。

第三条　天皇の国事に関するすべての行為には、内閣の助言と承認を必要とし、内閣が、その責任を負ふ。

第四条　天皇は、この憲法の定める国事に関する行為のみを行ひ、国政に関する権能を有しない。

第七条　天皇は、内閣の助言と承認により、国民のために、左の国事に関する行為を行ふ。

一　憲法改正、法律、政令及び条約を公布すること。

二　国会を召集すること。
三　衆議院を解散すること。
四　国会議員の総選挙の施行を公示すること。
五　国務大臣及び法律の定めるその他の官吏の任免並びに全権委任状及び大使及び公使の信任状を認証すること。
六　大赦、特赦、減刑、刑の執行の免除及び復権を認証すること。
七　栄典を授与すること。
八　批准書及び法律の定めるその他の外交文書を認証すること。
九　外国の大使及び公使を接受すること。
十　儀式を行ふこと。

現在は、国事行為に含まれないが、純然たる私的行為ともみなし難い天皇の行為は「象徴としての地位に基づく公的行為」（傍点は原文ママ）として「国事行為に準じて内閣のコントロールが必要」とされている[64]。こうした「公的行為」が拡大する背景には、昭和天皇の意向が反映していた。その際、昭和天皇が元首としての役割や権限について、きわめて強い関心を示していたことを確認する。

講和独立以降の憲法改正を視野に入れた新国軍の復活が話題となると、そこから最高司令官は誰なのかという議論が生じる。これに対して、昭和天皇は元首こそが最高司令官であると明言した。

一九五一年二月十五日に、警察予備隊（のちに自衛隊となる）の話題になり、「警察でも軍でも、あゝいふ性質のものは中心の人を欲しますが、米国は大統領が元首で首相でもありますから司令官ですが、日本では如何なりませうか」と田島長官が質問すると、昭和天皇は「それは元首象徴だらうネー」と応じた。田島長官が「政治に天皇は関与されぬ御立場上、如何でございませうか」と疑義を呈すると、天皇は「あれは政治ではないだらう。治安といふ事は政治とはいへぬだらう」と述べた。それから田島長官が「再軍備と共に天皇中心軍人勅諭といふ様な風になり勝ちで、其辺は皇室としては余程慎重に考へる必要があるやに思はれます」と話すと、天皇は「矢張元首であるのが本当の様に思ふ」と、元首であることを断言した。[65]

講和独立後の一九五三年三月にも再軍備の話題が出た折に、「統率権」は「元首がもつべきもの」と繰り返している。[66]

関連して、大公使の接受の議論にも注目すべきだろう。一九四六年の憲法改正時、貴族院で大公使関係の修正が問題となったことには既に触れた（第六章）。

大公使の扱いを、天皇は非常に気にしていた。一九五二年一月二十三日に「大公使信任状捧呈式に関し論議ありし点等雑談的に申上げし処、大公使はあまり区別がなくなるのか、モーニングか燕尾かとの御質問あり」と、雑談から話が広がった。[67]翌二十四日にも、昭和天皇は「昨日聞いた大公使信任状の式の事だが、大公使が全然区別なくなるのかとの御尋ね」と、前日来の話題が続いた。[68]

二月に入っても、大公使関係の話題が続く。四日には、田島長官が実地研究のため、馬車行列を見学に行った。五日に「次長より御説明」とした。[69]五日に田島長官が次長とともに説明した際に、なぜ昭和天皇がそれほど関心を示したかが判明する。昭和天皇から「大公使の差をなくする方針との事だが、大使は元首の代表、公使は政府の代表といふ事であつたがそれらの区別はなくなるのか、日本はあまり差なく皆認証官としても外国としてはどうかとの御質問強くあり」と記した[70]。田島長官が「強く」と記すほど、天皇が強い関心を示したことが分かる。大公使に対して、それぞれ元首と政府が対応するという違いがあり、天皇が誰に対応すべきかを気にしたからであった。

要するに、一九五二年四月の独立を前に、昭和天皇は積極的に、かつ意識的に元首たらんと振舞おうとしていた、元首としての行動範囲を広げようと試みていた、と評価できよう。

一連の言動を踏まえれば、昭和天皇が自らを元首と認識していることを、田島長官は確実に把握していたはずである。

田島長官の言動から

このように元首としての権限の拡張を要求する昭和天皇に、田島長官はどのように対応したのか、その言動を確認したい。

田島長官が元首に言及した場面を取り上げる。例えば、一九五一年十月に田島長官が松平式部官長の調査について、「元首としての大統領の行動等参考にすべき事もあり、アメリカを止める訳には参りませぬと申上げ」た[71]。天皇が自らを元首と認識していることを理解していたからこそ、田島長官は元首の参考事例として、アメリカ調査の必要性に言及したのである。

また、一九五二年九月には、田島長官は地方巡幸に触れた際に「象徴元首としての常識」と発言していた。別の日には「憲法の建前も天皇統治権総攬から主権在民と移り」と述べた[72]。建前と対応するのは実態である。つまり、田島長官は建前としては主権在民だが、実態は天皇が元首だという表現を用いている。

まとめると、田島長官の認識は明確ではないが、少なくとも天皇が自らを元首と認識していることを踏まえて、対応していた。この点を見落とすべきではない。

そのうえで、昭和天皇の要求に対して、田島長官は憲法解釈において、いわばグレーな領域を拡大するように対応した。しかしながら、グレーな領域であるがゆえに、時に問題が生じた。その一例が、講和条約発効時の「おことば」をめぐり、吉田首相と衝突した一連の経緯である。もともと、昭和天皇の「おことば」については加藤恭子が先駆的な研究を行った[73]。その加藤が用いた田島文書を踏まえ、さらに資料を加えて「おことば」の作成過程が明らかになっている[74]。

一九五二年三月五日に、田島長官は「おことばの文案も読みまして聞いて貰ひ、これは首相の助言と承認とは関係ない陛下御自身のことだから余り内閣でいぢらないやうに申しまして了承致しました」と昭和天皇に伝えた。四月二日に昭和天皇と田島長官が文言の調整を行った。そこでは「「新憲法の精神を発揮して」につき、新憲法の条項中にはとつた方がいゝもの、改めたいと思ふものもあるが、此文字は差支ないかとの仰せに付、「新憲法の精神」と申しまして「条項」とは申して居りませんと申上ぐ。いゝのだナーとの仰せ」といった会話が交わされた。そのあと、昭和天皇が「首相にだけは見せるかとの仰せ（見せた方がよいとの御意見らしく）故、これは陛下御自身の御考を御のべになりますもので、内閣の承認とか助言の問題はないと存じますが、首相一人にだけはよろしいかと存じます」と田島長官が応じた。[75] 田島長官は「おことば」は国事行為に当たらないと認識しており、「助言と承認」が必要とは考えていなかったのである。

天皇は敗戦に言及することを切望したが、吉田首相はそのことが天皇の戦争責任論を惹起し、退位論につながることを警戒した。そこで「おことば」案の、敗戦に言及した部分の削除を要求したのである。そして実際に削除された。四月二十二日、その経緯を田島長官が昭和天皇に説明している。「おことば」案は、天皇が退位しないことを表明するという国政の重大事に関わる内容であることから首相案件になる、だから吉田首相の申し出を受け入れたい、という説明である。冨永は「おことば作成について、首相には最後に連絡すればいい程度に考えていたこと」を田島長官のミスと位置づけた。[76] だが、経緯を踏まえる限り、政治問題化しそうな内容だったから吉田首相が介入したことが分かる。

田島長官が「おことば」を国事行為に当たらないと考えたのには理由がある。冨永は触れていないが、一九五二年十一月に、田島長官は昭和天皇に対して、次のように述べた。[77]

最初の内閣の頃、下条《しもじょう》〔康麿《やすまろ》、元文部〕大臣など、明かに陛下のおことばで内閣の正式の助言と承認の範囲外と申して居りましたが、習慣的に起草は内閣でする事になり、正式に助言と承認とは致しませぬが、自然内閣の考へが入る事かと考へます。実は、はつきり之を内閣の助言と承認によるものと議論の上きめるがよろしいか、今の実際の慣行をつゞける方がよろしいか、社会党内閣の出来る場合の事も考へて問題かと存じますつまり、下条文相在職中の第二次吉田内閣の時代には、「おことば」は正式な内閣の助言と承認の枠外と認識されていた。その慣習を守っていたところ、突如として「おことば」案が問題化したために面食らったというのが田島長官の認識である。これは「おことば」という国事行為に当たらない行為に、内閣の助言と承認が必要なのかが表面化した事例と評価できよう。

一連の「おことば」案の経緯を踏まえると、田島長官が国事行為以外の公的行為を抑えるような対応を取っていないことが分かる。田島長官は昭和天皇の期待に応え、その行動範囲を広げようとした、と表現できよう。

昭和天皇の要請に対応したり、政府と衝突したりという経験を経て、田島長官が思いのたけを吐露することもあった。辞職を考えていた一九五三年六月に長広舌を振るう。「旧憲法の下では陛下は日本国の元首であり〔中略〕、新憲法になりまして元首ではおありになりません」と、象徴はかつての元首とは違うと釘を刺している。一方で、その一か月後には「元首としての陛下から元首でない総督に御親電」とも発言した。[78]少なくとも外交上では元首として扱っている。

そのうえで、現行憲法との衝突が生じかねない場面では、慎重に行動するように求めたと評価できよう。しかしながら昭和天皇の要求は、グレーの領域にとどまらず、憲法の規定を超えた部分にまで踏み込んだ。『拝謁記』には日本国憲法への不満を漏らし、憲法改正に言及する昭和天皇の発言が記録されている。これに対して、田島長官は建前としてであれ憲法遵守を主張するしかなかった。天皇が明らかに憲法の枠外の対応を要求した場合、田島長官の対応は次のようなものとなった。

例えば、皇太子の式典に触れ、「今日の場合は已むを得ませぬと存じます〔中略〕、戦争直後の定めで今日のやうな風になりましたが、将来は国事に適当に変更」云々（一九五二年十月十六日）、渡辺《わたなべ》銕蔵《てつぞう》の著作（『憲法改正の要点』渡辺経済研究所、一九五三年）を渡して「憲法改正はいつか起きます る」（一九五三年三月二日）というように、将来変わるから当面は辛抱してほしい、と昭和天皇を宥《なだ》めたのである。[79]

一九五三年十二月十五日、退任の前日、田島長官は昭和天皇に次のように伝えた。[80]

今後憲法改正の重要問題につきまして、陛下の思召を伺ひまする事もありませうかと存じますが、再軍備の九条以外、天皇の行はせられます国事其他いろ〳〵のあの憲法の行過ぎ是正のやうな場合には、余程御慎重な事が必要かと存じます。

つまり、憲法改正に向けて、再軍備の九条以外の国事行為など「憲法の行過ぎ是正」をする場合には「余程御慎重な」姿勢が必要と述べた。他の部分では、吉田首相のように一党派の立場に与するのではなく、全体の理解を得なければ難しいことにも触れた。明らかに、昭和天皇が憲法の枠を守らないことに対して諫める言葉と位置づけられよう。田島長官は天皇が象徴に納得しておらず、元首として振る舞うことに釘を刺したのではないか。

以上を踏まえると、田島長官は天皇が自らを元首と認識しており、そのような処遇を求めていることを重々承知していた。憲法との調整を行いつつ、その活動領域を広げることに尽力したが、憲法上不可能な要請もあり、その場合は将来に先送りした。そうやって日々の職務をこなした、とまとめられよう。

「助言と承認」をめぐる解釈

その田島長官が、天皇の見解を真っ向から否定したことがある。「認証」に関する発言がそれである。

一九五三年五月に、政治外交は憲法上、天皇の行うことではないと田島長官が述べたところ、昭和天皇は「認証をしないといふ事がある」と主張した。田島長官は「憲法の条文も内閣の助言と承認により陛下の国事として御行為を願ふだけの事故《ことゆえ》それは出来ませず、それは大問題になります故、此際は矢張り御静観願ふより外ないと存じます」と否定したが、天皇は「認証といふ事をしないといふ事はあるがといふ旨」を繰り返したため、田島長官は「首相のは認証でなく親任であります」と条文に「認証」の文言がないことを指摘しつつ（正確には日本国憲法第六条「天皇は、国会の指名に基いて、内閣総理大臣を任命する」）、「認証にしましても認証なさらぬといふ事も六ヶしいと存じます故、この際はどうもすべき事はないと存じます」と徹底的に反論したのである。これを河西は「「象徴」への独特の解釈を持つ天皇と憲法の規定を守ろうとする田島」と評した。[81] なぜ、昭和天皇は事前に意思を表明できるかのような認識を示したのか。田島長官の解釈を全面的に支持する河西の理解は正しいのか。昭和天皇の憲法理解と関わるため、検討したい。

前述した、講和独立時の「おことば」案の作成と並行して、一九五三年三月五日に恩赦が話題になった。昭和天皇は恩赦について、「天皇の権限の内だと思ふ」と発言している。これを田島長官は咎《とが》めていない。翌六日にも天皇は恩赦について質問した。それを踏まえ、八日に田島長官は「勲章とか恩赦とか、天皇のなすべき国事として憲法に掲げられたる事は勿論助言と承認にはよりますが、御認証を願ふ時、今少し天皇の事であるやうに国民が感ずる方がよくはありませぬか、御報告的でよろしいが、事前に申上げるような習慣になるとよろしいと存じますと申上げ」た。国事行為だから内閣の助言と承認によるものではあるが、「事前に申上げるような習慣になるとよろしい」との見解を示したのである[82]。ここからは助言と承認という形式は守りつつ、実質的には天皇の意向を事前に確認するような方向を模索しているとも解釈できる。こうした田島長官の発言があったからこそ、前述の昭和天皇の「認証をしないといふ事」という発言につながったのではないか。

認証に関する議論にはこれ以上触れないが、密接に関連する「助言と承認」については、天皇が能動的に意思を示すことが可能であるとの解釈が存在した。

通常、解散権をめぐる解釈は、七条解散か、六九条解散かというものである。こうした論点とは別に、金森国務相が、天皇が関与する余地があるような答弁を行ったとの指摘が存在する。これを指摘したのは佐藤達夫で、「助言と承認」をめぐって、「天皇の方から申し出られて内閣がそれでよろしうございましょうと受身で承認するということが今の憲法でできるかどうかという問題」に触れ、金森国務相が「受身で承認のみでいく場合もある、たとえば解散の場合は理論上は陛下の方から解散をしたらどうかと言われた場合に内閣はよろしうございましょう、こういう形で解散になるということも考えられないことはないというようなことをちょっと」述べたとし、佐藤は「そういう場合もあり得る」と評した[83]。佐藤が言及したのは、金森国務相の一九四六年七月十二日の答弁である。前後も引用すると、より分かりやすいため、山崎岩男《やまざきいわお》の質問も引用する（「第九十回帝国議会衆議院　帝国憲法改正案委員会　第十一号　昭和二十一年七月十二日」）。

山崎委員　助言と云ふことは承認の前提になると思ふのでありますが、それを茲《ここ》に二つにしましたことは何か理由があつてでございませうか、御尋ねを致します

金森国務大臣　助言が承認の前提になるかどうかは実は私には分りませぬ、はつきり言へますことは、助言と云ふのは内閣の側で或る意見を立て、申上げると云ふことであります、承認と申しまするのは、内閣側が受身の姿を持つと云ふことであります、詰り初めのは進んで積極的に内閣が働く、承認は受身の姿で働くと云ふことでありまして、茲に一方が先の前提条件になるとか云ふことが果してあり得まするかどうか、今急には判断が付き得ませぬ

この質疑からは、金森国務相が助言と承認を別物と理解しており、「承認は受身の姿で働くと云ふこと」、つまり天皇の発言を踏まえて内閣が受身で動くことを想定していると解釈できよう。佐藤達夫はこれに解散権という文脈を付しているが、解散権に限らず、天皇が内閣に意見を伝えることが可能という承認の解釈が存在した。もちろん最終的に決定するのは内閣である。

こうした解釈については、牧野英一も同様の見解を示している。すなわち「アドバイス・アンド・アプルーバル〔＝助言と承認〕。アドバイスとアプルーバルと違うんだ。それでアドバイスのと

きには内閣のほうが持ちかける。ところが天皇のほうから持ちかけたときにはアドバイス・アンド・アプルーバルだ。〔中略〕こういえば天皇というのはアクシィ《ママ》ヴに働く余地があるのだ。又他のときにも働く余地があろう、現にイギリスなんかではやっておるんじゃないか、王様が」と話した[84]。

　昭和天皇の憲法理解は、前述した金森国務相の答弁と軌を一にするように思われる。昭和天皇は金森国務相から「助言と承認」に関する政府解釈を説明されていた可能性が高いのではないか。

政治との関わりの模索

　清宮報告書にも登場したバジョットは、イギリスの国王の持つ権利として、「相談を受ける権利、奨励する権利、警告を与える権利」の三つを挙げた[85]。昭和天皇は内奏を「相談を受ける権利」として理解したと既に指摘した。では、他の二つの権利を行使したのか。あるいは、それを行使すべきと考えていたのか。

　昭和天皇は政治との関わりも強化したかったようである。例えば、政治的調停者としての役割である。与野党が拮抗する、あるいは政局が混乱すると、天皇の役割がクローズアップされる。おそらく、天皇自身も自覚していたのは間違いない。それが表出したのは、安定していた吉田政権が動揺し始めた時期である。吉田首相と野党の重光葵総裁との間を取り持てないか、政治になにがしかの形で関与することを模索したのではないか。

　前述の『拝謁記』によれば、昭和天皇は政情が不安定だった時に、政治家へと働きかける旨、発言したことがある。いわゆるバカヤロー解散に伴う一九五三年四月の総選挙の結果、吉田政権の与党である自由党は過半数を割り、野党共闘で重光改進党総裁を首班に担ごうとする動き（重光首班工作）が起きた。最終的に重光首班工作は頓挫し、五月二十一日に第五次吉田内閣が発足したものの、不安定な政局が続いていた。[86]

政権発足直前、五月十八日に重光改進党総裁の行動を「どういふものかネー。国の大局の上で物を考へないやうだ」と評し、重光に意見を伝えようとして、田島長官に「新憲法で政治外交は陛下の遊ばす事ではありませぬから」と諭されている。[87]

注目すべきは、五月二十日に昭和天皇が、「もし終戦の時の様な場合が起きても私に何の発言権もなければどうなるかと思ふ」と述べたことである。[88] 戦後政治が混乱するなか、新たな聖断を下すような大事件が発生することを、昭和天皇は想定していたのだろうか。

いずれにせよ、天皇は、奨励や警告というレベルを超えて、戦後政治でいかなる役割を果たすべきかを模索していたと考えられよう。しかしながら、昭和天皇の認識を含め、実際にどう関わったかは、資料が少ないため、論じることが難しい。

解釈による元首化

意識されることが少ないが、日本国憲法が改正されなかったことにも留意せねばなるまい。講和独立のタイミングで、憲法改正が政治課題に挙がっていたことは見落とすべきではない。興味深いのは、一九五二年三月八日のやり取りである。憲法と再軍備の話題で、昭和天皇は「改正すればい〻ではないか」と意見を述べた。田島長官が「国会は多数でありましても国民投票が十分見通しがつかぬ為ではございませんでせうか」と答えると、「そんなものが入るか」と感想を述べた[89]。日本国憲法が公布される際に、上諭《じょうゆ》が付された。そこには「帝国議会の議決を経た帝国憲法の改正を裁可し、ここにこれを公布せしめる」とあった[90]。日本国憲法の場合は、最終的に国民が憲法改正を承認しなければならない（第九六条）。この田島長官とのやり取りは、昭和天皇にとって、国民が新たな主権者である事実をあらためて突き付けられた瞬間だったのではないか。

憲法改正が実現しなかった結果、解釈による元首化に帰結した。ここからは時系列に沿って流れを確認しておこう。

一九五〇年代半ば、宮沢俊義は、天皇が元首として運用されることに触れている。一九五四年に公表した「現行憲法の盲点」で、「信任状などの方式においても、あたかも天皇が、外国の君主や大統領に相当する日本国の元首であるかのような外観がとられているらしい」と評した。そのうえで「貴族院の一部」の勢力が「今日でも、憲法改正の機会でもあったらぜひなんとかしたいと考えているらしい」とも記した[91]。これが宮沢も出席した「萍《うきくさ》憲法研究会」のことを指すのは間違いあるまい。萍憲法研究会は、一九五三年以降、憲法改正審議に参加した元貴族院議員や政府関係者等の有志が集まり、改正当時の記録を残すこと、憲法改正案の作成を目的としていた[92]。その旧貴族院の一部勢力は一九五四年二月八日の研究会で、条約の批准に関して経緯を話し、山田三良が「今の議会の協賛によって天皇が批准するということに改正する」と論じた[93]。宮沢はこうした動きを踏まえてだろうか、日本国憲法のもとで「神々はたしかに追放された。神々はたそがれた。〔中略〕しかし、神々は死んではいない。あるいは、死んだふりをしていたのかもしれない」と表現し、「神々がよみがえるときは、憲法がたそがれる時である。〔中略〕われわれは、もっと真剣に、神々の復活とその再武装に対して警戒する必要がある」と、第一条を含めた憲法改正に明確に反対した。[94]「死んだふりをしていたのかもしれない」という表現は、聖断神話が虚構であることを知っていたようにも考えられる。宮沢は昭和天皇の希望を知っていたのかもしれない。ともあれ、宮沢は独立後も日本国憲法を擁護し、天皇と徹底的に対峙する道を選んだ。

宮沢とは違った形で、日本国憲法における「象徴」を擁護したのが、高柳賢三である。彼もまた貴族院議員として憲法改正の審議に参加し、すべてではないが萍憲法研究会の会合に出席していた。その高柳は、一九六〇年代前半に、諸外国の大公使の信任状が「いずれも元首としての天皇にあてられている」ことを踏まえ、「世界各国が日本国憲法の下でも日本国家の元首を天皇であると解しているからであろう」と記した。また、GHQ草案の起草者の解釈を踏まえ、天皇は「象徴的元首」であると結論づけた。[95]そして、政府の憲法調査会の会長として、最終報告書で改憲を不要とする見解をまとめた。[96]

政府見解としては、一九七三年六月に吉國一郎《よしくにいちろう》内閣法制局長官が「天皇は現在の憲法のもとでも元首と言ってもいいではないかというような考え方もあり得ると思います。要は元首の定義の問題いかんによるということでございます」と答弁した（「第七十一回国会　衆議院　内閣委員会　第二十七号　昭和四十八年六月七日」）。それが踏襲されているという。[97]留意すべきは、明確に元首とは断定していないことである。吉國は後年、自らの日記を披露した。注目すべき記述を抜粋したい。[98]

吉國によれば、増原事件が発生すると、五月二十九日朝、大平正芳《おおひらまさよし》外務大臣、二階堂進《にかいどうすすむ》官房長官、後藤田正晴《ごとうだまさはる》官房副長官と吉國法制局長官が協議した。そこで法制局が作成した「各省大臣が天皇に対してする所管事項の言上について」という書類の写しを公布した。その書類は田中角栄首相にも見せた。吉國曰く「陛下だって意見をおっしゃることはある」。しかし書類には、「陛下が何かおっしゃっても、それは聞き流しにするんだ、というようなこと」が書いてあったという。

さらに、六月一日の閣議で書類を配布し、後藤田官房副長官が説明した。田中首相や奥野誠亮《おくのせいすけ》文部大臣から「天皇の行為により国政の動向に影響を及ぼすようなことがあってはならないとの記述は強すぎるのではないか」との意見が出たが、吉國法制局長官は「意見が二以上に分かれるような政治の問題について、天皇陛下がそのうちのある意見をお述べになることは、国政の上に事実上の影響があり得るわけで、そのようなことがあってはならないし、あるべきはずがないものである」と応じた。書類の末尾には、「陛下にお話し申し上げた模様を新聞に発表しないように」とあり、外部への漏洩を危惧する発言も出たため、書類は回収された。

一方、法制局の答弁に対して、自民党の内藤誉三郎《ないとうたかさぶろう》参議院議員が六月二十日に質問を予告してきた。吉國長官は「天皇は最高の地位にあるとか天皇は元首であるとかいう言い方は断わることにした」と日記に記している。六月二十八日の参議院の内閣委員会で内藤議員が質問し、吉國長官が答弁した。吉國は「終わって、内藤、源田〔実〕《げんだみのる》氏が非常に喜んでいた。しかし、自民党の右寄りの主張とは別の言い方で終始することができた」とまとめた。

吉國がまとめた裏事情を踏まえると、法制局としては「天皇は元首である」と真正面から認めることはなかったものの、そうとも受け取れるような微妙な言い回しに終始した、となろう。そのうえで、閣僚らに配布され回収された「各省大臣が天皇に対してする所管事項の言上について」に記載されていたように、天皇の政治に関する発言は、閣僚は聞き流しにせねばならず、マスコミなどに漏洩してはならなかった。文字通り「あるべきはずがないもの」と位置づけられたのであった。

＊

以上を踏まえるならば、日本国憲法で天皇は象徴と規定された。その後の政府による運用の結果、対外的には元首とされたと、まとめられよう。

冨永望は「吉田の新憲法運用の要点をまとめると、天皇を欧州の君主国のような議会主義的君主〔＝いわゆる立憲君主制を指す〕と解釈し、そのように遇することであった」と述べた[99]。この指摘に欠けている部分がある。一体、誰がそのような処遇を要求したのか。

田島宮内庁長官の残した『拝謁記』から明らかになったのは、元首としての役割や権限にこだわり、その拡張を目指す昭和天皇の姿である。昭和天皇は英国のキングを主たるモデルとして、元首として振る舞おうとした。

幣原喜重郎の創作した聖断物語と同趣旨の回顧を残した吉田首相は、昭和天皇の希望を知っていたはずである。ゆえに、吉田首相の憲法運用の方針は、憲法改正時に昭和天皇が求めた英国流の立憲君主制としての運用であったと考えられよう。つまり、解釈による元首化は、吉田首相が昭和天皇の希望に応じた結果に他ならない。もちろん、吉田首相が昭和天皇の要望のすべてに応じたわけではあるまい。寺崎英成の罷免のように、吉田の方針を貫いたこともあった。これもまた、イギリスでエリザベス（Elizabeth the Second）女王とサッチャー（Margaret Hilda Thatcher）首相が常に意見が一致していたわけではないことと[100]、同様の事例とみなせよう。

講和独立後も、憲法改正は実現しなかった。一九五〇年代には憲法学者が元首化を警戒するなか、政府は対外的に元首という扱いを行った。一九六〇年代には憲法調査会の高柳賢三会長が天皇は象徴的元首であるとの見解を披露した。そして一九七〇年代には吉國一郎内閣法制局長官が国会で元首とみなすことが可能であると答弁した。日本国憲法の成立過程で示した、解釈で補うという政府の基本方針が、四半世紀を経て、ついに実を結んだ。

こうして天皇は、日本国憲法のもとで対外的には元首とみなされるようになった。象徴は見事に改変されたのである。もっとも、解釈による元首化に昭和天皇が納得していたかは分からない。一九六〇年十一月、昭和天皇は宇佐美《うさみ》毅《たけし》宮内庁長官を通じて、直前にご進講していた憲法学者の佐藤功に追加質問を行った。それはスウェーデンの国王が閣議に出席すると聞いたが、憲法などの法文上の規程が存在するのか、国王が閣議で意見を述べられるか、といった政治との関わりに関心を示す内容だった。少なくとも、一九六〇年頃までは政治との関わりに不満を持ち、側近にそれとなく伝えていたように思われる[101]。

こうした昭和天皇の行動からは、イギリスにとどまらず、世界の元首を参照しながら、自らの希望に沿う事例を取り入れようとする姿勢がうかがえよう。

終章　戦後の終わり

自主的な憲法改正は可能だったか？

南原繁は後年、日本政府の憲法改正に対する態度を踏まえ、「最大限度の自主的な改正をするという態度を持していたならば、果してどういうふうになっていただろうか。占領軍司令部として、やはりああいう草案〔＝ＧＨＱ草案〕を出したであろうか。少なくとも、もう少し折衝の余地があったのではなかろうか」と指摘した。そのうえで、「日本の側で、こちらから先手を打ってやったときにはどうなったか――これは後世、歴史の問題として残ることではないでしょうか」と語ったことがある。[1]

この南原の回想のように、押しつけに至らなかった可能性、自主的な憲法改正の可能性はあったのだろうか。

そんなことは不可能と断定したのは、政府の憲法問題調査委員会（松本委員会）に関わった宮沢俊義である。南原らの批判に対して、宮沢は「かりに彼ら〔政府や議会の指導者層〕がもっと目先がきいていて（そういうことはとても想像できないことですが）自分たちの手でマッカーサー草案と同じ内容の憲法草案を作ったとすれば、なるほど総司令部からマッカーサー草案を押しつけられずにすんだでしょうが、それはそのほうが体裁がよかったというだけの話〔中略〕。日本の指導者たちが自分の欲しない憲法草案を占領軍の圧力に屈して作る点では、あまりちがわない。要するに、一種の国際的圧力に応じて新しい憲法草案ができたということです」と反論した。[2] 宮沢の反論はいくつかの誤った前提に立っている。ＧＨＱも最初からＧＨＱ草案を用意していたわけではなく、時期によりその姿勢が変化している。それを等閑視して、ＧＨＱ草案が必ず押しつけられると話す時点で、時系列を無視した暴論であろう。

　そもそもマッカーサー自身の見解も定まったものではなかった。マッカーサーと憲法について検討した小倉裕児《おぐらゆうじ》は、「日本人関係者がマッカーサーとの緊密な連絡のもとで草案起草を続けていたならば、マッカーサーが民政局〔ＧＳ〕に草案起草を命じた可能性は小さくなっていただろう」とまとめた。[3] こうしたマッカーサーの姿勢を踏まえるならば、日本側が十分な対応を行わなかったことの政治的意味は、見落とすべきではない。

　他に、ＧＨＱの体制を指摘する、天川晃《あまかわあきら》の議論が参考になる。天川は、憲法改正にＧＳが関与するようになったのはなぜか、という点を重視する。天川は、一九四五年十二月十五日に二代目の民政局長として着任したホイットニーが一九四六年一月中にＧＳを憲法改正問題に関与させるように活動していた可能性を指摘する。最終的にマッカーサーの決断により、ＧＳがＧＨＱ草案を起草した。[4] 以上を整理するならば、マッカーサーのもとにホイットニーが着任するまでは、ＧＳの文官が参謀部の軍人をリードする体制ではなかった。ホイットニー着任後にGSが憲法改正に取り組めるような体制が出来上がっていたからこそ、マッカーサーはGSに命じて憲法草案を書かせることが可能となった。逆にいうと、ホイットニー着任以前、あるいはGS優位が実現する前であれば、GSが日本側に草案を提示して、憲法改正を主導するのは難しかっただろう。こうしたGS側の体制が整う前であれば、日本側が主導できる余地は大きかったと評価できよう。

また、成田憲彦《なりたのりひこ》は、極東委員会が一九四六年七月二日に決定した「日本の新憲法についての基本原則」で国民主権の明示が求められたのに対して、アメリカ側のSWNCC228（一月七日決定、十一日にマッカーサーに通達）は「主権の所在については直接言及するところがなかった」と指摘する。[5]極東委員会の要求により、国民主権が明示された（第五章）。

このように、マッカーサーの見解、GHQの体制、国際情勢など、様々な論点を確認すると、宮沢が想定する論は成り立たない。法制局関係者が断定したように、一九四六年二月一日の『毎日新聞』のスクープの出所が宮沢であったならば、押しつけ憲法を招いた政治的責任から逃れることは難しい。松本委員会や宮沢らの失態は誰の目にも明らかであったために、宮沢は無理筋でも強弁せざるをえなかったのではないか。

それでは、いつの時点だったら自主的な憲法改正が可能だったか。

高木八尺は後年まで、松本烝治国務相にGHQと交渉したほうがよい、との忠告が失敗に終わった一九四六年一月二十六日のことを惜しがっていた。高木にインタビューした大友一郎《おおともいちろう》は「この日、高木先生が本当にがっくりと肩を落として部屋を出ていかれた」と語ったという。[6]高木は、松本委員会がGHQの意向を探ろうとしなかったこともあり、「失敗する運命にありました」と評していた。[7]

それよりも遡り、一九四五年内に対応していれば、いち早く先手を打つことが可能であったとも考えられる。そこで浮かぶのは近衛文麿や佐々木惣一が関わった内大臣府案である。佐藤達夫は、内大臣府案について、「近衛その他の関係者がつねにアチソンらと緊密な連絡をとり、たびたび先方の意見を打診しながら立案を進めたということは、後述、政府の憲法問題調査委員会における立案作業にはみられなかった特色」と評価した。[8] それからアチソンが示した意向は、国民主権も明示されず、GHQ草案に比べ「よほど〝鷹揚〟なもの」と評価した。それゆえ「少々卑近な着想ではあるけれども、もし、この段階において、日本政府の憲法改正作業が完結していたとすると、そのできあがりの形は、現在のそれとはちがったものになっていたのではないか・というような気もちも浮んでくる」とも論じた。[9] 高木もまた、松本委員会が内大臣府案を「研究し、これから採り入れるところがあつたならば、わが国の憲法の運命は、違つたものになつていたことでしよう」と指摘した。[10] 田畑忍は、内大臣府案を松本委員会が「無視または軽視して検討しようともしなかったところに、むしろ政府側の帝国憲法改正についての不熱意と怠慢のあったことが、いわゆる語るに落ちて曝露《ばくろ》されている」と評した。[11] こうした評価はごくわずかにとどまり、ほとんどの研究は内大臣府案の政治的意義を軽視してきた。[12] 本書で論じた通り、内大臣府廃止のタイミングでなくとも、昭和天皇が何度も下げ渡した時点で、政府が内大臣府案をたたき台に議論を進めていれば、内容の改正と、なによりも早急な対応は可能だったと思われる。

時系列に沿ってまとめたい。

幣原喜重郎首相ら政府関係者が、近衛による内大臣府案を強烈に排撃し、その結果が政府の憲法草案作成の遅滞につながったこと、かつGHQと全く連絡しなかったことがGHQ草案の押しつけにつながったことを踏まえると[13]、内大臣府案は一定の再評価に値すると考えられる。天川や成田らの指摘するGHQ内部の権限争いや国際情勢をも考慮すると、歴史にifはないが、内大臣府案をたたき台に憲法改正作業を進めていたならば、おそらく日米合作で、穏当な形の憲法改正が実現した可能性は高い。だが、実際の歴史はそうはならなかった。内大臣府案を排撃し、昭和天皇の下げ渡しや高木の忠告を敢えて無視したことが、結果的に二月十三日のGHQ草案の押しつけにつながった。それだけに、松本や金森徳次郎ら憲法担当国務大臣をはじめとして政府関係者が自己正当化を図るには、内大臣府案の内容とタイミングは、きわめて都合が悪かった、と評価できよう。そのために内大臣府案の現物が厳重に金庫にしまい込まれたのではないか。実際のところ、松本国務相や金森国務相らは、内大臣府案やその関係者を強く警戒した。佐々木は排撃されたし、高木も河井弥八の推挙がなければ貴族院議員に勅選されたかどうかも怪しい。

逆説的だが、内大臣府案のような日米合作路線をとらなかったからこそ、憲法改正が押しつけに帰着し、極端なハードランディングとなった。その結果、憲法自律性の原則が破綻したことが露わになったと評価することもできよう。

「之を記録に留めて屈服するの外なし」

従来の憲法史では、「押しつけ憲法」か否か、という論点が大きな存在を占めていた。そのことは押しつけられた原因から目をそらす効果を持ったように思われる。本書はそこに注目し、幣原首相以下、松本国務相や宮沢の政治的責任が大きかったのではないかと論じた。南原らが批判した通り、幣原首相の憲法改正に対する消極姿勢は際立っていた。

当時、幣原とやり取りした木戸幸一内大臣の日記には、一九四五年十月九日、閣僚親任式までの間に、幣原首相と憲法改正について協議したとある。幣原首相は「極めて消極的」で、運用で対応可能と考えていた。木戸も同意見ではあるものの、アメリカは「〔憲法〕改正を強要せらるべし」と述べたところ、幣原首相は「武力にて敵する能《あた》はず、其の場合、之を記録に留めて屈服するの外なし」と応じたという。[14]

後年の回想では、幣原首相の発言のニュアンスがやや違うので、そちらも紹介しておこう。木戸が幣原首相にマッカーサーが憲法改正案を押しつけてきたらと問うと、「そりゃ押しつけられたら、記録に残して言うことをきく外ないかもしれないけど、それまで改正する必要はない」と断言したという。[15] 木戸の別の回想では、マッカーサーに憲法を「押しつけられたんじゃあ大変まずいじゃないか」と言うと、幣原は「それはもうしかたがない」と発言したとする。[16]

表現は違えども、木戸の記録や回想によれば、占領という現実のもとで、幣原は憲法を押しつけられることを覚悟していたとまとめられる。

その後の閣議でも、幣原首相は消極的発言に終始した。芦田均厚生大臣は日記に、十月十日午前の閣議における幣原首相の様子を「憲法を改正しなくとも、解釈に依つて如何ようにも運用が出来るとの主張である」と記している。[17] このように幣原首相はその消極姿勢を変えなかったのだから、憲法が押しつけられたのは必然だったのだろう。

実際にＧＨＱ草案が押しつけられると、幣原首相はＧＨＱに対して、昭和天皇がＧＨＱ草案に何の不満も示さず、そのまま受け入れたという聖断を強調して伝えた。それは天皇を守るための行動であった。同時に、昭和天皇の意向に忠実に行動し、第一条の翻訳を変更した。以上を踏まえるならば、憲法改正時における幣原首相の行動は、ＧＨＱと昭和天皇の間にあって、盾となって昭和天皇を守ろうとしたという評価になろう。

昭和天皇の敗北

本書で論じた通り、昭和天皇の希望は聖断神話によって覆い隠されてきた。実際には、一九四六年二月二十二日に幣原首相に対して、国民主権に納得しない旨の意を示した可能性がきわめて高い（第一章）。そもそも、昭和天皇は憲法改正を不要と考えていたわけではない。昭和天皇は政府案よりも内大臣府案を高く評価するなど、その方針を明確に示していた（第二章）。しかし、その後、ＧＨＱ草案に明記された象徴（symbol）に納得した形跡はない。むしろ、帝国議会での審議に入る前に、貴衆両院議員らに対して、聖断と正反対の内意を示した。こうして元首の地位を確認する方針が決定したのである（第四章）。それにより、帝国議会では主権に関わる事項が論じられた。だが、ＧＨＱの圧倒的な権力により、国民主権が明記された。第七条の修正もできなかった。こうして昭和天皇の希望は実現しなかった（第五章・第六章）。

日本国憲法のもと、政府の運用により、対外的には元首とみなされるようになった。この扱いに昭和天皇が満足していたかは分からない（第七章）。しかしながら、結果的に国体は護持されたのではないか。

聖断神話の意図せざる結果

幣原が「第三の聖断」を強調したことは、松本委員会以来の政府の憲法改正作業を正当化する効果をもたらしたように思われる。同時に、それは意図せざる結果にもつながったのではないか。すなわち、日本国憲法第九条への注目の喚起である。

近年、歴史学の分野では、熊本史雄《くまもとふみお》や種稲秀司《たねいねしゅうじ》による幣原の伝記が刊行された。両著とも九条幣原発案説が成り立たないと論じた。[18] 今なお九条幣原発案説をとる見解も存在するが、[19] 佐々木髙雄《ささきたかお》の精緻な研究により否定されており、改めて論じる必要性は薄い。[20] 種稲によれば、「遺されている幣原の演説原稿、草稿、新聞・雑誌記事に一通り目を通して気づいたのは、幣原は憲法九条の精神は語ったが、没後に公刊された『外交五十年』を除き、自らの発案で戦争放棄を憲法に組み込んだと公言していない」という。こうした幣原の姿勢にはマッカーサーの方針転換が影響したと考えられている。一九五〇年一月に、マッカーサーは国家の戦争権を否定したという日本国憲法に関するかつての説明を変更し、憲法九条は「日本人みずから考え出したもの」とした。さらにGSのホイットニー局長が「元首相の幣原喜重郎氏によつて進言」されたと補足した。九条の発案者が幣原だとするマッカーサーらの説明に、幣原は当初不快感を示した。だが、占領下でもあり、種稲は「GHQの公式見解に従わざるを得なかった」と評した。[21] マッカーサーはその後も『マッカーサー回想記』（一九六四年）などで九条幣原発案説を繰り返す。そうしたことから人々の目は第九条に関する幣原の発言や著作に注がれた。

これに対して、幣原は第一条については一貫して聖断を強調した。既に述べた通り、その背景には、昭和天皇擁護という目的があった。聖断神話により、第一条に関する議論はほぼなされなかった。

幣原が日本国憲法に関して何を語り残したのか、「幣原喜重郎絶筆[22]」として一九五一年四月に刊行された『外交五十年』を確認したい[23]。奥付を見れば明らかなように、『外交五十年』は幣原が没した一九五一年三月の、翌月に刊行されている。

第一部（本篇）が終わった後には次のような記載がある。「本篇、公人としての私の回顧の記録は、ここで一応打切ることとする[24]」。その数ページ前、「軍備全廃の決意」の項で、第九条について自らが発案したかのように述べた。もっとも、注目すべきはそれに続く部分、本篇の最後の最後に書いた「難航した憲法の起草」であろう。

> 新憲法において、天皇は日本の象徴であるといって、「象徴」という字を用いた。私もこれはすこぶる適切な言葉だと思った。象徴ということは、イギリスのスタチュート・オブ・ウェストミンスターという法律、これは連邦制度になってからだから、そう古い法律じゃない。その法律の中に、キングは英連邦（ブリティッシュ・コンモン《ママ》ウェルス・オブ・ネーションズ）すなわちカナダやオーストラリアや南アフリカなどの国の主権の象徴（シンボル）であると書いてある。それから得たヒントであった[25]。

幣原が最後に書き残さねばならなかったことは、第一条に関する事項に他ならない。

日本国憲法第一条は「日本国の象徴であり日本国民統合の象徴」である。それとは違い、「国の主権の象徴」と記した。英語の達人とされた幣原が、こんな簡単なミスを犯すものだろうか。この記述は意図的なもののように思われる。

本書の議論を踏まえれば、幣原は第一条に関する昭和天皇の希望を知っていたのは間違いない。しかしながら、事実のすべてを「記録に留め」ることはできなかった。いまだに占領下にあったのだから。それでもなお、占領という厳しい状況下で、昭和天皇の希望を叶えるべく尽力し、実現できなかったことを、幣原は遺言として書き残したように思われる。

「幣原喜重郎絶筆」と書かれた『外交五十年』（1951年刊）の帯

まとめると、幣原は第一条に関する昭和天皇の発言をさりげなく残したものの、人々の注目を集めたのは第九条であった。さらに聖断神話に幻惑され、昭和天皇の希望も、幣原や吉田茂らの苦闘も、貴衆両院議員たちの活動も、正確な意味づけがなされなかった。あるいは「主君押し込め」という現実からの、無意識的な逃避だったのかもしれない。

いずれにせよ、多くの人々が聖断神話に踊らされてきたのではないか。

本書で論じたことを踏まえるならば、戦後は、統治権の総攬者たる昭和天皇が実際には了解していなかったにもかかわらず、GHQ草案を了解したという物語から始まった。戦後とは、聖断神話のうえに成り立った、虚構に他ならない。

その虚構を支えてきたのが天皇である。坂元一哉は言う。「もし占領終了後に、実は天皇は不満だった、閣議で決まったことをやむをえず受け入れられた、といったようなことが伝われば、改正憲法〔＝日本国憲法〕のその後の定着は、難しくなっていただろう。GHQ草案についての天皇の判断が憲法改正に占めた意義は強調されてしかるべきである」。そのうえで、憲法第一条は「わが国の歴史文化と民主主義を調和させる条文として、まさに戦後民主主義の大黒柱の役割を果たしてきたといえるだろう」と、戦後の大黒柱としての意義を高く評価した[26]。天皇の振舞いが戦後体制を安定させた、とも言い換えられよう。しかしながら、それは表面的な振舞いに光を当てたにすぎないのではないか。

その意味で、平成二十八（二〇一六）年八月八日、平成の天皇がメディアを通じて、おことばを発したことは、そうした虚構を打ち破る「強烈な問題提起」（「天皇の公務の負担軽減等に関する有識者会議」の座長代理を務めた御厨貴の表現）に他ならない[27]。戦後が儚《はかな》い土台のうえに成り立っていたことが可視化されたことで、昭和天皇が演じ、国民が信じてきた幻想は跡形もなく崩れ落ちた。一度崩壊した虚構を再び信じることは不可能であろう。

紛れもなく戦後は終わったのである。

注

はじめに

1　佐藤達夫著、佐藤功補訂『日本国憲法成立史　第三巻』（有斐閣、一九九四年）二〇一二二頁。

2　吉田茂『回想十年　上』（中公文庫、二〇一四年改版）三五六―三五七頁。

3　猪木正道『評伝吉田茂　3　雌伏の巻』（ちくま学芸文庫、一九九五年）四〇五頁。

4　他にも、二・二六事件の鎮圧を命じた意思表示をもって聖断とする評価も存在する。日本史上の大事件であるものの、国論を二分するような内容ではないため、ここでは聖断とカウントしない。

5　幣原喜重郎『外交五十年』（読売新聞社、一九五一年）二一三頁。幣原は「戦争を放棄し、軍備を全廃して〔中略〕私だけに関する限り、前に述べた信念からであった」「こんどの新憲法というものは、日本人の意思に反して、総司令部の方から迫られたんじゃありませんかと聞かれるのだが、それは私の関する限りそうじゃない、決して誰からも強いられたんじゃない」と記した。

6　代表的な研究として、佐藤達夫『日本国憲法成立史』全四巻（有斐閣、一九六二、一九六四、一九九四年。第三巻・第四巻は佐藤功補訂）、西修『日本国憲法はこうして生まれた』（中公文庫、二〇〇〇年）、古関彰一『日本国憲法の誕生　増補改訂版』（岩波現代文庫、二〇一七年）、高見勝利「解説　周辺資料から読み解く「押しつけ」の実相」芦部信喜・高橋和之・高見勝利・日比野勤編著『日本立法資料全集73　日本国憲法制定資料全集（3）――マッカーサー草案・改正草案要綱』（信山社出版、二〇二一年）所収、など。

7　代表的な伝記研究として、伊藤之雄『昭和天皇伝』（文藝春秋、二〇一一年）、原武史『昭和天皇』（岩波新書、二〇〇八年）、古川隆久『昭和天皇――「理性の君主」の孤独』（中公新書、二〇一一年）など。

8　代表的な伝記研究として、熊本史雄『幣原喜重郎――国際協調の外政家から占領期の首相へ』（中公新書、二〇二一年）、種稲秀司『幣原喜重郎』（吉川弘文館、二〇二一年）、服部龍二『増補版　幣原喜重郎――外交と民主主義』

（吉田書店、二〇一七年）など。

9　代表的な研究として、雨宮昭一『占領と改革　シリーズ日本近現代史7』（岩波新書、二〇〇八年）、五百旗頭真『占領期――首相たちの新日本』（講談社学術文庫、二〇〇七年）、五百旗頭真『日本の近代6　戦争・占領・講和　1941〜1955』（中公文庫、二〇一三年）、楠綾子『現代日本政治史1　占領から独立へ』（吉川弘文館、二〇一三年）、福永文夫『日本占領史　1945―1952――東京・ワシントン・沖縄』（中公新書、二〇一四年）など。なお、雨宮と五百旗頭、楠は「二月二十二日説」をとっている。福永は三月五日にも言及する。

10　加藤陽子『天皇の歴史8　昭和天皇と戦争の世紀』（講談社学術文庫、二〇一八年）。

11　小宮京『語られざる占領下日本――公職追放から「保守本流」へ』（NHKブックス、二〇二二年）序章。

第一章

1　これに反対する見解も存在する。例えば、大石眞『日本憲法史　第二版』（有斐閣、二〇〇五年）三二五頁は、「ポツダム宣言が「国民主権」を要求し、その実施が憲法改正の義務まで含むと考えるのは、無理があろう」と指摘する。

2　福永『日本占領史　1945―1952』二一―二三頁。

3　例えば、『芦田日記　第一巻』一九四六年二月十九日（七五―七六頁）。『松本烝治氏に聞く』（憲法調査会事務局、一九六〇年）二七頁も参照。

4　福永『日本占領史　1945―1952』三九―四〇頁。

5　福永『日本占領史　1945―1952』四一―四四頁。

6　神野潔編著『教養としての憲法入門』（弘文堂、二〇一六年）第三章、五七頁。

7　大石『日本憲法史　第二版』二九四頁。国体と日本国憲法については、苅部直『基点としての戦後――政治思想史と現代』（千倉書房、二〇二〇年）第九章を参照。

8　清宮四郎「国民主権と天皇制」同著、樋口陽一編・解説『憲法と国家の理論』（講談社学術文庫、二〇二一年）所収、二二七―二二八頁。正確には「いわゆる君主主義の原理が強く浸透した立憲君主制」と評される（大石『日本憲法史　第二版』二九二頁）。

9　伊藤博文著、宮沢俊義校註『憲法義解』（岩波文庫、一九四〇年）二二、二八頁。

10　美濃部達吉「私は思ふ」憲法研究会編『新憲法と主権』（永美書房、一九四七年）所収、一頁。

11　宮沢俊義『憲法大意』（有斐閣、一九四九年）一七九頁。

12　現在の憲法学における「元首」の意味については、定義によるというのが一般的であろう。もちろん、それでも差異は存在する。例えば、樋口陽一・中村睦男・佐藤幸治・浦部法穂『注解法律学全集　憲法I』（青林書院、一九九九四年）と大石眞『憲法概論Ⅰ　総説・統治機構』（有斐閣、二〇二一年）を参照。ご教示いただいた小島慎司先生に感謝する。

13　西『日本国憲法はこうして生まれた』、古関『日本国憲法の誕生　増補改訂版』、大石『日本憲法史　第二版』などを参照。

14　『昭和天皇実録　第十』一九四六年三月五日、六一―六三頁。引用は六二―六三頁。

15　『側近日誌』一九四六年二月十二日、三月六日。

16　『昭和天皇実録　第十』一九四六年五月三十一日、一一七頁。

17　Supreme Commander for the Allied Powers, Government Section, *Political reorientation of Japan, September 1945 to September 1948: report of Government Section, Supreme Commander for the Allied Powers*, U.S. Government Printing Office, 1949.

18　連合国最高司令部民政局編、小島和司・久保田きぬ・芦部信喜訳『憲資・総第一号　日本の新憲法』（憲法調査会事務局、一九五六年）五五頁。

19　高柳賢三・大友一郎・田中英夫編著『日本国憲法制定の過程　Ⅱ解説』（有斐閣、一九七二年）九六頁。

20　憲法調査会『憲法制定の経過に関する小委員会報告書』（憲法調査会事務局、一九六一年）三七二頁。

21　『芦田日記　第一巻』一九四六年二月二十二日、八〇頁によれば、午前十一時四十分までは続いている。

22　『昭和天皇実録　第十』一九四六年二月二十二日、四六頁。

23　『芦田日記　第一巻』一九四六年三月五日、八七頁。

24　『日本国憲法制定に関する談話録音　吉田茂』（国会図書館憲政資料室所蔵）。その内容の要約は、「吉田元首相の回顧録音要約」『朝日新聞』一九七七年四月十八日夕刊を参照。要約によれば、二十二日午後に松本国務相とＧＨＱを訪ねたことについても「一緒に行かなかったように思う。記憶はありません」と否定している。本文で記した通り、実際には吉田外相は松本国務相とともにＧＨＱを訪ねた。

25　佐藤達夫『日本国憲法誕生記』（中公文庫、一九九九年）三四頁。他に、西『日本国憲法はこうして生まれた』一二五頁は「この文献にも明らかな記述ミスと思われるものも見られ、注意して読まなければならない」と指摘する。

26　『日本国憲法成立史　第三巻』六六―六七頁。佐藤功による「追補」。

27　武田知己編『松村謙三　三代回顧録』（吉田書店、二〇二一年。原著は一九六四年）三〇七―三〇八頁。

28　『初期日本国憲法改正論議資料』一六四頁。

29　『側近日誌』一九四六年二月二十三日、二二〇頁。

30　入江俊郎「日本国憲法成立の経緯」同『憲法成立の経緯

と憲法上の諸問題　入江俊郎論集』（入江俊郎論集刊行会、一九七六年）所収、二四三頁。入江俊郎に聞き取りを行った際の宮沢の発言。

31　高見勝利「「平和国家ノ確立」から「平和憲法の公布」まで」『歴史学研究』九六二号（二〇一七年）八頁。

32　高見「解説　周辺資料から読み解く「押しつけ」の実相」一三一頁。なお、二月二十二日説をとる論者は三月五日説を否定する傾向がある。

33　一例を挙げると、東宮御学問所評議員を務めた山川健次郎の日記は用いられていない。刊本として、尚友倶楽部・小宮京・中澤俊輔編『尚友ブックレット28　山川健次郎日記』（芙蓉書房出版、二〇一四年）。

34　幣原平和財団編『幣原喜重郎』（幣原平和財団、一九五五年）六五六―六五八頁。また、勅語が出た三月六日を聖断の日付とする。

35　坂元一哉「戦後日本と「帝国」再生の条件――憲法、平和条約、安保条約」『阪大法学』七〇巻三・四号（二〇二〇年）四一二―四一五頁。引用は四一五頁。

36　『芦田日記　第一巻』一九四六年二月二十二日、七九頁。幣原首相の閣議での報告。

37　古関『日本国憲法の誕生　増補改訂版』一八二―一八三頁。

38　『芦田日記　第一巻』一九四六年二月二十二日、七九頁。

39　『昭和天皇実録　第十』一九四六年二月二十二日、四六―四八頁。引用は四六頁。

40　吉田『回想十年　上』三五一、三五六―三五七頁。吉田の「第三の聖断」記述については、本書第五章を参照。

41　猪木『評伝吉田茂　3　雌伏の巻』四〇五頁。

42　『芦田日記　第一巻』一九四六年三月五日、八九―九〇頁。

43　『日本国憲法制定に関する談話録音　速記録（談話者佐藤達夫）』（国会図書館憲政資料室所蔵）五四頁。

44　西『日本国憲法はこうして生まれた』二七四頁。

45　渡辺治『戦後政治史の中の天皇制』（旬報社、二〇二三年。原著は一九九〇年）一〇七―一二〇頁。引用は一一八頁。渡辺の検討対象は吉田の『回想十年』のみであり、幣原の発言の真偽には言及していない。

46　入江「日本国憲法成立の経緯」二一七頁。

47　『憲法調査会第五回総会議事録』（憲法調査会、一九五七年）一五―一六頁。

48　入江「日本国憲法成立の経緯」二一七、二四五―二四六頁。

49　『小林日記』一九四六年三月七日、三八七頁。

50　御厨貴・岩井克己監修『徳川義寛終戦日記』（朝日新聞社、一九九九年）一九四六年三月五日。徳川義寛・岩井克己（聞き手）『侍従長の遺言』（朝日新聞社、一九九七年）

一四六頁。
51 「貴族院手帖「日記」」『三邉謙関係文書』（東京大学大学院法学政治学研究科附属近代日本法政史料センター原資料部所蔵）一、一九四六年三月五日。
52 「三六　司令部側トノ交渉一般ⅠⅡⅢ」東京大学占領体制研究会編『松本文書Ⅱ』（東京大学法学部図書館所蔵）所収、七五七頁。「松本烝治文書」を複写、製本したものである。『松本烝治氏に聞く』四二頁も参照。
53 松本烝治『憲資・総第二十八号　日本国憲法の草案について』（憲法調査会事務局、一九五八年）二六頁。
54 『松本烝治氏に聞く』五五―五六頁。
55 『小林日記』一九四六年三月六日、三八六頁。
56 『日本国憲法成立史　第三巻』二六、四七頁。
57 『芦田日記　第一巻』一九四六年二月二十二日、七九頁。
58 『側近日誌』一九四六年二月二十三日、二二〇頁を参照。
九一条まで存在するため、いわゆる「外務省仮訳」と考えられている。
59 「三六　司令部側トノ交渉一般ⅠⅡⅢ」七一七頁。『松本烝治氏に聞く』三〇頁も参照。
60 「会見記［１９４６年2月22日］」『入江俊郎文書15（「三月六日発表憲法改正草案要綱」の内）』（電子展示会）。
61 『日本国憲法成立史　第三巻』六五―七五、九三頁。
62 西『日本国憲法はこうして生まれた』三四三―三四八頁。
63 『日本国憲法制定に関する談話録音　速記録（談話者佐藤達夫）』一六頁。佐藤は「松本〔国務相〕さんから伺った」とする。
64 入江俊郎「憲法制定当時の事情」自由党憲法調査会編『特別資料一　日本国憲法制定の事情』（自由党憲法調査会、一九五四年）所収、八〇頁。
65 『芦田日記　第一巻』一九四六年三月五日、八八頁。
66 『日本国憲法成立史　第三巻』一六四、一八九頁。
67 『日本国憲法成立史　第三巻』六九、九三頁。
68 原田一明「宮沢俊義文庫（2）：新憲法制定に関する松本丞《ママ》治先生談話（１９４７）」『立教法学』九四号（二〇一六年）九五頁。佐藤達夫は前文の削除に触れ「松本大臣の気持ちからいって、いわば〝黙殺〟ということではなかったかと思う」と評した（佐藤『日本国憲法誕生記』四六頁）。
69 『日本国憲法成立史　第三巻』一〇六、一六三頁。
70 すべて、電子展示会から引用した。
71 『芦田日記　第一巻』一九四六年三月五日、九〇頁。
72 後年、昭和天皇は自らの考えを首相に伝達し、首相の責任で処理させたことがある。小宮『語られざる占領下日本』第三章を参照。
73 『芦田日記　第一巻』一九四六年二月二十二日、七八―七九頁。

74 『小林日記』一九四六年二月二十二日、三八〇頁。
75 入江「日本国憲法成立の経緯」二六七－二六八、三二二－三二四頁。説明要旨は三四三－三四八頁に掲載。引用は二六八頁。
76 武田編『松村謙三　三代回顧録』三〇七－三〇八頁。
77 原田「宮沢俊義文庫（2）：新憲法制定に関する松本丞《ママ》治先生談話（1947）」九五頁。
78 『小林日記』一九四六年二月二十二日、三八〇－三八一頁。
79 『芦田日記　第一巻』一九四六年二月二十二日、七九頁。
80 A・リックス編、竹前栄治・菊池努訳『日本占領の日々――マクマホン・ボール日記』（岩波書店、一九九二年）六六頁。
81 『小林日記』一九四六年二月二十二日、三八〇頁。
82 福永文夫「占領と戦後日本――GHQ文書と外務省文書から」『外交史料館報』第三〇号（二〇一七年）三七頁。
83 『芦田日記　第一巻』一九四六年二月二十二日、七八－七九頁。
84 「衆参両院議長、マッカーサー元帥往訪の会談要旨（昭和二十五年五月八日　佐藤尚武記）」『日本国憲法制定関係資料　幣原喜重郎資料その2 NKS-1 R.4』（国会図書館デジタルコレクション）。
85 高柳賢三『天皇・憲法第九条』（書肆心水、二〇一九年。原著は一九六三年）二七頁、佐々木高雄『戦争放棄条項の成立経緯』（成文堂、一九九七年）一〇－一一頁。マッカーサー・ノートは「マッカーサー三原則」と呼ばれることが多いが、実際は五項目だったことは佐々木、同書を参照。
86 「〔会見記録〕英国のような立憲君主国がよい」高橋紘『陛下、お尋ね申し上げます』（文春文庫、一九八八年）所収、三二一頁。
87 松本『憲資・総第二十八号　日本国憲法の草案について』一一頁。
88 「第九十回帝国議会　衆議院　帝国憲法改正案委員会第四号　昭和二十一年七月三日」。
89 連合国最高司令部民政局編『憲資・総第一号　日本の新憲法』四七頁。
90 茶谷誠一『象徴天皇制の成立――昭和天皇と宮中の「葛藤」』（NHKブックス、二〇一七年）はマッカーサーやGS関係者が「イギリス流立憲君主制のように、象徴天皇にも政治的権能を付与すべきか否かについて」は明確に否定したとする（二一一頁）。
91 服部『増補版　幣原喜重郎』二八〇－二八一頁。
92 ウェストミンスター憲章の意義については、小川浩之『英連邦――王冠への忠誠と自由な連合』（中公叢書、二〇一二年）第二章を参照。
93 「Statute of Westminster, 1931.」https://www.legislation.

gov.uk/ukpga/1931/4/pdfs/ukpga_19310004_en.pdf（二〇二三年十月二十二日閲覧）。

94 「イギリス国王の地位及び存在意義（清宮四郎）」『佐藤達夫関係文書』（国会図書館憲政資料室所蔵）一二五。翻刻として、「〔資料5〕イギリス国王の地位及び存在意義（清宮四郎）」芦部信喜・高橋和之・高見勝利・日比野勤編著『日本立法資料全集76　日本国憲法制定資料全集（6）』（信山社出版、二〇〇一年）所収、一四三頁。他に、高柳『天皇・憲法第九条』三二頁では「クラウンは英コモンウェルスの成員の自由な結合の象徴」、中村政則『象徴天皇制への道——米国大使グルーとその周辺』（岩波新書、一九八九年）一七七頁では「王位はイギリス連邦構成国の自由な連合の象徴であり」と訳されている。

95 二月二十六日の拝謁に関して、入江「日本国憲法成立の経緯」二四四頁は、拝謁は十時から二十分と短いため「このときはどういうお話があつたかわかりません」とする。

96 『日本国憲法成立史　第三巻』六九頁。

97 『芦田日記　第一巻』一九四六年二月二十五日、八一—八二頁。

98 『小林日記』一九四六年二月二十五日、三八二頁。

99 「〔資料13〕日本国憲法（第二稿）」芦部・高橋・高見・日比野編著『日本立法資料全集73　日本国憲法制定資料全集（3）』所収。

100 『日本国憲法成立史　第三巻』七一—七二頁。佐藤『日本国憲法誕生記』四五—四六頁も参照。

101 「幣原内閣閣議決定綴（其ノ四）自昭和二十一年二月十六日至昭和二十一年三月三十一日」（国立公文書館デジタルアーカイブ、請求番号：平14内閣00002100）で確認した。三月一日の閣議は午前十時開始、正午に終了した（「定例閣議」『読売報知』一九四六年三月二日朝刊）。

102 従来は、三月二日案は奏上用として首相に届けたものの、実際に奏上されたか否かは不明とされていた（『日本国憲法成立史　第三巻』七二—七四頁）。そのため、奏上されたことは『昭和天皇実録』刊行により、初めて明らかにされた事実である（高見「解説　周辺資料から読み解く「押しつけ」の実相」一三六—一三七頁）。

103 「三六　司令部側トノ交渉一般ⅠⅡⅢ」七三三—七四五頁。第一条に関して「地位を保有す」の表現が問題視され、変更された。その経緯は『日本国憲法成立史　第三巻』一一一頁を参照。

104 『昭和天皇実録　第十』一九四六年三月四日、六一頁。

105 『側近日誌』一九四六年三月四日、二三〇頁。

106 『昭和天皇実録　第十』一九四六年三月四日、六一頁。

107 『側近日誌』一九四六年三月四日、二三〇頁。

108 『昭和天皇実録　第十』一九四六年二月九日には松本の記載はないが、二月十二日に「去る七日及び九日、国務大臣松本烝治より聴取」とある（三六頁）。また、『側近日誌』一九四六年二月九日、二〇二頁に記載があることから、二月九日に会談したと判断する。

109 『日本国憲法成立史　第三巻』一一〇―一一一、一五三―一五四頁。

110 『芦田日記　第一巻』一九四六年三月五日、九〇頁。

111 「憲法改正草案　昭和二十一年四月十七日」（電子展示会）。

第二章

1 「内大臣府案」との表現は、『日本国憲法成立史　第一巻』二一二頁に従った。

2 『日本国憲法成立史　第一巻』二三四頁。

3 田畑忍『佐々木博士の憲法学』（一粒社、一九六四年）一六〇頁。田畑は「天皇制維持の一線を貫いている点で、佐々木改正案が保守的であることは否定することができない」と付け加える（一六一頁）。

4 古関『日本国憲法の誕生　増補改訂版』第二章。

5 松尾尊兊「敗戦前後の佐々木惣一――近衛文麿との関係を中心に」『人文學報』九八号（二〇〇九年）。

6 伊藤孝夫『佐々木惣一――論理ノ正確ハ法理探究ノ目標ナリ』（ミネルヴァ書房、二〇二四年）三四〇―三四二頁。

7 「第一回有志研究会経過」『憲政資料』（参議院事務局所蔵）九頁。この会合については第四章で詳述。

8 豊下楢彦『昭和天皇の戦後日本』（岩波書店、二〇一五年）三―四頁。『昭和天皇実録　第九』一九四五年九月二十一日、八二三頁。

9 「近衛国務相、「マックアーサー」元帥会談録　昭和二十年十月四日」（電子展示会）。

10 細川護貞『細川日記　下』（中公文庫、二〇〇二年改版）一九四五年十月七日、四四六頁。

11 『木戸日記　下巻』一九四五年十月八日（一二四一頁）。

12 『木戸幸一政治談話録音速記録　第二巻』（国会図書館憲政資料室所蔵）一七四頁。

13 『木戸日記　下巻』一九四五年十月九日、十日（一二四一―一二四二頁）。

14 『日本国憲法成立史　第一巻』一八六―一八七頁。

15 細川『細川日記　下』一九四五年十月七日、四四六―四四七頁。細川が前日に富田健治と会見した際の話であり、富田も経緯を知っていた。

16 住本利男『占領秘録』（中公文庫、一九八八年）二三一頁。富田の談話。前掲「近衛国務相、「マックアーサー」元帥会談録」も参照。

17 小宮京『自由民主党の誕生――総裁公選と組織政党論』（木鐸社、二〇一〇年）第一章。

18 伊藤隆ほか編『高木惣吉　日記と情報　下巻』（みすず書

房、二〇〇〇年）一九四五年十一月十三日、十二月十六日。

19　内田信也『風雪五十年』（実業之日本社、一九五一年）三七二頁。近衛新党の動きは、升味準之輔『戦後政治 上』（東京大学出版会、一九八三年）九五―九九頁を参照。

20　佐藤功『憲法改正の経過』（日本評論社、一九四七年）二四頁も、「近衛公等らがこれに従事することに対する反感」の存在に言及している。

21　古関『日本国憲法の誕生 増補改訂版』二五―二七頁。アメリカの新聞も批判的な論調であった（西『日本国憲法はこうして生まれた』六九頁）。

22　『日本国憲法成立史 第一巻』二四五―二四六頁。

23　『憲法制定の経過に関する小委員会第九回議事録』（憲法調査会、一九五八年）四五頁。高木の証言。

24　『次田日記』一九四五年十月十一日、七八―七九頁。

25　『次田日記』一九四五年十月十二日、八三頁。十月十五日の枢密院議長への説明も参照（八九頁）。

26　『次田日記』一九四五年十月十三日、八七頁。

27　『日本国憲法成立史 第一巻』二五二頁。

28　『日本国憲法制定に関する談話録音 岩倉則夫《ママ》』（国会図書館憲政資料室所蔵）四二頁。事務局をやっていた岩倉の証言。

29　竹前栄治・岡部史信『日本国憲法・検証 1945―2000 資料と論点 第一巻 憲法制定史』（小学館文庫、二〇〇〇年）六七―七〇頁。『日本国憲法成立史 第一巻』一九一―一九四頁も参照。

30　松尾「敗戦前後の佐々木惣一」一三〇―一三一頁。

31　岡義武『近衛文麿――「運命」の政治家』（岩波新書、一九七二年）。

32　「帝国憲法改正ノ必要 内大臣府御用掛 佐々木惣一奉答」（電子展示会）。

33　『昭和天皇実録 第九』一九四五年十一月二十四日、八九四―八九六頁。

34　前掲「第一回有志研究会経過」九、一一頁。

35　「近衛公の憲法改正草案」『毎日新聞』一九四五年十二月二十一日朝刊（電子展示会）。

36　伊藤『佐々木惣一』三三八頁。

37　『側近日誌』一九四六年一月十八日、一六九頁。

38　『日本国憲法成立史 第一巻』六五頁によれば、アチソンの政治顧問という立場は「〔アメリカ〕国務省がその立場からマックアーサー元帥を補佐させるためのもの」であると同時に、政治顧問事務所は総司令部の部局であった。

39　『日本国憲法成立史 第一巻』二三六頁。内大臣府案に関しては、同書第三章を参照。

40　東京大学百年史編集委員会編『東京大学百年史 通史二』（東京大学出版会、一九八五年。以下『東大百年史 通史二』と略記）九七六―九八〇頁。松沢弘陽・植手通

有・平石直昭編『定本　丸山眞男回顧談（下）』（岩波現代文庫、二〇一六年）三一頁によれば、「ＧＨＱが電話線の架設にまで来た」とする。

41　小宮『語られざる占領下日本』第二章・第三章を参照。

42　『木戸日記　下巻』一九四五年十月八日（一二四一頁）、十月九日（一二四二頁）、十一月十八日（一二五〇頁）。

43　古関『日本国憲法の誕生　増補改訂版』二三－二五頁。訓令の出典は、注三〇を参照。

44　『憲法制定の経過に関する小委員会第九回議事録』一九頁。高木の証言。

45　「憲法改正に関する私見　高木八尺」木戸日記研究会編『木戸幸一関係文書』（東京大学出版会、一九六六年）所収。

46　以下、「第八十九回帝国議会　衆議院　予算委員会　第四号　昭和二十年十二月五日」、「同　第六号　昭和二十年十二月七日」、「同　第七号　昭和二十年十二月八日」による。

47　石渡宮相談「勅命あった筈」が掲載されたのは、『毎日新聞』一九四五年十二月二十三日朝刊。松本国務相談「勅命は知らぬ」は、石渡宮相談の隣に掲載された。「近衛公草案の御下渡しなし」『読売報知』一九四五年十二月二十三日朝刊は、松本の談話のみを伝える。御下命問題の経緯は『日本国憲法成立史　第一巻』三三四－三三五頁を参照。

48　『日本国憲法成立史　第一巻』三三三－三三六、三五四－三五五頁。

49　『日本国憲法成立史　第一巻』二六四頁。美濃部達吉も松本国務相に同調した。

50　『次田日記』一九四五年十一月二十六日、一四〇頁。

51　『日本国憲法制定に関する談話録音　岩倉則夫《ママ》』一三－一四頁。事務局の岩倉の証言。『日本国憲法成立史　第二巻』五〇九－五一一頁も参照。

52　『松本烝治氏に聞く』五三－五四頁。

53　児島襄『史録　日本国憲法』（文春文庫、一九八六年）二一四－二一五頁。

54　藤田尚徳『侍従長の回想』（中公文庫、一九八七年）二一六頁。

55　『側近日誌』一九四六年一月十九日〔補注〕、一七一頁。

56　以下、特記しない限り、『日本国憲法成立史　第二巻』四八六、五〇〇－五〇一頁による。

57　国会図書館「次世代デジタルライブラリー」で「君臨すれども統治せず」を検索した。吉野は『現代政局の展望』（日本評論社、一九三〇年）で言及している。

58　『松本烝治氏に聞く』一七頁。

59　『初期日本国憲法改正論議資料』一六五頁。

60　茶谷誠一「解説」『拝謁記　第一巻』所収、二六四－二六五頁。

61　『木戸幸一政治談話録音速記録　第二巻』一七五頁。

62 「木戸幸一氏との対話」金沢誠・川北洋太郎・湯浅泰雄編『華族――明治百年の側面史』（北洋社、一九七八年）所収、一八八頁。

63 『木戸日記　下巻』一九四五年十月二十二日（一二四五頁）。

64 『木戸日記　下巻』一九四五年十月二十四日（一二四五頁）。

65 GSのケーディスと松本とは接触しなかった。「憲法第九条の成立について　チャールズ・L・ケイディス氏インタビュー」江藤淳編『占領史録（下）』（講談社学術文庫、一九九五年）所収、一七頁。

66 松本『憲資・総第二十八号　日本国憲法の草案について』六頁。

67 松本『憲資・総第二十八号　日本国憲法の草案について』四―五頁。

68 斎藤眞・本間長世・岩永健吉郎・本橋正・五十嵐武士・加藤幹雄編『アメリカ精神を求めて――高木八尺の生涯』（東京大学出版会、一九八五年）一六六―一六七頁。

69 『日本国憲法成立史　第一巻』二二〇頁。三好重夫元内閣副書記官長の証言による。発見までの経緯は、二一八―二二一頁を参照。

70 佐々木惣一『憲法改正断想』（甲文社、一九四七年）一〇九―一一〇頁。

71 前掲「第一回有志研究会経過」九頁。

72 『日本国憲法制定に関する談話録音　佐々木惣一』談話要旨（国会図書館憲政資料室所蔵）。

73 『次田日記』一九四五年十一月二十一日、一三六頁。

74 『日本国憲法成立史　第一巻』二二二、二二〇頁。

第三章

1 内藤一成『貴族院』（同成社、二〇〇八年）二一八、二二一頁。

2 例えば、古関『日本国憲法の誕生　増補改訂版』第十一章など。

3 小宮『語られざる占領下日本』。

4 『側近日誌』一九四六年一月九日、一五四頁。

5 「結局五閣僚が退陣　松本国務相は例外要請」『読売報知』一九四六年一月十二日朝刊。

6 「小林国務相は辞職　小笠原、松本両相は例外留任懇請」『読売報知』一九四六年二月十四日朝刊。

7 「四閣僚の除外例懇請」『読売報知』一九四六年三月十一日朝刊。

8 衆議院・参議院編『議会制度百年史　貴族院・参議院議員名鑑』（衆議院・参議院、一九九〇年）によれば、松本の在任期間は六月まで。

9 小宮京「公職追放解除後の鳩山一郎――鳩山一郎内閣の

権力構造を中心に」増田弘・中島政希監修『鳩山一郎とその時代』（平凡社、二〇二一年）所収。

10　増田弘『政治家追放』（中公叢書、二〇〇一年）。

11　南原繁「新学制の意義」安藤良雄編著『昭和政治経済史への証言　下巻』（毎日新聞社、一九七二年。原著は『昭和経済史への証言』一九六六年）所収、七八頁。

12　江藤淳「第三部　憲法制定経過　解説」同編『占領史録（下）』所収、三九〇、四〇八、四一六頁。

13　江橋崇『「官」の憲法と「民」の憲法——国民投票と市民主権』（信山社出版、二〇〇六年）viii頁。

14　江橋『「官」の憲法と「民」の憲法』一〇四―一〇五頁。

15　宮沢俊義「戦時下の能」『宝生』二三巻二号（一九四四年）四頁。

16　宮沢俊義「アングロ・サクソン国家のたそがれ」同『東と西』（春秋社松柏館、一九四三年）所収。弟子の芦部信喜は『東と西』が印象に残ったと語っている。佐藤功・小林直樹・小嶋和司・久保田きぬ子・芦部信喜・寿田竜輔・池田政章・深瀬忠一「［座談会］宮沢俊義先生の人と学問」『ジュリスト　臨時増刊一九七七年三月二十六日号　宮沢憲法学の全体像　宮沢俊義先生追悼』（一九七七年。以下『ジュリスト　宮沢憲法学の全体像』と略記）所収、一一〇頁。

17　小林直樹「宮沢憲法学の軌跡」『ジュリスト　宮沢憲法学の全体像』所収、一七頁。

18　『東大百年史　通史二』九六八頁。

19　教職追放に関しては、山本礼子『占領下における教職追放——GHQ・SCAP文書による研究』（明星大学出版部、一九九四年）、山本礼子『米国対日占領下における「教職追放」と教職適格審査』（学術出版会、二〇〇七年）を参照。

20　東京大学百年史編集委員会編『東京大学百年史　部局史一』（東京大学出版会、一九八六年）二五二―二五三、二五五―二五六頁。

21　『東大百年史　通史二』一〇一九―一〇二一頁。小野は九月十日付で免官とある。

22　日記刊行会編『矢部貞治日記　欅の巻』（読売新聞社、一九七四年）一九四六年五月二十日、三七頁。南原は矢部に「憲法改正原案につき、貴族院議員としての立場で」意見を求めている（同日）。

23　小宮『語られざる占領下日本』第二章を参照。

24　「憲法改正草案　昭和二十一年四月十七日」（電子展示会）。

25　我妻栄「知られざる憲法討議——制定時における東京帝国大学憲法研究委員会報告書をめぐって」『世界』二〇〇号（一九六二年）。憲法調査会事務局（一九六二年）版を用いた。

26 「我妻栄関係文書　第一部」（丸善オンラインデータベース）六一一―七である。

27 松沢弘陽・植手通有・平石直昭編『定本　丸山眞男回顧談（上）』（岩波現代文庫、二〇一六年）三一六頁。清宮四郎・鈴木竹雄・田中二郎・辻清明・林茂・丸山真男・柳瀬良幹「〔座談会〕宮沢俊義を語る」『ジュリスト　宮沢憲法学の全体像』所収、一〇〇頁も参照。

28 松沢・植手・平石編『定本　丸山眞男回顧談（上）』三一〇頁。戦時中の東大法学部の状況について、丸山の観察は、二七三―二七八頁。

29 『芦田日記　第二巻』一九四八年四月十三日、九五頁。

30 『木戸日記　下巻』一九四五年五月七日（一一九九頁）、六月一日（一二〇六頁）、八月三日（一二二二頁）、九月七日（一二三三頁）、十月十一日（一二四二頁）。

31 斎藤ほか編『アメリカ精神を求めて』九三頁。

32 鈴木竹雄「追憶」丸山真男・福田歓一編『回想の南原繁』（岩波書店、一九七五年）所収。

33 三谷太一郎『近代と現代の間――三谷太一郎対談集』（東京大学出版会、二〇一八年）一八五頁。

34 向山寛夫「民間における終戦工作」日本外交学会編『太平洋戦争終結論』（東京大学出版会、一九五八年）所収。

35 向山寛夫「南原繁先生の終戦工作」丸山・福田編『回想の南原繁』所収、二一一―二一二頁。

36 向山「民間における終戦工作」一三四―一三五頁。東大七教授の終戦工作に関しては、松浦正孝「宗像久敬ともう一つの終戦工作（上）」『ＵＰ』二六巻一号（一九九七年）も参照。

37 向山「民間における終戦工作」一三四頁。

38 中澤俊輔『治安維持法――なぜ政党政治は「悪法」を生んだか』（中公新書、二〇一二年）一七一―一七二頁。

39 南原繁述、丸山真男・福田歓一編『聞き書　南原繁回顧録』（東京大学出版会、一九八九年）三二三―三二四頁。

40 「昭和二十一年」『矢内原忠雄全集　第二十八巻　日記』（岩波書店、一九六五年）所収、二月十六日、二十三日。

41 我妻「知られざる憲法討議」三―四頁。

42 丸山・福田編『聞き書　南原繁回顧録』三二五頁。丸山は「書記係のようなことをやっていた」といい（三二七頁）、明らかに議事録を見ながら話している。

43 宮沢俊義・小林直樹「対談　明治憲法から新憲法へ」毎日新聞社編『昭和思想史への証言』（毎日新聞社、一九六八年）所収、一六八頁。

44 松沢・植手・平石編『定本　丸山眞男回顧談（上）』三一四頁。

45 「昭和二十一年」。引用は、一九四六年三月六日。

46 松沢・植手・平石編『定本　丸山眞男回顧談（上）』三一四―三一五頁。丸山眞男がその草案を書いたという。

47　我妻「知られざる憲法討議」二九頁。第一次報告に「今次の総選挙はその実質に於て憲法改正を発案する議員の選挙たる意義を帯びる」とあることから推定可能である。
48　我妻「知られざる憲法討議」四頁。
49　「冒頭に主権在民を　東大教授の修正案」『朝日新聞』一九四六年六月四日朝刊。
50　丸山・福田編『聞き書　南原繁回顧録』三三七頁。
51　古関『日本国憲法の誕生　増補改訂版』二六七頁。
52　『東大百年史　通史二』一〇二三―一〇二六頁。
53　松沢・植手・平石編『定本　丸山眞男回顧談（上）』三一七頁。
54　『憲法制定の経過に関する小委員会第十三回議事録』（憲法調査会、一九五八年）二四頁。
55　宮沢俊義「憲法記念日を迎えて」同『憲法と天皇〈憲法二十年　上〉』（東京大学出版会、一九六九年）所収、八八―八九頁。初出は『婦人公論』一九五〇年五月号。
56　宮沢・小林「対談　明治憲法から新憲法へ」一六九頁。
57　宮沢『憲法と天皇』三頁。
58　宮沢彬「父・俊義の思い出」『ジュリスト　宮沢憲法学の全体像』所収、一九九頁。
59　入江「日本国憲法成立の経緯」二〇〇頁によれば、二月十九日の閣議の時点で「総理大臣と外務大臣は松本さんから既にきいていてこの事を知つておりました」とある。
60　江藤「第三部　憲法制定経過　解説」四〇六頁。
61　江藤は論文中の「平和国家の建設」の語を宮沢がGHQ草案を見た証拠として問題視したが、古関は一九四五年九月の昭和天皇の勅語に「平和国家」が存在することを指摘した（古関『日本国憲法の誕生　増補改訂版』第十一章）。
62　古関『日本国憲法の誕生　増補改訂版』二七四―二七六頁。
63　宮沢俊義・佐藤功「マッカアサア憲法草案解説」『国家学会雑誌』六八巻一・二号（一九五四年）三―四頁。
64　江橋『「官」の憲法と「民」の憲法』六〇―六七頁。江橋はGHQ草案の通し番号を踏まえて、松本国務相の手元にあった「七番」が、宮沢の手元にあったことをさも重大事のように描く（『日本国憲法のお誕生――その受容の社会史』有斐閣、二〇二〇年、一六四―一六五頁）。しかし東大法学部の占領体制研究会に松本文書（松本旧蔵）が提供されたのだから、江橋の推測は的外れだろう。草案の通し番号に関しては、佐藤達夫「マ草案の番号」『ジュリスト』一九七一年二月十五日号を踏まえ、『日本国憲法成立史　第三巻』一六―一八頁にまとめられている。「その冊数については疑いがないでもない」（同書、一七頁）以上のことは、現状では判断不能であろう。ちなみに「マ草案の番号」で引用した松本の口述では「八、九冊ぐらい」とあるが、『入江俊郎関係文書』（国会図書館憲政資料室所蔵）一六「憲法改正経過手記」中の「松本蒸治《ママ》の話」では、「十数冊のドラフトが手渡しされた」とある。昭和二十五年三月二十一日聴取。

65 『日本国憲法成立史　第二巻』四八七―四九四、六五五―六五七頁。

66 児島『史録　日本国憲法』二四五頁。

67 田中英夫『憲法制定過程覚え書』（有斐閣、一九七九年）四五―四六頁。

68 西修『証言でつづる日本国憲法の成立経緯』（海竜社、二〇一九年）一七一頁。諸橋襄（当時、枢密院書記官長）は宮沢甲案を持っていないと否定した。

69 田中『憲法制定過程覚え書』四六頁。

70 西山柳造「松本試案をスクープ」『政治記者の目と耳　第四集』（政治記者ＯＢ会、一九九九年）所収、二四九頁。

71 「憲法施行50年　毎日新聞の「憲法草案スクープ」　西山柳造氏インタビュー」『毎日新聞』一九九七年五月三日朝刊。弟の名前は「〔追跡〕20世紀　21世紀への伝言　憲法草案スクープ――特ダネで動いた戦後史」『毎日新聞』二〇〇〇年三月二十日朝刊。

72 佐藤ほか「〔座談会〕宮沢俊義先生の人と学問」一四〇頁。

73 前掲「憲法改正経過手記」。

74 佐藤ほか「〔座談会〕宮沢俊義先生の人と学問」一四一頁。弟子の久保田きぬ子の発言。

75 連合国最高司令部民政局編『憲資・総第一号　日本の新憲法』二頁。

76 江橋「「官」の憲法と「民」の憲法」五五―五七頁。

77 田中『憲法制定過程覚え書』ｖ頁。

78 宮沢『憲法と天皇』に収められた論文「日本国憲法の概観」（初出は一九四六年）、「憲法」（初出は一九五一年）、「天皇」（初出は一九五三年）などを参照。

79 田中『憲法制定過程覚え書』一七頁。

80 宮沢・小林「対談　明治憲法から新憲法へ」一六九頁。

81 清宮ほか「〔座談会〕宮沢俊義を語る」一〇〇頁。

第四章

1 鈴木敦「帝国議会秘密会議事速記録の公開経緯・再考（二・完）」『山梨学院大学法学論集』第八〇号（二〇一七年）。

2 望月雅士『枢密院――近代日本の「奥の院」』（講談社現代新書、二〇二二年）一八頁。なお、西『日本国憲法はこうして生まれた』は「速記録」を「アメリカの公文書館で入手」し（二九三頁）、活用している。

3 以下、特記しない限り、『日本国憲法成立史　第三巻』第四章による。

4 「帝国憲法改正案を帝国議会の議に付するの件」『枢密院

会議筆記・昭和二十一年六月八日』（国立公文書館デジタルアーカイブ、請求番号：枢D00962100）。『日本国憲法成立史　第三巻』四三三―四四二頁も参照。美濃部は憲法改正の手続き論を指摘した（西『日本国憲法はこうして生まれた』二九六―二九七頁）。手続き論について、ハーグ陸戦法規との関係が指摘される（古関『日本国憲法の誕生　増補改訂版』一三五―一三七頁）。

5　『日本国憲法成立史　第三巻』三七九―三八四頁。

6　『日本国憲法成立史　第三巻』三九一頁。

7　以上、「帝国憲法改正案ヲ帝国議会ノ議ニ付スル件（第一～第八回、第一～第三回）」JACAR（アジア歴史資料センター）Ref.A06050020200、『枢密院委員会録・昭和二十一年』（国立公文書館）六―一一頁。『日本国憲法成立史　第三巻』の場合、やり取りのニュアンスが違っている。参考に引用したい。林委員から主権の所在と天皇の法律上の地位について質問があり、幣原首相は「主権在民かどうか、自分には答える資格はないが、〔中略〕『国民』は、天皇の存在を離れては考えられない。常にその中心的存在として天皇を奉戴している国民であると考える」とし、松本烝治国務相は「政治的観念として国民が主権をもつものというべきである」とし「法律的の構成については、学説にまかせてよい」と答弁した。林の重ねての質問に、幣原首相は「草案は、主権在民について、人民を君主に対立せしめ、かかる人民に主権があるという考え方はとっていない。古来、わが国は君民一致であるから、主権は天皇を中心とする国民の全体にある」と答弁し、松本国務相も「天皇を中心として存在する国民の団体が主権をもつ」と続けた（同書、三九一頁）。

8　『日本国憲法成立史　第三巻』三九二頁。

9　『日本国憲法制定に関する談話録音　速記録（談話者佐藤達夫）』八七頁。

10　「帝国憲法改正案ヲ帝国議会ノ議ニ付スル件（第一～第八回、第一～第三回）」二九―三〇頁。

11　「帝国憲法改正案ヲ帝国議会ノ議ニ付スル件（第一～第八回、第一～第三回）」二七〇―二七一頁。

12　古関『日本国憲法の誕生　増補改訂版』二九九―三〇九頁。

13　西『証言でつづる日本国憲法の成立経緯』一六五頁。

14　『河井日記』一九四六年五月十六日、二六五頁。

15　「有志研究会準備会」『憲政資料』。

16　「七月二日及三日稿」『山川端夫関係文書』（国会図書館憲政資料室所蔵）二、所収。赤坂幸一「萍憲法研究会の憲法論議――もう一つの「憲法遺言」」『初期日本国憲法改正論議資料』所収、二八頁では、松本烝治ではなく「松本学」を出席者とする。松本学は貴族院議員であったが、貴族院有志研究会が開催された日の日記に該当する記述は存在せず、出席した形跡はない。尚友倶楽部・原口大輔・西山直志編『松本学日記　昭和十四年〜二十二年』(芙蓉書房出版、二〇二一年)。「七月二日及三日稿」を確認しても分かるように、松本烝治の誤りである。

17 『日本国憲法成立史　第三巻』一一〇―一一一頁。

18 『日本国憲法制定に関する談話録音　速記録(談話者　佐藤達夫)』二七頁。

19 入江「日本国憲法成立の経緯」二五七頁。興味深いことに、金森自身は「憲法担当」となった事実を「全く覚えがない」と否定した。植原悦二郎やら斎藤隆夫やら、他の大臣も含め「数人の、一番責任者の立場」となったとする。具体的には「結局の協定というものは、なるべく人々〔＝他の大臣〕はものを言わんことにして。で、僕が先に立って。で、引っくり返ったらほかの人が出ようと、こういう、どうも、お互いの申し合わせ」と語った。『日本国憲法制定に関する談話録音　速記録(談話者　佐藤達夫)』八五頁、金森の談話。

20 霜村光寿『金森徳次郎の憲法思想の史的研究』(同成社、二〇一四年)一九二―一九四頁。

21 前掲「憲法改正経過手記」。

22 前掲「第一回有志研究会経過」。

23 「第二回有志研究会経過」『憲政資料』。

24 南原の追加は、前掲「七月二日及三日稿」も参照。

25 東京帝国大学憲法研究委員会を指すのであろう。第三章を参照。

26 「第三回有志研究会経過　五月三十日　於議長官舎」『憲政資料』。

27 「第四回有志研究会経過(六月八日　於議長官舎)」『憲政資料』。

28 「憲法改正草案ニ対シ修正ヲ要スベキ個所」『山川端夫関係文書』二、所収。赤坂「萍憲法研究会の憲法論議」三〇―三一頁も参照。

29 『河井日記』一九四六年五月十六日、二六五頁。

30 「第一回両議院有志懇談会(六月五日　於両院協議室)」『憲政資料』。

31 伊藤隆編『斎藤隆夫日記　下』(中央公論新社、二〇〇九年)一九四六年六月五日、七日、十三日、十五日、十七日、六二九―六三〇頁。

32 『日本国憲法成立史　第四巻』五五三頁。吉田内閣成立時には、斎藤隆夫が担当するという推測も出ていたという(『松本烝治氏に聞く』四七頁、佐藤功の発言)。なお、『読売新聞』一九四六年五月二十二日朝刊で「新憲法専任大臣に斎藤氏」と報じられており、佐藤発言の裏付けとなろう。

33 「第二回両議院有志懇談会」、「第三回両院有志憲法懇談会　六月十三日　木」、「第四回両院有志憲法懇談会　六月十五日」、「第五回両院有志憲法懇談会　六月十七日」『憲政資料』。
34 前掲「第二回両議院有志懇談会」三頁。
35 エイ・ヴイ・ダイシー著、高塚謙訳『英国憲法論』（広文堂書店、一九三三年）一二七－一二八頁。
36 高柳賢三『英国法に於けるキングの地位〈日本法理叢書第九輯〉』（日本法理研究会、一九四一年）四五、四八頁。
37 「第九十回帝国議会　貴族院　本会議　第二十六号　昭和二十一年八月二十九日」。
38 猪木『評伝吉田茂　3　雌伏の巻』四〇二頁。
39 「〔資料5〕イギリス国王の地位及び存在意義（清宮四郎）」。
40 『日本国憲法成立史　第三巻』四四七頁。
41 「〔資料5〕イギリス国王の地位及び存在意義（清宮四郎）」一四二－一四三頁。
42 「〔会見記録〕英国のような立憲君主国がよい」三二頁。
43 「第八十九回帝国議会　衆議院　予算委員会　第九号　昭和二十年十二月十一日」。
44 佐藤『憲法改正の経過』四七頁。
45 古関『日本国憲法の誕生　増補改訂版』五八－五九頁。古関は同時に「君民同治主義で党内が一致していたとはとても考えられない」とも指摘する（五九頁）。
46 読売争議と馬場の社長就任に関しては、御厨貴『馬場恒吾の面目――危機の時代のリベラリスト』（中央公論社、一九九七年）第七章を参照。
47 馬場恒吾『自伝点描』（東西文明社、一九五二年）一二七－一三三頁。
48 鈴木安蔵『憲法制定前後――新憲法をめぐる激動期の記録』（青木書店、一九七七年）九三頁。
49 「憲法研究会「憲法草案要綱」一九四五年十二月二十六日」（電子展示会）。
50 「改正憲法私案要綱　高野岩三郎（「新生」昭和二一年二月号所載）」（電子展示会）。
51 鈴木安蔵『憲法学三十年』（評論社、一九六七年）二六五－二八一頁。
52 鈴木『憲法制定前後』九二頁。
53 「憲法改正草案　昭和二十一年四月十七日」（電子展示会）。
54 前掲「第二回両議院有志懇談会」三、五頁。
55 「両院有志懇談会に於て憲法改正草案の修正に関し問題となりし要点　山田三良手控（六月十六日）」『山川端夫関係文書』二、所収。他に「前文を修正し簡明にすること」などもある。赤坂「萍憲法研究会の憲法論議」三〇－三一頁も参照。
56 前掲「第五回両院有志憲法懇談会」一頁。
57 武田編『松村謙三　三代回顧録』三〇七－三〇八頁。
58 『山川端夫関係文書』二、所収。赤坂「萍憲法研究会の

憲法論議」所収、「参考資料(a)」「参考資料(b)」として翻刻されている。

59　赤坂「萍憲法研究会の憲法論議」三〇－三七頁。

60　「憲法改正草案ノ問題タルベキ箇所　昭和二十一年六月二十八日　山川委員控」『山川端夫関係文書』二、所収。赤坂「萍憲法研究会の憲法論議」所収、「参考資料(d)」として翻刻されている。

61　「憲法改正案中修正ヲ要スルト認メラレル条項　昭和二十一年~~六月二十八~~〔以上五字抹消〕七月一日貴族院調査会憲法草案研究委員会」『憲政資料』。

62　「懇談会（二十七日）」『憲政資料』。おそらく貴族院調査会憲法草案研究委員会の懇談会ではないか。山田や高木、牧野英一、沢田牛麿らも出席している。

63　「憲法草案研究委員会報告ニ関スル若干ノ説明　昭和二十一年六月二十八日　山川委員」『山川端夫関係文書』二、所収。赤坂「萍憲法研究会の憲法論議」所収、「参考資料(e)」として翻刻されている。

64　山川端夫「憲法草案ニ対スル管見（昭和二十一年三月二十一日稿）」『山川端夫関係文書』二、所収。

65　「憲法草案研究委員会速記録　昭和二十一年六月二十五日」『貴族院五十年史編纂委員掛収集文書』（国会図書館憲政資料室所蔵）一五二。

66　金森徳次郎「憲法うらおもて」高見勝利編『金森徳次郎著作集Ⅰ』（慈学社出版、二〇一三年）所収、二八五頁。

67　「憲法制定議会の前後〔憲法調査会第二回総会速記録〕」高見勝利編『金森徳次郎著作集Ⅲ』（慈学社出版、二〇一四年）所収、六一頁。金森の憲法思想を検討した霜村は、「金森自身は天皇を明確な「元首」とは認識していなかったと考えられる」ため、実質的権限を持たせないことを重視したと解釈する（『金森徳次郎の憲法思想の史的研究』二四九頁）。

68　『初期日本国憲法改正論議資料』二九九、六三五頁。ともに山田三良の発言。

69　河野義克「貴族院職員懐旧談」河野義克遺稿集編纂委員会編『国会とともに――河野義克遺稿集』（河野啓子、二〇〇五年）所収、七七頁。初出は『貴族院職員懐旧談集』（霞会館、一九八七年）所収。

70　Yasaka Takagi “READERS IN COUNCIL Amendments to the Draft Constitution” *Nippon Times*, MAY 26, 1946. この寄稿文とほぼ同じ文章が、幣原国務相の手元に届いていた。「附、Proposed Amendments to the Government Draft Constitution, by Yasaka Takagi（幣原国務大臣秘書官宛、外務省調査局第一課長よりの附箋）」『幣原平和文庫』（国会図書館憲政資料室所蔵）Reel No.2 を参照。

71　東京大学占領体制研究会編『憲資・総第二十五号　高木八尺名誉教授談話録』（憲法調査会事務局、一九五八年）

一〇頁。高木八尺「憲法改正草案に対する修正私案」『中央公論』六一年七号（一九四六年）、同「憲法改正草案に対する私見」『国家学会雑誌』六〇巻五号（一九四六年）。
72 高木「憲法改正草案に対する修正私案」八－一〇、一三頁。
73 「我妻栄関係文書　第一部」六－一－七。
74 高木「憲法改正草案に対する私見」二四八－二五一、二五六頁。
75 高木「憲法改正草案に対する修正私案」一四頁。
76 高木「憲法改正草案に対する修正私案」九頁。
77 附属書第二号では、各国との比較には触れられていないため、省略した。高木に関しては、河西秀哉が『近代天皇制から象徴天皇制へ――「象徴」への道程』（吉田書店、二〇一八年）第四章で言及している。しかし高木の論説の変化を指摘していない。
78 福田歓一「真のモナーキストの面目」『高木八尺著作集第四巻　月報四』（東京大学出版会、一九七一年）所収、五頁。
79 「稲田周一備忘録」東野真著、粟屋憲太郎・吉田裕解説『昭和天皇 二つの「独白録」』（日本放送出版協会、一九九八年）所収、一九四六年四月十九日、二二六頁。
80 『国家学会雑誌』の論文の初校があれば、五月十七日時点での文面が分かる。だが、現時点では見当たらない。

第五章

1 大石『日本憲法史 第二版』三三一頁。清宮四郎「憲法の法的特質」同著『憲法と国家の理論』所収、九四頁。
2 前掲「第二回有志研究会経過」五－六頁。
3 前掲「第二回両議院有志懇談会」一頁。
4 霜村『金森徳次郎の憲法思想の史的研究』二〇九頁。霜村は「政府提出の憲法改正案が天皇制を維持し得ており、GHQの後ろ盾を得ていることもあって修正されることはまず考えにくく、議会でも修正させない方向に説得すればよ」いと考えていたと指摘する。この評価には疑問なしとしない。
5 小宮『自由民主党の誕生』三六－三七頁。
6 小宮京「吉田茂の政治指導と党組織」『日本政治研究』二巻一号（二〇〇五年）。
7 『芦田日記　第一巻』一九四六年六月二十五日、一一八頁。
8 小宮『自由民主党の誕生』三八－三九頁。
9 『芦田日記　第二巻』一九四七年十月三十日、二九六頁。手帳日記。一九四六年一月四日に公職追放令が発表された時、芦田厚相の追放を予想する記事も出た（「現閣僚から少くも三名か」『読売報知』一九四六年一月五日朝刊）。なお、芦田と『ジャパン・タイムズ』については、矢嶋光

『芦田均と日本外交』（吉川弘文館、二〇一九年）第三章を参照。
10　リチャード・B・フィン著、内田健三監修『マッカーサーと吉田茂（上）』（同文書院インターナショナル、一九九三年）二六八頁。
11　増田弘『石橋湛山――リベラリストの真髄』（中公新書、一九九五年）一六八―一七二頁。
12　『日本国憲法成立史　第四巻』四九五―四九七頁。
13　古関『日本国憲法の誕生　増補改訂版』二九九―三〇九頁。引用は二九九頁。極東委員会が果たした役割に関しては、西修『日本国憲法成立過程の研究』（成文堂、二〇〇四年）第一部を参照。
14　『日本国憲法成立史　第四巻』五二六頁。他に、特別委員会（芦田小委員会）第十三回では、吉田首相は「『ポツダム』宣言を受諾しました以上は、『ポツダム』宣言の線に沿ふての修正でなければ、是は日本国としては出来ないことであります」と答弁した（同書、五六五頁）。
15　佐藤達夫「憲法草案作成の経緯」自由党憲法調査会編『特別資料一　日本国憲法制定の事情』所収、一一五頁。
16　島静一『私が見た憲法・国会はこうやって作られた』（岩波書店、二〇〇六年）二一八―二一九頁。
17　島の「NOTE」中の「9　本会議場の時計が止まる」二〇―二一頁。後年の回想であろう。
18　『芦田日記　第二巻』一九四七年十二月九日、三〇三頁。手帳日記。
19　竹前栄治『GHQ』（岩波新書、一九八三年）一〇八頁。
20　島『私が見た憲法・国会はこうやって作られた』四一頁。
21　小宮『語られざる占領下日本』第一章を参照。
22　『日本国憲法成立史　第一巻』一四〇頁。佐藤『日本国憲法誕生記』一五七頁でも、「憲法成立のすべての過程を通じて、文書による指示はなされていない」とする。
23　『芦田日記　第二巻』一九四七年十月十日、一七頁。
24　第二五条に関する最新の研究として、中村美帆『文化的に生きる権利――文化政策研究からみた憲法第二十五条の可能性』（春風社、二〇二一年）を参照。なお、内大臣府案は他の案に比べて保守的との評価が定着しているが、その佐々木案には生存権（第二四条）が明記されていた（松尾「敗戦前後の佐々木惣一」一三二頁）。
25　仁昌寺正一「鈴木義男の平和主義（1）」『東北学院史資料センター年報』二号（二〇一七年）五六頁、注七。既存の研究でも、鈴木と第二五条の関係は取り上げられている。古関『日本国憲法の誕生　増補改訂版』三六七―三六八、四一九―四二四頁など。
26　連合国最高司令部民政局編『憲資・総第一号　日本の新憲法』六五頁。
27　近年、自民党政権下における事前審査制の形成過程について、奥健太郎などの優れた研究が刊行されている。歴史的な視点から、占領下のＧＨＱの「事前審査」を意義づけた論文として、奥健太郎・河野康子編『自民党政治の源流――事前審査制の史的検証』（吉田書店、二〇一五年）所収、黒澤良執筆の第一章を参照。

28　『日本国憲法成立史　第一巻』一四一頁。

29　森戸辰男「新憲法と社会主義――私有財産及労働権」憲法普及会編『新憲法講話』（政界通信社、一九四七年）所収、三〇三－三〇四頁。

30　小池聖一「史料紹介　森戸辰男関係文書のなかの日本国憲法（2）」『広島大学文書館紀要』一〇号（二〇〇八年）七二－七三頁。引用は七三頁。

31　『憲法調査会第十回総会議事録』（憲法調査会、一九五八年）一四－一五頁。

32　『日本国憲法成立史　第四巻』五二九－五三〇頁。

33　Ａ・リックス編『日本占領の日々』一九四六年六月二十五日、六五頁。

34　『憲法調査会第十回総会議事録』一四頁。

35　鈴木義男『憲資・総第十二号　私の記憶に存する憲法改正の際の修正点――参議院内閣委員会に於ける鈴木義男氏の公述速記』（憲法調査会事務局、一九五八年）七－八頁。

36　鈴木『憲資・総第十二号　私の記憶に存する憲法改正の際の修正点』一九頁。

37　前掲「第一回両議院有志懇談会」五頁。

38　『日本国憲法成立史　第三巻』四六八頁。

39　「第九十回帝国議会　衆議院　帝国憲法改正案委員会第四号　昭和二十一年七月三日」。大島は院内会派の新光倶楽部に所属していた（五月十三日結成）。その後、七月十九日に結成された新政会に、笹森順造と共に所属している。以上、衆議院・参議院編『議会制度百年史　院内会派編衆議院の部』（衆議院、一九九〇年）五一七、五二四－五二五頁。

40　西『日本国憲法はこうして生まれた』三四七－三四八頁。

41　佐藤『日本国憲法誕生記』一一七－一二三頁。

42　『日本国憲法成立史　第四巻』六七六－七〇三頁。「金森六原則」は六九〇－六九一頁。

43　『日本国憲法制定に関する談話録音　山田久就』談話要旨（国会図書館憲政資料室所蔵）一〇－一一頁、出席した金森の発言。

44　「第九十回帝国議会　衆議院　帝国憲法改正案委員小委員会　第一号　昭和二十一年七月二十五日」。

45　補足すると、「主権在国民」という表現は、金森も用いている。金森徳次郎「憲法遺言」高見編『金森徳次郎著作集Ⅰ』所収、二一一頁など。

46　『日本国憲法成立史　第四巻』七二七－七三〇頁。

47　「第九十回帝国議会　衆議院　帝国憲法改正案委員小委

員会　第二号　昭和二十一年七月二十六日」。
48 『日本国憲法成立史　第四巻』七四〇頁。
49 佐藤『日本国憲法誕生記』一五七―一五八頁。
50 「稲田周一備忘録」一九四六年七月二十九日。
51 『昭和天皇実録　第十』一九四六年七月三十日、一六八頁。
52 『日本国憲法成立史　第四巻』七七三―七七四頁。
53 吉田『回想十年　上』三五一、三五六―三五七頁。
54 大石『日本憲法史　第二版』三五五頁。
55 「稲田周一備忘録」五月五日、十一日、十二日、十三日など。
56 『日本国憲法制定に関する談話録音　速記録（談話者佐藤達夫）』八七―八八頁。『日本国憲法成立史　第四巻』六七六―六七七頁も参照。
57 『日本国憲法成立史　第四巻』八五五頁。
58 『日本国憲法成立史　第四巻』八五三―八五六頁。なお、森戸のメモには「吉田内閣打倒ではない」とあり（小池「史料紹介　森戸辰男関係文書のなかの日本国憲法（2）」九二頁）、政権打倒の意思はなかったようである。
59 佐藤『日本国憲法誕生記』一五二頁。
60 入江「日本国憲法成立の経緯」四〇五頁。
61 『日本国憲法成立史　第四巻』七五五―七五六、七九五―八三二頁。
62 小池「史料紹介　森戸辰男関係文書のなかの日本国憲法（2）」九〇頁。
63 入江「日本国憲法成立の経緯」四〇九―四一〇頁。
64 佐藤『日本国憲法誕生記』一五八頁。金森国務相も、廿日出と仄聞している。金森「憲法うらおもて」二五一頁。
65 『芦田日記　第一巻』一九四六年八月十七日、一二三―一二四頁。
66 『日本国憲法成立史　第四巻』八三二頁。
67 入江「日本国憲法成立の経緯」四一〇頁。
68 小宮『自由民主党の誕生』三八頁。
69 『昭和天皇実録　第十』一九四六年七月三十日、一六八頁。
70 『昭和天皇実録　第十』一九四六年八月十二日、一七二頁。
71 茶谷『象徴天皇制の成立』八六―八七頁。
72 尚友倶楽部・原口・西山編『松本学日記』一九四六年八月十六日、四五六頁。
73 『昭和天皇実録　第十』一九四六年八月二十一日、一七七―一七八頁。
74 『日本国憲法制定に関する談話録音　速記録（談話者佐藤達夫）』七二頁。
75 入江「日本国憲法成立の経緯」三九七頁。
76 『芦田日記　第一巻』一九四六年八月十日（一二〇―一

二一頁)、十七日(一二二頁)。手帳日記・一九四六年八月六日～十五日(二七四―二七五頁)も参照。

77 茶谷『象徴天皇制の成立』八八―八九頁。

78 伏見博明著、古川江里子・小宮京編『旧皇族の宗家・伏見宮家に生まれて――伏見博明オーラルヒストリー』(中央公論新社、二〇二二年)を参照。

79 西尾末広「片山内閣と芦田内閣」安藤編著『昭和政治経済史への証言 下巻』所収、二五八頁。

80 西尾「片山内閣と芦田内閣」二五八頁。

81 鈴木義男伝記刊行会編『鈴木義男』(鈴木義男伝記刊行会、一九六四年)一三〇頁、曽祢益の寄稿。

82 『芦田日記 第一巻』一九四七年五月三十一日、二〇二頁。林と平野につき「公職適格審査委員会」がダメと言ったが、GHQのOKが出た旨、記載がある。これが、十一月二十三日に繋がる(『芦田日記 第二巻』二七―二八頁)。

83 「罷免権発動も協議」『読売新聞』一九四七年十一月一日朝刊、「鈴木西尾両相に釈明を要求か」『読売新聞』一九四七年十一月四日朝刊、「西尾鈴木両相の罷免要望」『読売新聞』一九四七年十一月八日朝刊など。

84 『芦田日記 第二巻』一九四七年十一月一日、二九六頁。手帳日記。

85 「追放は厳粛な民族的責務」『読売新聞』一九四七年十二月五日朝刊。

86 田村祐造『戦後社会党の担い手たち』(日本評論社、一九八四年)一二二頁。

87 増田弘「平野力三パージ」同『政治家追放』所収。

88 細川隆元『昭和人物史――政治と人脈』(文藝春秋新社、一九五六年)二六―三五頁。引用は三四―三五頁。増田「平野力三パージ」中の引用史料でも、鈴木が平野に「辞職すればパージされないだろう」と述べている(二〇九頁)。

89 『芦田日記 第二巻』一九四八年三月八日、六九―七〇頁。

90 福永文夫『占領下中道政権の形成と崩壊』(岩波書店、一九九七年)二四五頁。関連して、社会党議員のGHQへの影響力も見逃すことが出来ない。例えば、市川房枝が一九四七年の参議院議員選挙への立候補を控えて公職追放されたことや、その後の追放解除運動がうまくいかなかったことに関して、加藤シヅエ社会党代議士のGHQ関係者への発言が影響したとの指摘が存在する。村井良太『市川房枝――後退を阻止して前進』(ミネルヴァ書房、二〇二一年)一七〇―一七七頁。

91 小宮『語られざる占領下日本』第二章を参照。

92 入江俊郎「憲法草案余録(一)」『法曹』五四号(法曹会、一九五五年)二頁。

93 宮沢・小林「対談 明治憲法から新憲法へ」一七一頁。

94　西『日本国憲法成立過程の研究』ⅳ頁。
95　鈴木敦「帝国議会秘密会議事速記録の公開経緯（一）」『山梨学院大学法学論集』第七八号（二〇一六年）一三一―一三二頁。

第六章

1　内藤『貴族院』二一八、二三一頁。
2　『その頃を語る――旧貴族院議員懐旧談集』（尚友倶楽部、一九九〇年）二五一―二五二頁。久松は「審議中、時計をとめたこともありましたよ」と振り返る（二五一頁）。憲法審議の折にも、時計を止めたのだろうか。
3　「むすび　憲法審議を顧みて」『貴族院における日本国憲法審議』（尚友倶楽部、一九七七年）所収、三六〇―三六二頁。
4　「貴族院手帖「日記」」『三邉謙関係文書』一。
5　奈良岡聰智「解説　河井弥八と戦後日本の出発」『河井日記』所収、五七八頁。
6　『貴族院における日本国憲法審議』三〇四―三〇六頁。研究会常務委員だった水野勝邦と、安倍のもとで副委員長を務めた橋本實斐の談話。
7　『河井日記』一九四六年五月十六日。
8　『河井日記』一九四六年五月二十日、六月十一日、二十六日、二十七日、七月一日、二日、十五日、八月二日、三日、九日、十三日。
9　『河井日記』一九四六年八月二十九日、三十一日。
10　『河井日記』一九四六年八月三十日。
11　『河井日記』一九四六年九月二日、三日。
12　東京大学占領体制研究会編『憲資・総第二十五号　高木八尺名誉教授談話録』一〇―一一頁。
13　『日本国憲法成立史　第四巻』八九八頁。
14　「第九十回帝国議会　貴族院　本会議　第二十六号　昭和二十一年八月二十九日」。
15　事件の全体は、伊藤『佐々木惣一』三六四―三六五頁を参照。
16　東京大学占領体制研究会編『憲資・総第二十五号　高木八尺名誉教授談話録』二五頁。質問者である宮沢の発言。
17　金森「憲法うらおもて」二五二頁。金森は「これは酷だ。私からいうと「名人の剣、二刀の如く見ゆ」だ」と反論している。
18　『日本国憲法成立史　第三巻』一一四頁。
19　「第九十回帝国議会　貴族院　帝国憲法改正案特別委員小委員会筆記要旨　第三号　昭和二十一年十月一日」。高柳賢三の発言も参照。
20　『その頃を語る』二一〇、二一四頁。
21　山田三良『回顧録』（山田三良先生米寿祝賀会、一九五七年）二三九頁。

22 山田『回顧録』二三八頁。小林次郎「「文民」はこうして生まれた　GHQが修正申入れ」『朝日新聞』一九五五年三月十八日朝刊も参照。

23 佐藤『日本国憲法誕生記』一六六―一六九頁。

24 高柳『天皇・憲法第九条』五六頁。

25 『初期日本国憲法改正論議資料』一九頁。

26 赤坂「萍憲法研究会の憲法論議」四〇頁。

27 「第九十回帝国議会　貴族院　本会議　第四十号　昭和二十一年十月六日」。

28 『その頃を語る』一八三頁。

29 内藤『貴族院』二三八―二三九、二四四頁。

30 『日本国憲法成立史　第四巻』九一八―九三〇頁。

31 『貴族院における日本国憲法審議』三一七―三二二頁。

32 尚友倶楽部・原口・西山編『松本学日記』一九四六年九月二十六日、四五九頁。

33 東京大学占領体制研究会編『憲資・総第二十五号　高木八尺名誉教授談話録』一二頁。

34 西『日本国憲法はこうして生まれた』三六四―三七三頁、古関『日本国憲法の誕生　増補改訂版』第十四章。

35 小宮『語られざる占領下日本』第一章を参照。

36 『貴族院における日本国憲法審議』三二七頁。

37 『初期日本国憲法改正論議資料』九二二―九二三頁。小林次郎の発言。九二一―九二二頁に、七月三十一日に、加瀬俊一がケーディスと交渉した際の記録が掲載されている。〔　〕はそこから補った。

38 我妻栄「申し訳ないことだが」丸山・福田編『回想の南原繁』所収、五九―六〇頁。

39 加藤節『南原繁――近代日本と知識人』（岩波新書、一九九七年）一五一―一五六頁。

40 佐藤『日本国憲法誕生記』一八〇頁。

41 東京大学占領体制研究会編『憲資・総第二十五号　高木八尺名誉教授談話録』一三頁。

42 『貴族院における日本国憲法審議』三四二―三四三頁。

43 A・リックス編『日本占領の日々』一九四六年十月十日、一一五―一一六頁。

44 斎藤ほか編『アメリカ精神を求めて』一〇六頁。

45 高木八尺著、根岸富二郎訳『憲資・総第三十六号　日本の憲法改正に対して一九四五年に近衛公がなした寄与に関する覚書』（憲法調査会事務局、一九五九年）九頁。

46 高見勝利「金森徳次郎著作集Ⅲ　解説」同編『金森徳次郎著作集Ⅲ』所収、五三九頁では、金森が憲法改正案に込められた「根本の精神」を堅持しようとしたと評価する。果たしてそうであろうか、疑問なしとしない。

47 西『証言でつづる日本国憲法の成立経緯』九三頁。藤崎は一九四六年七月から終戦連絡事務局政治部政治課で、憲法改正案が議論されるなか、GHQとの折衝にあたった。

48 『初期日本国憲法改正論議資料』一七三頁。
49 佐藤「憲法草案作成の経緯」一一九頁。
50 『松本烝治氏に聞く』三七－四〇頁。引用は四〇頁。
51 「三六　司令部側トノ交渉一般ⅠⅡⅢ」七六一頁。『松本烝治氏に聞く』四二頁も参照。
52 入江「日本国憲法成立の経緯」二六二－二六五頁。
53 『日本国憲法制定に関する談話録音　金森徳次郎』（国会図書館憲政資料室所蔵）九七頁。
54 『その頃を語る』二五二頁。

第七章

1 連合国最高司令部民政局編『憲資・総第一号　日本の新憲法』四七頁。
2 これに対して、「最上位」「頭位」というように翻訳すべきであるとの議論が存在した。例えば、中村『象徴天皇制への道』一八三頁、「資料一八九　憲法改正の「必須要件」として最高司令官〔マッカーサー〕から示された三つの基本的事項」山極晃・中村政則編『資料日本占領1　天皇制』（大月書店、一九九〇年）所収、五四二頁など。それは「at the head of the state」が元首説の「有力な論拠」とされたという経緯がある（樋口ほか『注解法律学全集　憲法Ⅰ』五七頁。樋口陽一執筆）。しかしながら、この立場に与するのは憲法学者ですら「何人かはいる」程度で（中村『象徴天皇制への道』一八四頁）、ほとんど同調者は得られなかった。近年では、冨永望が「国家の首位にある」を用いる（『象徴天皇制の形成と定着』思文閣出版、二〇一〇年、二六頁）。
3 高橋紘・山極晃「天皇制」袖井林二郎・竹前栄治編『戦後日本の原点（上）』（悠思社、一九九二年）所収、一〇三頁。
4 豊下楢彦『昭和天皇・マッカーサー会見』（岩波現代文庫、二〇〇八年）九六－一〇一頁。
5 松尾尊兊「象徴天皇制の成立についての覚書」同『戦後日本への出発』（岩波書店、二〇〇二年）所収、七五頁。
6 ジョン・ガンサー著、木下秀夫・安保長春訳『マッカーサーの謎――日本・朝鮮・極東』（時事通信社、一九五一年）一七五頁。
7 ガンサー著『マッカーサーの謎』一六九頁。
8 松尾『戦後日本への出発』、後藤致人『内奏――天皇と政治の近現代』（中公新書、二〇一〇年）、冨永『象徴天皇制の形成と定着』など。
9 東健太郎「象徴天皇観と憲法の交錯――吉田茂と芦田均を中心に」『相関社会科学』一六号（二〇〇六年）七五頁。『朝日新聞』の記事に基づく。
10 冨永望「退位問題と新憲法」古川隆久・森暢平・茶谷誠一編『「昭和天皇実録」講義』（吉川弘文館、二〇一五年）

所収、一二七―一二八頁。引用は一二七頁。この冨永の見解は、冨永『象徴天皇制の形成と定着』以来のものである（四二―五〇頁）。

11 茶谷『象徴天皇制の成立』一〇八―一〇九頁。

12 冨永「退位問題と新憲法」一二七頁。

13 「憲法第七十条に依る内閣総辞職の手続について（昭二四、一、二六　岩倉氏）」『佐藤達夫関係文書』一三四七所収。

14 『初期日本国憲法改正論議資料』九一八頁。

15 「憲法第七十条に依る内閣総辞職の手続について（昭二四、一、二六　岩倉氏）」。

16 「内閣総辞職の際の手続並慣行について（昭和二三、三、二閣議　法務総裁）」『佐藤達夫関係文書』六六四所収。

17 「憲法第七十条に依る内閣総辞職の手続について（昭二四、一、二六　岩倉氏）」。

18 『芦田日記　第二巻』一九四八年十月六日、二一〇頁。『昭和天皇実録　第十』は「内閣総辞職の決意を言上」とする（一九四八年十月六日、七〇九頁）。

19 リチャード・B・フィン著『マッカーサーと吉田茂（上）』二六七頁、週刊新潮編集部『マッカーサーの日本　下巻』（新潮文庫、一九八三年）七二頁。

20 翻訳は、週刊新潮編集部『マッカーサーの日本　下巻』七二頁による。

21 Bunker memo to CINC, Feb. 27, 1948, MMA, RG5, Box63. 国会図書館憲政資料室所蔵のマイクロフィッシュを用いた。

22 週刊新潮編集部『マッカーサーの日本　下巻』七二頁。このメモは、生前のバンカーから直接提供されたものである。そのため、この翻訳は、バンカーの理解も含まれていると考えられる。

23 冨永はＧＨＱ内部の勢力抗争に理由を求めているが（『象徴天皇制の形成と定着』八五頁）、マッカーサーの了解に言及していない点で的外れである。

24 『拝謁記　第二巻』一九五一年八月二十八日、一八六頁。茶谷誠一「水面下の二重外交」古川隆久ほか『「昭和天皇拝謁記」を読む――象徴天皇制への道』（岩波書店、二〇二四年）所収も参照。「拝謁記」本文には「元首」とあるが、茶谷はわざわざ「君主」と表現を変えている（八九頁）。

25 『芦田日記　第二巻』一九四八年五月十日、一〇七頁。

26 後藤『内奏』一三七―一三九頁。

27 冨永『象徴天皇制の形成と定着』四八頁。

28 茶谷『象徴天皇制の成立』一七六―一七七頁。

29 小宮『語られざる占領下日本』第二章。福永『占領下中道政権の形成と崩壊』第七章、竹内桂『三木武夫と戦後政治』（吉田書店、二〇二三年）第四章も参照。

30 「憲法第七十条による内閣総辞職並に新内閣組織の手続

案二四、一、二九」『第二次吉田内閣閣議書類綴（其の五）自昭和二十四年二月一日（火）至仝年二月十日（木）』（国立公文書館デジタルアーカイブ、請求番号：平14内閣00058100）。閣議に提出された日付は、同じ薄冊中の「二月一日（火）案件表」で確認した。

31 『昭和天皇実録　第十』一九四九年二月十六日、七七六頁。

32 『初期日本国憲法改正論議資料』九一九頁。小林次郎、牧野英一の会話。

33 バジョット著、遠山隆淑訳『イギリス国制論（上）』（岩波文庫、二〇二三年）一一七頁。

34 ケネス・ルオフ著、高橋紘監修、木村剛久・福島睦男訳『国民の天皇――戦後日本の民主主義と天皇制』（岩波現代文庫、二〇〇九年）一八四、一八六頁。

35 小宮京「昭和天皇が憂慮した皇室の未来」『中央公論』二〇二四年一月号。

36 ルオフ著『国民の天皇』一七五―一八一頁。

37 入江為年監修、朝日新聞社編『入江相政日記　第五巻』（朝日新聞社、一九九一年）一九七三年五月二十九日、六月一日（二七―二八頁）。

38 古川『昭和天皇』三五七―三五八頁。

39 加藤恭子『昭和天皇と田島道治と吉田茂』（人文書館、二〇〇六年）第三章。

40 茶谷「解説」二七八―二八〇頁。

41 舟橋正真「書簡・関係文書解説」『拝謁記　第七巻』所収、一九四頁。

42 加藤『昭和天皇と田島道治と吉田茂』四八頁。

43 茶谷『象徴天皇制の成立』二二〇頁。

44 「田島道治日記」『拝謁記　第六巻』所収、一九四九年四月二十二日（五二頁）。

45 「田島道治日記」一九四九年四月二十九日（五三頁）。『拝謁記　第一巻』一九四九年四月二十九日、一六頁も参照。

46 茶谷『象徴天皇制の成立』二一二―二一三頁。

47 一九四九年十月十日付田島宛田辺定義書簡別紙『拝謁記　第七巻』所収、七七―七八頁。田辺の書簡中に登場する「谷川君」とは谷川昇であろう。谷川の生涯、および豊川との関係については、小宮『語られざる占領下日本』第一章を参照。

48 寺崎太郎『れいめい――日本外交回想録』（私家版、一九八二年）三三二頁。

49 小宮『語られざる占領下日本』第二章を参照。

50 第一次吉田内閣期については、村井哲也『戦後政治体制の起源――吉田茂の「官邸主導」』（藤原書店、二〇〇八年）を参照。

51 茶谷「解説」二六五頁。

52　古川隆久「なぜ、いま「昭和天皇拝謁記」か」古川ほか『「昭和天皇拝謁記」を読む』所収。古川は『拝謁記』の編集に携わった研究者らの「象徴天皇制」への見解が一致していないと留保をつける（九頁）。
53　茶谷「解説」二六六頁、河西秀哉「解説」『拝謁記　第二巻』所収、二七七頁など。
54　原武史『象徴天皇の実像――「昭和天皇拝謁記」を読む』（岩波新書、二〇二四年）三二、二四七頁。
55　『拝謁記　第一巻』一九四九年十月三十一日（四八頁）、十一月一日（五〇頁）。
56　『拝謁記　第四巻』一九五三年三月十二日、一八八頁。
57　『拝謁記　第一巻』一九四九年九月七日、三一頁。
58　『拝謁記　第二巻』一九五一年八月三日、一七三頁。舟橋正真「松平康昌の欧米視察と昭和天皇」古川ほか『「昭和天皇拝謁記」を読む』所収、も参照。
59　『拝謁記　第二巻』一九五一年三月十五日（七九頁）、四月十八日（九四頁）。
60　『拝謁記　第二巻』一九五一年十月九日、二四三頁。
61　『拝謁記　第三巻』一九五一年十二月十四日、二六頁。
62　『拝謁記　第三巻』一九五二年三月三日、一〇五頁。
63　後藤致人「昭和天皇の象徴天皇制認識」河西秀哉編『戦後史のなかの象徴天皇制』（吉田書店、二〇一三年）所収。
64　芦部信喜著、高橋和之補訂『憲法　第八版』（岩波書店、二〇二三年）五一頁。国事行為や公的行為がどのように議論されてきたかは、樋口ほか『注解法律学全集　憲法Ⅰ』、芦部信喜監修『注釈憲法（一）』（有斐閣、二〇〇〇年）を参照。ご教示くださった小島慎司先生に感謝する。
65　『拝謁記　第二巻』一九五一年二月十五日、六六―六七頁。経緯については、冨永望「昭和天皇の安全保障観」古川ほか『「昭和天皇拝謁記」を読む』所収、一二二―一二四頁。
66　『拝謁記　第四巻』一九五三年三月十三日、一八八―一八九頁。他に『拝謁記　第三巻』一九五一年十二月二十四日、四〇―四一頁など。
67　『拝謁記　第三巻』一九五二年一月二十三日、五八―五九頁。
68　『拝謁記　第三巻』一九五二年一月二十四日、五九―六〇頁。
69　『拝謁記　第三巻』一九五二年二月四日（六三頁）、五日（六七頁）。
70　『拝謁記　第三巻』一九五二年二月五日（第二回）、六九頁。
71　『拝謁記　第二巻』一九五一年十月二十二日、二五二頁。
72　『拝謁記　第四巻』一九五二年九月十三日（二六頁）、三十日（四一頁）。
73　加藤恭子『昭和天皇「謝罪詔勅草稿」の発見』（文藝春

秋、二〇〇三年）など。

74　冨永望「解説」『拝謁記　第三巻』所収。

75　『拝謁記　第三巻』一九五二年三月五日（一〇九頁）、四月二日（一五一頁）。

76　『拝謁記　第三巻』一九五二年四月二十二日、一七八―一八一頁、冨永「解説」二九五頁。

77　『拝謁記　第四巻』一九五二年十一月七日、六一頁。一九五〇年代後半に「以前は閣議にかけられ、近年は宮内庁の責任において処理されているよう」だと指摘されている（清宮四郎「天皇の行為の性質」同著『憲法と国家の理論』所収、一五三頁）。

78　『拝謁記　第五巻』一九五三年六月二十二日（七〇―七一頁）、七月二十五日（一〇六頁）。

79　『拝謁記　第四巻』一九五二年十月十六日（四四頁）、一九五三年三月二日（一七五頁）。

80　『拝謁記　第五巻』一九五三年十二月十五日、二六四頁。

81　『拝謁記　第五巻』一九五三年五月十八日、一七頁。河西秀哉「昭和天皇にとっての「象徴」」古川ほか『「昭和天皇拝謁記」を読む』所収、八一頁。

82　『拝謁記　第三巻』一九五二年三月五日（一一一頁）、六日（一一二頁）、八日（一一七頁）。

83　『初期日本国憲法改正論議資料』八六〇頁。

84　『初期日本国憲法改正論議資料』一一六頁。現在の憲法学の見解として、長谷部恭男『憲法　第八版』（新世社、二〇二二年）七七―七八頁を参照。

85　バジョット著『イギリス国制論（上）』一一七頁。

86　小宮京「第五次吉田茂内閣期の政治過程――緒方竹虎と左派社会党を中心に」『桃山法学』第一八号（二〇一一年）を参照。

87　『拝謁記　第五巻』一九五三年五月十八日。一五（天皇の発言）、一七（田島の発言）頁。

88　『拝謁記　第五巻』一九五三年五月二十日、二九頁。

89　『拝謁記　第三巻』一九五二年三月八日、一一六頁。

90　『日本国憲法成立史　第四巻』一〇一六頁。

91　宮沢俊義「現行憲法の盲点」同『憲法と天皇』所収、一〇四、一〇六頁。初出は『改造』三五巻四号。

92　赤坂「萍憲法研究会の憲法論議」を参照。

93　『初期日本国憲法改正論議資料』一七一―一八八頁。引用は一七三頁。その場に宮沢も出席している。

94　宮沢俊義「神々の復活」同『憲法と天皇』所収、二〇七―二〇八頁。初出は『文藝春秋』一九五四年二月号。

95　高柳『天皇・憲法第九条』四〇、五九頁。これに対して、清宮四郎は「解釈によって天皇を元首とみなすのも無理である。象徴と元首とはもともと異なる地位」と断じた（清宮「国民主権と天皇制」一三六―一三七頁）。

96　ルオフ著『国民の天皇』一二四―一二九頁。憲法調査会の意義に関しては、廣田直美『内閣憲法調査会の軌跡――渡米調査と二つの「報告書」に焦点をあてて』（日本評論社、二〇一七年）を参照。高柳はマッカーサーの書簡を踏まえ、九条幣原発案説をとった（高柳『天皇・憲法第九条』七六頁）。

97 後藤『内奏』一二八頁。現在の憲法学の見解として、芦部著『憲法 第八版』四七―四八頁を参照。

98 以下、特記しない限り、東京大学先端科学技術研究センター御厨貴研究室・東北大学大学院法学研究科牧原出研究室編『吉國一郎オーラル・ヒストリーⅠ』（東京大学先端科学技術研究センター御厨貴研究室・東北大学大学院法学研究科牧原出研究室、二〇一一年）六七―七八頁からの引用である。「各省大臣が天皇に対してする所管事項の言上について」は一九六五年一月五日のものとされる（六八頁）。

99 冨永『象徴天皇制の形成と定着』九〇頁。

100 ルオフ著『国民の天皇』一八二―一八三頁。

101 小宮京「昭和天皇の「御聖断」考――日米安保改定をめぐって」『Voice』二〇二四年二月号。

終章

1 丸山・福田編『聞き書 南原繁回顧録』三三五頁。

2 宮沢・小林「対談 明治憲法から新憲法へ」一六九―一七〇頁。宮沢は南原や中野好夫に言及している（一六八頁）。

3 小倉裕児「新憲法制定と象徴天皇制の起源――マッカーサー草案の成立過程」『自然・人間・社会 関東学院大学経済学部総合学術論叢』三〇号（二〇〇一年）二四〇―二四一頁。

4 天川晃「民政局と憲法制定」同『占領下の日本――国際環境と国内体制』（現代史料出版、二〇一四年）所収。

5 成田憲彦「日本国憲法と国会」内田健三・金原左門・古屋哲夫編『日本議会史録 第四巻』（第一法規出版、一九九〇年）所収、三二一―三三三、五七頁。

6 斎藤ほか編『アメリカ精神を求めて』一六六―一六七頁。

7 高木著『憲資・総第三十六号 日本の憲法改正に対して一九四五年に近衛公がなした寄与に関する覚書』九頁。

8 『日本国憲法成立史 第一巻』二三六頁。

9 『日本国憲法成立史 第一巻』二四四頁。

10 高木著『憲資・総第三十六号 日本の憲法改正に対して一九四五年に近衛公がなした寄与に関する覚書』九頁。

11 田畑『佐々木博士の憲法学』一六九頁。

12 近年の例をあげると、戦後の「象徴天皇」の歴史を概観した加藤陽子は、敗戦後に昭和天皇が憲法改正の必要性に気づいていたと指摘するものの、内大臣府案には言及していない。加藤『昭和天皇と戦争の世紀』補章。

13　雨宮『占領と改革』七二頁のように、松本試案に対する「極めて保守的」との評価が妥当ではないとの指摘もある。この指摘を敷衍するならば、ＧＨＱは日本側がいかなる案を作成したとしても了解することなく、憲法草案を押しつけてきたとも考えられよう。その場合でも、マッカーサーが直接乗り出す前ならば、日本側が自主的に作成できたかもしれない。
14　『木戸日記　下巻』一九四五年十月九日（一二四一頁）。
15　「木戸幸一氏との対話」一八八頁。
16　『木戸幸一政治談話録音速記録　第二巻』一七四頁。
17　『芦田日記　第一巻』一九四五年十月二十日、五二頁。
18　熊本『幣原喜重郎』、種稲『幣原喜重郎』。
19　例えば、笠原十九司『憲法九条論争――幣原喜重郎発案の証明』（平凡社新書、二〇二三年）。同書に対する批判として、杉谷直哉「書評　笠原十九司『憲法九条論争　幣原喜重郎発案の証明』」『道歴研年報』二四号（二〇二三年）、種稲秀司「憲法九条幣原発案説の再否定と「平野文書」検証　笠原十九司氏の批判に応える」『國學院大學紀要』六二巻（二〇二四年）を参照。
20　佐々木『戦争放棄条項の成立経緯』。前注で取り上げた笠原が全面的に依拠する「平野文書」については「利用すべきではない文書」と結論づけた（二二〇頁）。この佐々木の見解を修正すべき議論はなされていない。九条解釈の歴史については、鈴木敦「「戦後憲法学」と平和主義」鈴木敦・出口雄一編『「戦後憲法学」の群像』（弘文堂、二〇二一年）所収、を参照。鈴木先生には、九条発案説についてご教示いただいた。記して感謝する。
21　種稲『幣原喜重郎』二七二―二八〇頁。
22　読売新聞社は「絶筆」を前面に出して宣伝している。初版では帯だけだったが、再版となるとカバーの背文字にも「絶筆」と入れた。幣原の本当の絶筆は『フォーリン・アフェアーズ』掲載予定の原稿であった（服部『増補版　幣原喜重郎』三二八―三三〇頁）。
23　『外交五十年』の史料的価値については、種稲「憲法九条幣原発案説の再否定と「平野文書」検証」三八―四〇頁を参照。
24　幣原『外交五十年』二一六頁。初版を用いた。
25　幣原『外交五十年』二一五―二一六頁。
26　坂元「戦後日本と「帝国」再生の条件」四一八―四一九頁。
27　御厨貴「平成の天皇をどう位置づけるか」同編著『天皇退位　何が論じられたのか――おことばから大嘗祭まで』（中公選書、二〇二〇年）所収、三三二頁。

あとがき

子供の頃、手品が好きだった。

休日に、両親と一緒に出掛けた三井グリーンランドの広場で、様々な手品を見て興奮したことを思い出す。その時、父にねだった手品グッズはどこにいったのか、もはや分からない。長じて、手品に触れる機会はなくなった。ただ、手品師が観客の注意を引き付けた時、違うところで本当の仕掛けが行われるという漠とした知識だけは残っている。本書を執筆しながら、思い出されたのもこのことだった。


本書は筆者にとって三冊目の単著にあたる。全編を書き下ろした。

思い返せば、大学院生の頃に東京大学占領体制研究会の『高木八尺名誉教授談話録』を手に取ってから四半世紀が経った。法学部出身者として、いつか憲法を論じてみたいと思いながら、漫然と日々を過ごしてきた。そうこうしているうちに青山学院大学に着任して、はや十一年目を迎えた。

本書は着任以降の仕事の集大成でもある。

この間挑戦してきたのは、最初の単著『自由民主党の誕生』（木鐸社）以来、私自身がとらわれてきた「衆議院中心史観」とでもいうべき歴史観との対峙である。貴族院、参議院という「第二院」の視点から、戦後史をどのように描けるのかを模索してきた。戦後の原点である大日本帝国憲法の改正過程において貴族院がいかなる役割を果たしたかに向かい合うことで、自らの見解を打ち出せたように思う。あわせて、前著『語られざる占領下日本』（NHKブックス）に引き続き、アメリカ側の資料だけに頼らず、日本側の資料を用いて戦後史を描き直す試みの一環でもある。

本書執筆の直接のきっかけとなったのは、参議院事務局所蔵の『憲政資料』との出会いである。コロナ禍の真っただ中、令和三（二〇二一）年から始まった『憲政資料』調査・研究会の、小林和幸、内藤一成、今津敏晃、奈良岡聰智の各先生、調査に協力してくれた市川周佑氏、参議院事務局には、とりわけ感謝したい。

第六章で活用した河井弥八の日記を読みながら、河井日記研究会の中園裕、内藤、村井良太、奈良岡の各先生との対話に刺激を受けた日々を思い出す。関連して、河井弥八記念館の会合では、とりわけ川﨑政司先生にお世話になっている。大石眞先生主宰の憲法史研究会、佐々木髙雄先生主宰のマッカーサー・ノート研究会に参加したことにより、憲法史への関心が喚起された。奥健太郎先生を中心とする事前審査制に関する一連の研究会では、大きな刺激を受けている。この間、本文でも言及した旧皇族の伏見博明殿下へのオーラルヒストリーを実施した際は、殿下をはじめ、堀田宣彌青山学院理事長、野﨑正史伏見記念財団代表理事、古川江里子先生にお世話になった。大学院時代からお世話になっている成廣孝先生、小島慎司先生、関西時代に知遇を得た鈴木敦先生には、つまらない質問でお手を煩わせてしまった。記して感謝したい。いうまでもなく、文責はすべて筆者にある。

執筆に際して、以下の各機関にお世話になった。青山学院大学図書館、国立国会図書館憲政資料室、尚友倶楽部、東京大学大学院法学政治学研究科附属近代日本法政史料センター原資料部。

編集者の吉田大作氏にも感謝したい。本書の企画は令和五（二〇二三）年春、伏見殿下のお祝いの会で「昭和天皇と日本国憲法」を持ちかけた時に遡る。そこから私事に追われ、まとまった原稿を渡せたのは十月下旬だった。そこから進展は捗々しくなく、かつ四校、五校とゲラを修正するなかで、励まし続けていただいたことに感謝したい。

青山学院大学総合プロジェクト研究所の支援、及び日本学術振興会JSPS科研費からJP22H00695・23K21967の助成を受けた。かつてお世話になった、柳川ロータリークラブ近藤・竹下奨学会（現：近藤・竹下・沖奨学会）にもあらためて感謝したい。

最後に、常に支え続けてくれる家族、とりわけ昨年秋に永眠した父・健に深く感謝したい。長い間、本当にありがとう。

令和六（二〇二四）年十二月

小宮　京

1956年

10月19日	日ソ共同宣言調印
12月23日	石橋湛山内閣成立

1957年

2月25日	第一次岸信介内閣成立
8月13日	政府憲法調査会、初会合

1958年

6月12日	第二次岸内閣成立

1960年

1月19日	新安保条約等、ワシントンで調印
5月20日	衆議院本会議で新安保条約を強行採決
7月19日	第一次池田勇人内閣成立
12月8日	第二次池田内閣成立

1963年

12月9日	第三次池田内閣成立

1964年

7月3日	政府憲法調査会、「憲法調査会報告書」を提出
11月9日	第一次佐藤栄作内閣成立

1967年

2月17日	第二次佐藤内閣成立

1970年

1月14日	第三次佐藤内閣成立

1972年

7月7日	第一次田中角栄内閣成立
12月22日	第二次田中内閣成立

1973年

5月26日	増原恵吉防衛庁長官、昭和天皇に内奏
5月29日	増原防衛庁長官、辞任
6月7日	吉國一郎法制局長官が衆議院で答弁

1989年（昭和64・平成元）

1月7日	昭和天皇崩御
1月8日	平成改元

5月20日	第1回国会（特別会）召集（12月9日閉会） 第一次吉田内閣総辞職
5月24日	片山哲内閣成立（6月1日組閣完了）
1948年	
2月10日	片山内閣総辞職
3月10日	芦田均内閣成立
10月7日	芦田内閣総辞職
10月19日	第二次吉田内閣成立
1949年	
1月23日	第24回衆議院議員総選挙
2月16日	第三次吉田内閣成立
10月1日	中華人民共和国成立
1950年	
6月25日	朝鮮戦争勃発
1951年	
1月1日	マッカーサー、講和と日本再武装の必要を声明
4月11日	マッカーサー解任、後任はリッジウェイ
9月8日	サンフランシスコ講和条約・日米安全保障条約調印
1952年	
4月28日	対日平和条約・日米安全保障条約発効
10月1日	第25回衆議院議員総選挙
10月30日	第四次吉田内閣成立
1953年	
3月5日	スターリン死去
4月19日	第26回衆議院議員総選挙
5月21日	第五次吉田内閣成立（少数与党内閣）
7月27日	朝鮮休戦協定調印
1954年	
12月7日	第五次吉田内閣総辞職
12月10日	第一次鳩山一郎内閣成立
1955年	
2月27日	第27回衆議院議員総選挙（以下衆院選略）
3月19日	第二次鳩山内閣成立
11月15日	自由民主党結成
11月22日	第三次鳩山内閣成立

8月26日	貴族院本会議に修正「帝国憲法改正案」を上程（本会議、30日まで）
8月27日	南原繁、貴族院本会議で政府の改正手続きを批判
8月30日	貴族院帝国憲法改正案特別委員会設置（委員長安倍能成。9月2日から10月3日まで）
9月21日	極東委員会、第9条修正問題とシビリアン要件につき議論
9月24日	ホイットニー、吉田を訪問し、普通選挙制および国務大臣のシビリアン規定の追加を指示
9月25日	極東委員会、憲法問題に関する追加政策決定（シビリアン要件の確認、参議院の衆議院に対する優越性の不保持）
9月26日	貴族院、小委員会設置（28日から10月2日まで。10月2日に修正案可決）
10月3日	貴族院特別委、「帝国憲法改正案」修正可決（普通選挙制、両院協議会、文民条項追加）
10月5日	佐々木、貴族院本会議で改正案全面反対を主張
10月6日	貴族院本会議、委員会修正案のとおり「帝国憲法改正案」を修正可決し、衆議院に回付
10月7日	衆議院、貴族院回付案を可決
10月12日	第90回帝国議会閉院式
	「修正帝国憲法改正案」を枢密院に諮詢（19日と21日に審査委員会）
10月16日	天皇、マッカーサーに対し、新憲法成立は「喜びにたえない」と表明（第3回会見）
10月29日	枢密院本会議、天皇臨席の下で「修正帝国憲法改正案」を全会一致で可決（美濃部など2名欠席）。天皇、憲法改正を裁可
11月3日	日本国憲法公布
	マッカーサー、日本国憲法公布に際して日本国民に対しメッセージを発表
11月25日	第91回帝国議会（臨時会）召集（11月26日開院式、12月26日閉院式）
12月27日	第92回帝国議会（臨時会）召集（12月28日開院式、1947年3月31日衆議院解散）

1947年

1月31日	マッカーサー、2・1スト中止命令
3月12日	トルーマン・ドクトリン発表
4月20日	第1回参議院議員選挙
4月25日	第23回衆議院議員総選挙
5月3日	日本国憲法施行
5月6日	天皇、マッカーサーと会見（第4回会見）

5月27日	政府、憲法改正草案に若干の修正を加えて枢密院に再諮詢
5月29日	枢密院、草案審査委員会再開（6月3日まで3回開催）。枢密院で吉田、議会での修正可能と言明
5月31日	昭和天皇、マッカーサーと会見（第2回会見）
6月8日	枢密院本会議、天皇臨席の下で憲法改正草案を起立多数により可決（美濃部達吉顧問官、起立せず）
6月18日	キーナン極東国際軍事裁判所米主席検事、ワシントンにおいて、天皇を戦争犯罪人として訴追しないと言明
6月19日	金森、憲法問題担当国務相就任
6月20日	第90回帝国議会開院式 「帝国憲法改正案」を衆議院に提出
6月21日	マッカーサー、議会での憲法審議につき極東委員会の新憲法採択の3原則を含む声明発表
6月25日	「帝国憲法改正案」を衆議院本会議に上程（本会議、28日まで）
6月26日	衆議院、憲法改正第一読会。吉田、衆議院で「9条は自衛戦争も放棄」と答弁
6月27日	金森、国体の捉え方について独自のコメント（「あこがれ天皇論」）
6月28日	衆議院帝国憲法改正案委員会設置（「帝国憲法改正案」を付託。委員長芦田均。8月21日まで21回開催）
7月2日	極東委員会、「日本の新憲法についての基本原則」を決定（主権在民、天皇制の廃止または民主的改革、閣僚のシビリアン要件など）
7月6日	統合参謀本部、7月2日極東委員会決定をマッカーサーに指令（マッカーサー、同決定の発表を抑えるよう要請）
7月17日	金森、総理大臣官邸でケーディスと会談（主権在民の明記など憲法の文言に対する示唆を受ける）
7月23日	衆議院帝国憲法改正小委員会設置（委員長芦田均。25日から8月20日まで13回開催）
7月29日	小委員会で第9条のいわゆる「芦田修正」提示
8月16日	小委員会の修正案ほぼ固まる
8月17日	小委員会の皇室財産条項修正案に対し自由党内より反発、樋貝詮三衆院議長らが吉田に申し入れ
8月18日	自由党党大会で、吉田総務会長が総裁に就任
8月19日	マッカーサー、シビリアン条項の導入を求める極東委員会の意向を吉田に伝える
8月21日	衆議院憲法改正委、小委員会の各派共同修正案可決 衆議院本会議、樋貝議長の行動を越権行為として不信任決議案提出、翌日否決
8月23日	樋貝議長辞任（後任は山崎猛）
8月24日	衆議院本会議、委員会修正案のとおり「帝国憲法改正案」を修正可決、貴族院に送付

	午後、松本・吉田・白洲、GHQを訪問しホイットニーらと会見
	午後、幣原、天皇に奏上（聖断２月22日説）
２月26日	閣議、GHQ草案に基づく日本案の起草を決定、開始
	極東委員会、ワシントンで第１回会議（11か国で構成。ソ・豪・英、天皇制廃止を主張）
３月２日	日本案（「３月２日案」）完成
３月４日	政府、「３月２日案」をGHQに提出。佐藤達夫法制局第一部長とケーディスらが翌日まで交渉し、これに修正を加える
	幣原首相が「３月２日案」を天皇に奏上
３月５日	閣議、GHQとの交渉により修正された草案の採択決定（日本政府の確定草案「３月５日案」成立）
	幣原首相と松本国務相が天皇に奏上（聖断３月５日説）
３月６日	政府、「憲法改正草案要綱」発表
	マッカーサー、「憲法改正草案要綱」承認の声明
３月10日	衆議院議員総選挙公示
３月20日	幣原、枢密院に草案発表の経緯報告
	極東委員会、マッカーサーに対し、憲法草案に対する極東委員会の最終審査権の留保、総選挙の延期などを要求
３月26日	憲法改正案審議のため金森徳次郎を内閣嘱託に任命
３月29日	マッカーサー、極東委員会の総選挙延期要求に対し拒否の返電
４月２日	憲法の口語化につき、GHQの了承を得て、閣議で了解
４月３日	入江俊郎法制局長官、佐藤同次長ら、草案の口語化作業
４月５日	口語化案、閣議で承認（口語化第１次案）
	対日理事会第１回会合でマッカーサー、対日理事会の権限が「助言」に限定されることを強調
４月10日	新選挙法による第22回衆議院議員総選挙施行
４月13日	「４月13日草案」（口語化第２次案）
４月17日	政府、「憲法改正草案」発表。枢密院に諮詢
４月22日	幣原内閣総辞職
	枢密院、憲法改正草案第１回審査委員会（５月15日まで８回開催）
４月23日	幣原、進歩党総裁就任
５月３日	松本、枢密院で「政府としては原案を修正し得ず」と発言
５月４日	GHQ、鳩山公職追放の旨を政府に通達
５月13日	極東委員会、新憲法採択の３原則を決定（審議のための十分な時間と機会、明治憲法との法的連続性、国民の自由意思を明確に表す方法による新憲法採択）
５月15日	吉田、自由党総務会長に就任
５月16日	第90回帝国議会（臨時会）召集（６月20日開院式、10月12日閉院式）
５月22日	第一次吉田茂内閣成立

12月8日	松本、衆議院予算委員会で「憲法改正四原則」（松本四原則）表明
12月15日	ホイットニー、民政局長就任
12月16日	近衛、服毒自殺
12月18日	衆議院解散
12月21日	『毎日新聞』が「近衛公の憲法改正草案」を掲載
12月27日	モスクワ外相会議、「モスクワ宣言」発表（朝鮮信託統治、極東委員会〔FEC〕および対日理事会〔ACJ〕の設置）
1946年	
1月1日	天皇、神格否定の詔書（人間宣言）
1月4日	GHQ、公職追放等を指示
1月7日	松本、私案につき天皇に奏上 三省調整委員会、「日本の統治体制の改革」（SWNCC228）決定
1月11日	三省調整委員会、マッカーサーに「SWNCC228」を「情報」として通知
1月24日	幣原、マッカーサーと会談（天皇制存続と戦争放棄に関して話し合い）
1月25日	マッカーサー、天皇の戦犯除外に関し、アイゼンハワー陸軍参謀総長宛書簡
2月1日	『毎日新聞』が「憲法問題調査委員会試案」のスクープ記事掲載 ホイットニー、マッカーサーにメモ「憲法改正について」（極東委員会とGHQの憲法改正権限の関係）を提出
2月2日	ホイットニー、マッカーサーにメモ「憲法改正（松本案）について」を提出
2月3日	マッカーサー、ノートを提示し、民政局に憲法改正案（GHQ草案）の作成を指示
2月7日	松本、「憲法改正要綱」につき天皇に奏上
2月8日	政府、「憲法改正要綱」と「説明書」をGHQに提出
2月10日	GHQ原案脱稿、マッカーサーに提出（2月12日まで調整作業継続）
2月12日	マッカーサー、GHQ草案承認
2月13日	ホイットニーら、「憲法改正要綱」の受け取りを正式に拒否するとともに、GHQ草案を吉田茂外相、松本らに手交
2月14日	東京帝国大学憲法研究委員会設置
2月15日	終戦連絡事務局参与白洲次郎、いわゆる「ジープ・ウェイ・レター」をホイットニーに送付
2月18日	松本、「憲法改正案説明補充」をGHQに提出 ホイットニー、松本の「説明補充」を拒絶し、GHQ草案受け入れにつき48時間以内の回答を迫る
2月19日	松本、GHQ草案につき閣議に報告
2月21日	幣原、マッカーサーと会見し、GHQ草案についての意向を確認
2月22日	午前の閣議、GHQ草案受け入れ決定

本書関連年表

年月日	事　項（GHQの動き及び海外の出来事はゴシック体で示した）
1945年（昭和20）	
7月26日	**米英中が「ポツダム宣言」を発表**
8月15日	終戦の詔書を放送（玉音放送）
8月17日	東久邇宮稔彦内閣成立（副総理格に近衛文麿国務相）
8月30日	**連合国最高司令官のマッカーサーが厚木に到着**
9月2日	東京湾の米戦艦ミズーリ号上で重光葵らが降伏文書に調印
9月27日	昭和天皇、マッカーサーを訪問（第1回会見）
10月2日	**連合国最高司令官総司令部（GHQ/SCAP）設置（民政局など幕僚部9局設置）**
10月4日	**GHQが「自由の指令」を発令**
	マッカーサーが近衛に憲法改正を示唆
10月5日	東久邇宮内閣総辞職
10月8日	近衛、高木八尺東京帝国大学教授らとともに、アチソンと会談し、憲法改正の論点につき示唆を受ける
10月9日	幣原喜重郎内閣成立
10月11日	近衛、内大臣府御用掛に任命
	マッカーサーが幣原首相に「憲法の自由主義化」を示唆
10月13日	臨時閣議、憲法改正のための研究開始を決定（担当大臣松本烝治）
10月25日	憲法問題調査委員会（松本委員会）が設置される
10月27日	松本委員会、第1回総会で委員会設置の趣旨説明（以後1946年2月2日まで7回開催）
10月30日	松本委員会、第1回調査会で明治憲法の自由討議（以後、小委員会を含み1946年1月26日まで15回開催）
11月1日	**GHQ、憲法改正問題における近衛との関係の否定を声明**
11月2日	日本社会党結成（書記長片山哲）
11月9日	日本自由党結成（総裁鳩山一郎）
11月16日	日本進歩党結成（発足時は総裁不在。のち町田忠治）
11月22日	近衛、帝国憲法改正要綱を天皇に奉答
11月24日	佐々木惣一京都帝国大学教授、「帝国憲法改正ノ必要」を天皇に奉答
	内大臣府廃止
11月26日	第89回帝国議会（臨時会）召集（11月27日開院式。12月18日衆議院解散）
12月1日	日本共産党第4回党大会（19年ぶり）で党再建
12月6日	**GHQ、近衛・木戸幸一ら9名を戦犯容疑で逮捕指令**

美濃部達吉　9, 51, 59, 74, 93
三宅直胖　175
宮沢明義　87, 88
宮沢彬　84
宮澤喜一　vii
宮沢俊義　14, 20, 50-52, 59, 63, 70, 73-76, 80-90, 117, 163, 164, 170, 175, 177, 178, 180, 181, 215, 216, 220-222, 225
三好重夫　68
向山寛夫　78
村上義一　17
室伏高信　112
森戸辰男　112, 140, 143, 146, 155
諸橋襄　96

ヤ・ワ行

安井郁　75
矢内原忠雄　79, 80
矢部貞治　75
山川端夫　14, 97, 99, 100, 102-106, 115, 118, 120, 121, 130
山極晃　187
山崎岩男　212
山崎猛　162, 193, 198
山田三良　97, 99, 100, 102-106, 115, 120, 121, 126, 127, 168, 171-174, 181, 182, 184, 215
山本実彦　104
横田喜三郎　76, 90
吉國一郎　216, 217, 219
吉田安　135
吉田茂　v, vii, 4, 12, 13, 16, 18, 23, 36, 48, 84, 96, 100, 122, 132, 135, 147, 152, 155-157, 159, 162, 166, 167, 172, 173, 182, 184, 194-198, 206, 207, 209, 213, 218, 219, 229
吉野作造　64
米内光政　78
若槻礼次郎　78
我妻栄　70, 74, 76, 79, 80, 164, 179, 181
渡辺治　17
渡辺銕蔵　209
和辻哲郎　77, 90

（カタカナ）

アイケルバーガー、ロバート　57
アチソン、ジョージ　47, 56, 57, 223
ウィリアムズ、ジャスティン　137, 138, 165
エマーソン、ジョン・K　57
エリザベス女王　219
カーン、ハリー　161
ガンサー、ジョン　188
クルックホーン、フランク　34, 111
ケーディス、チャールズ・L　12, 24, 101, 139, 143, 148, 149, 158, 176, 179, 183
サザーランド、リチャード・K　47
サッチャー、マーガレット　219
シーボルト、ウィリアム・J　197
ダイシー、アルバート・V　108
パケナム、コンプトン　161
バジョット、ウォルター　109, 195, 213
ハッシー、アルフレッド・R　12
バンカー、ローレンス・E　191, 192, 197
フィン、リチャード・B　191
フェラーズ、ボナー・F　50, 57
ホイットニー、コートニー　15, 24, 37, 42, 101, 172, 173, 176, 177, 179, 221, 222, 227
ボール、マクマホン　31, 142, 180
マッカーサー、ダグラス　iv, 3-7, 11, 13-15, 22, 26-36, 47, 49, 50, 80, 100, 116, 117, 134, 141, 142, 157, 160, 186-189, 191-193, 195, 197, 198, 221, 222, 225, 227
リッジウェイ、マシュー　192

寺崎太郎　197
寺崎英成　191, 192, 196-198, 200, 219
東郷茂徳　78
徳川家達　108
徳川家正　103, 108, 180
徳川義寛　19
富田健治　48, 49
冨永望　189, 190, 193, 207, 218
豊川良之助　197
鳥谷部銑太郎　64

ナ　行

内藤一成　175
内藤誉三郎　217
中谷武世　59
中村正雄　135, 136
奈良岡聰智　166
楢橋渡　12, 71, 98, 184
成田憲彦　222, 224
南原繁　56, 70, 72-79, 81, 90, 99-102, 122, 131, 164, 179, 180, 220, 225
二階堂進　217
西修　163
西尾末広　137, 159
西山柳造　86-89
仁昌寺正一　140, 160
野村淳治　60

ハ　行

橋本實斐　173, 178
廿日出厖　156
鳩山一郎　49, 71, 72, 132, 154
葉梨新五郎　156
馬場恒吾　97, 103, 105, 107, 108, 112-115, 147
林平馬　150, 151, 159, 160
林頼三郎　93, 94
原武史　199
樋貝詮三　104, 105, 154-158
東健太郎　189
久松定武　165, 175, 185
一松定吉　162
平沼騏一郎　48
平野力三　159-161
福田歓一　126
福永文夫　32, 162
藤崎萬里　181
藤田尚徳　62
伏見博明　158
船田享二　104
船田中　162
古川隆久　198, 199
平成の天皇　iii, 230
細川隆元　161
細川護貞　47
細川護熙　162

マ　行

前田多門　56
牧野英一　190, 212
益谷秀次　197
増原惠吉　196
松尾尊兊　46, 52
松平恆雄　136
松平康昌　167, 201, 202, 205
松平慶民　157
松田正一　104
松村謙三　13, 18, 28, 30, 33, 35, 116, 117
松本学　157, 176
松本烝治　vii, 4, 8, 11, 14-20, 22-25, 29, 34, 36-42, 50, 51, 58-62, 64-68, 71-73, 80, 84-86, 88, 94-99, 111, 127, 131, 132, 165, 166, 182-184, 222, 224, 225
丸山眞男　77, 79, 82
三笠宮　93
三木武夫　75
水谷長三郎　111
水野勝邦　165, 179
三谷太一郎　78
御厨貴　230

刑部荘　75, 88
清宮四郎　9, 35, 51, 109, 110, 213
久保田きぬ子　88
熊本史雄　227
源田実　217
香淳皇后　107
河野義克　122
小坂順造　167
古島一雄　97, 103, 105
児島襄　87
古関彰一　81, 85
後藤一蔵　103
後藤致人　189, 192, 193, 202
後藤田正晴　217
近衛文麿　3, 45, 47-53, 56, 58, 59, 66, 69, 78, 99, 223, 224
小林一三　19, 21, 26, 30, 32, 71
小林次郎　100, 179
小林直樹　74, 83
近藤英明　172, 173

サ　行

斎藤隆夫　103-107, 115, 130
坂元一哉　15, 16, 230
佐々木惣一　45, 46, 51-53, 55, 56, 59-61, 68, 69, 97, 99, 109, 169, 170, 180, 223, 224
佐々木髙雄　227
笹森順造　104, 148
佐藤功　88, 195, 219
佐藤栄作　vii
佐藤達夫　7, 8, 13, 22, 23, 37, 38, 45, 56, 61, 63, 82, 88, 94, 95, 97, 135, 140, 142, 148, 154, 155, 158, 180, 181, 183, 195, 211, 212, 223
佐藤尚武　32
沢田牛麿　180
三邉謙　20, 165, 166
重光葵　56, 213, 214
幣原喜重郎　v, vi, vii, 7, 8, 10, 12, 13, 15-42, 47-51, 58-61, 66, 68, 69, 71, 78, 84, 93-95, 100, 103, 111, 113, 114, 116, 117, 127, 131, 132, 148, 149, 152, 157, 159, 167, 168, 173, 182, 184, 224-229
渋沢敬三　71
島静一　136-139
下条康麿　207, 208
霜山精一　172
白洲次郎　vii, 15, 39, 176
末弘厳太郎　75
杉森孝次郎　112
鈴木貫太郎　vi, 93
鈴木竹雄　78
鈴木安蔵　112, 113
鈴木義男　104, 115, 140, 141, 143-146, 156, 159-162, 190
関屋貞三郎　93, 96, 167

タ　行

高木八尺　47, 50, 56-58, 67, 68, 70, 74, 76-78, 90, 100, 123-126, 164, 166, 168, 175-178, 180, 181, 222, 224
高塚謙　108
高野岩三郎　112, 113
高見勝利　14, 16
高柳賢三　56, 70, 74, 75, 109, 122, 164, 171-173, 175, 216, 219
竹前栄治　52, 138
田島道治　77, 192, 193, 196, 197, 199-201, 203-211, 214, 215, 218
田所美治　178
田中伊三次　58
田中角栄　196, 217
田中耕太郎　74, 78
田中英夫　87, 89
田辺定義　197
種稲秀司　227
田畑忍　46, 223
田村祐造　160
茶谷誠一　66, 189, 193, 196-199
次田大三郎　50, 51, 68, 69
貞明皇太后　107

人名索引

ア　行

赤坂幸一　91, 118, 119, 174
浅沼稲次郎　137
芦田均　15, 17, 19, 23, 26, 31, 75, 77, 129, 132-134, 137-139, 150, 151, 153, 156-158, 160, 162, 183, 189, 191-195, 225
安倍能成　166, 167, 180, 183
天川晃　221, 224
飯田精太郎　97, 104
石黒武重　98
石橋湛山　133, 198
石渡荘太郎　59, 67
磯崎辰五郎　52
伊藤孝夫　46, 55
伊藤博文　9
伊東巳代治　9
稲田周一　152, 154
猪木正道　17, 109
入江貫一　97, 101, 104
入江相政　196
入江俊郎　8, 13, 17-19, 24, 27, 38, 63, 88, 98, 117, 155-157, 163, 183, 184
岩倉具栄　97, 175
岩田宙造　71
岩淵辰雄　112
植原悦二郎　103, 104, 106, 115, 116, 176
宇垣一成　78
宇佐美毅　219
潮恵之輔　93
内田信也　49
内田祥三　56, 57
海野晋吉　161
江藤淳　73, 85
江橋崇　73, 85, 88
遠藤源六　93
大石眞　9, 153
大内兵衛　80
大河内輝耕　97, 120, 174, 175
大島多蔵　34, 147
大平駒槌　93
大友一郎　222
大野伴睦　156, 157
大平正芳　217
大谷正男　167
岡義武　74
小笠原三九郎　71
緒方竹虎　56
奥野誠亮　217
小倉裕児　221
織田信恒　176
小野清一郎　75
小幡酉吉　93, 95

カ　行

笠井重治　151
片山哲　138, 159, 161, 162, 191
加藤恭子　196, 198, 206
加藤進　157, 167
金森徳次郎　71, 92, 97, 98, 101-103, 121, 122, 127, 130, 131, 134, 148, 149, 151, 152, 157, 167, 168, 170, 171, 173, 174, 176, 181-183, 185, 186, 211-213, 224
金光庸夫　49
神川彦松　75
河井弥八　97, 166-169, 181, 224
河西秀哉　199, 210
河原春作　96
北昤吉　104, 106, 115, 147, 149, 150
木戸幸一　3, 47, 48, 51, 56, 58, 66, 67, 78, 225
木下道雄　11, 23, 39, 40, 55, 62

小宮 京

青山学院大学教授。1976年福岡県生まれ。東京大学法学部卒業。同大学大学院法学政治学研究科博士課程修了。博士（法学）。専門は日本現代史・政治学。桃山学院大学法学部准教授等を経て現職。著書に『自由民主党の誕生――総裁公選と組織政党論』『語られざる占領下日本――公職追放から「保守本流」へ』、『自民党政権の内政と外交』（共著）、『山川健次郎日記』（共編）、『河井弥八日記　戦後篇』全5巻（同）など。

昭和《しょうわ》天皇《てんのう》の敗北《はいぼく》
――日本国憲法第一条《にほんこくけんぽうだいいちじょう》をめぐる闘《たたか》い

〈中公選書 155〉

著　者　小《こ》宮《みや》　京《ひとし》

2025年1月10日　初版発行
2025年4月15日　3版発行

発行者　安部順一

発行所　中央公論新社
〒100-8152　東京都千代田区大手町1-7-1
電話　03-5299-1730（販売）
03-5299-1740（編集）
URL　https://www.chuko.co.jp/

DTP　市川真樹子
印刷・製本　DNP出版プロダクツ

Published by CHUOKORON-SHINSHA, INC.
Printed in Japan　ISBN978-4-12-110154-9 C1331
定価はカバーに表示してあります。

中公選書　好評既刊

102
建国神話の社会史
——史実と虚偽の境界

古川隆久著

天照大神の孫が地上に降りて日本を統治し始めた——。『古事記』『日本書紀』の記述が「歴史的事実」とされた時、普通の人々は科学や民主主義との矛盾をどう乗り越えようとしたのか。

105
〈嘘〉の政治史
——生真面目な社会の不真面目な政治

五百旗頭　薫著

政治に嘘がつきものなのはなぜか。絶対の権力というものがあるとすれば、嘘はいらない。世界中に嘘が横行する今、近現代日本の経験は嘘を減らし、嘘を生き延びるための教訓となる。

128
分断の克服　1989-1990
統一をめぐる西ドイツ外交の挑戦

板橋拓己著

「ベルリンの壁」は崩れた。だがソ連は統一に反対、英仏が大国ドイツ復活を警戒する中、新生ドイツと新しい国際秩序はいかに創られたか。最新史料を駆使し描く。**大佛次郎論壇賞受賞作**

131
日本の保守とリベラル
——思考の座標軸を立て直す

宇野重規著

日本政治の対立軸として語られるようになった「保守」と「リベラル」は、本来対立するものなのか。欧米の政治思想史を参照しつつ、近現代日本にそれぞれの系譜を辿り、読み解く試み。

148
日米ガイドライン
――自主防衛と対米依存のジレンマ

北井邦亮著

憲法第九条を持つ日本は、どこまで軍事的な役割を担うことができるのか。一九七八年の策定以来の進化の軌跡を、日本の自主性の発露という視角から捉える。

猪木正道賞特別賞受賞作

150
ロシアとは何ものか
――過去が貫く現在

池田嘉郎著

過去一〇〇年ほどのあいだに、帝政から共産党独裁へ、そして大統領制国家へと変転を遂げたロシア。だが、権力者が法の上に君臨し続けるという基本構造は同じだ。その全体像を摑む。

153
「戦後」を読み直す
――同時代史の試み

有馬　学著

むのたけじ、山口瞳、『間違いだらけのクルマ選び』……。敗戦の年に生まれた歴史家が、人生のその時々に影響を受けた書物を読み返し、血肉化された「戦後」的価値観の解体過程を追う。

154
現代アジアの民主と独裁
――なぜ民主主義国で二世指導者が生まれるのか

岩崎育夫著

民主主義国であっても指導者一族が権力を握るのはなぜか――。韓国、北朝鮮からベトナム、インドまで一五ヵ国の国家形成と指導者を横並びで比較・考察し、その共通性と固有性を探る。